図解だから腑に落ちる
統計的品質データ解析手法テキスト

宝島 一雄

東京図書出版

はじめに

　本書の目的は、「固有技術」と協働してその力を発揮する「管理技術」の中の、統計的品質データ解析手法について、職場で管理技術の必要性を痛感しだした中堅層の年代の方々、独学で統計的データ解析を学ぼうとしている方々、小集団活動のグループでの勉強会や社内での基礎技術研修を計画している方々のために、使いやすいようにとの思いから、理論と実際の両側面を分かりやすく、理解しやすくという視点で「テキスト」という形に纏めたものです。

　なぜ纏めようという動機に駆られたのか、それは、私が品質コンサルタントとしてクライアント企業内でのセミナーや各地の研修・教育機関でのセミナーを実施している中で、理系、文系を問わず企業入社後しばらくして企業内外の環境にも慣れ、もはや新入社員ではないという自覚が芽生える頃の所謂中堅社員という方々が熱心に研修セミナーに参加されているという現実に直面しているからです。
　私はセミナーで講義に入る前には、受講者に「セミナーを受ける動機は何ですか」と問いかけていますが、ほとんどの場合、業務上必要と感じたから、独学しているが埒が明かないからということで自分の強い意志を持って受講されています。極端な例では、こういう問題にどのように取り組んだらよいかという切羽詰まった方がいる一方、受講者の都合が悪くなったので急遽代理で来ましたという動機？の方もたまにいますが、総じて意志、意欲があって熱意を持って取り組んでいます。会社の後押しもあって出席できる人は幸運ですが、それは一部の人達であって、世の中には統計的データ解析を身に付けたいと思っている中堅層の方々が何か身に付けていく方法はないものかと常々考えているものとセミナーを実施していく中で確信するに至った次第です。
　そこで、今までセミナーの教材として使ってきた内容を纏めて、意志、意欲のある方々の独自の努力に貢献できるテキストをとの考えで纏めた次第です。

　本書は「第1部　品質管理編」と「第2部　信頼性編」で構成され、両者共管理技術の側面、すなわち統計的データ解析という側面からの題材を取り上げています。
　製品の信頼性は広義の製品の品質に包含されるものですが、時間軸を扱うデータということで扱う統計理論も異なるので品質管理とは分けて第2部としました。
　品質管理の領域は広範囲なので、本書では図0-1のツール部分で基礎から積み上げていく方法で学習していく内容をカバーしていますが、高度な実験計画法と多変量解析は割愛しています。
　コンセプト、アプローチ、ツールを三位一体として回していくビジネスマインドで仕事の質を高めていく中で、将来を見据える中堅層にとってツールの体得は必須となります。なぜならば、企業は固有技術と管理技術を持ちあわせたビジネスマンを求めているからです。

　本書の特徴は何といっても図解です。図というより画像で説明するというスタイルです。
　これは私が在職中、人事部門傘下の教育研修機関MBS（Manufacturing Business School）で実務の傍ら実務の題材を教材として「理論と実際」をパックにして研修講師をやってきた時からの私の信条です。
　"数式は言葉だ""数式は絵だ"この言葉は私が若いときに私の恩師から指導されたことでした。"数式は絵に画けなければわかったことにならない"と指導され、言葉や絵の前に数

I

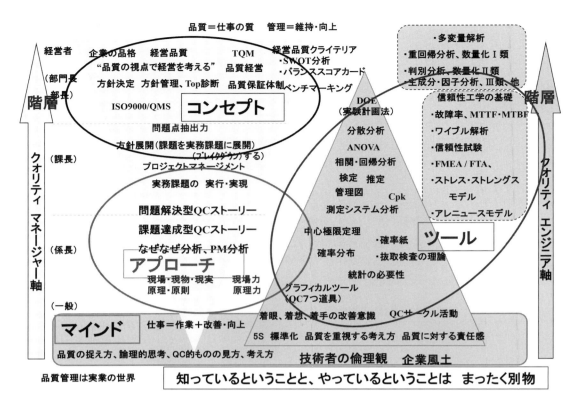

図0-1 私の考える「品質管理」の領域

式の意味を読み取る習慣を伝授してもらいました。これは私の一生の財産であり、以後私のセミナーテキストは「絵」で説明するようになりました。

今や世の中画像認識の時代、文字と数字だけのテキスト、一部絵のあるテキストから大幅にイメージチェンジをするテキストを作ってきまして、受講生は要点を書きこむ、色を塗るといったことで自分自身のテキストを作り上げることになり、この結果、職場に戻っても他人に説明ができるというわけなのです。

在職中シックスシグマの伝道師として、Tool部分のテキスト作成、e-learning作成を進めた時に、画像で伝えることに意を強くしましたし、退職後のセミナーテキストはまさにPower Pointの絵に私のナレーションというスタイルが確立しました。

もう一つの特徴は、"データは語り掛けている"ことを素直に受け止め、そのデータの声なき声、叫びを如何に読み解くかということを、「理論と実際」の両側面で学習することです。品質管理は実業の世界で結果が求められる活動ですので、「知っているということと、やっているということは別物」なのです。

理論面だけについていえば、町の本屋さんに学術書が並んでいますが、ちょっと難解ですのでなかなか読み切れません。読んだとしても納得して行動に移るのは至難の業でしょう。従って、画像認識で理論面を納得した上で、次に実際面では自分自身でやってみる、できたという自信につなげるステップが必要です。そのために、付属のCDに収録されているExcelの解説付きデータで実際にやってみて、「できる」すなわち「身に付けた」という自信に繋げていただければ幸いです。

以上

目　次

はじめに I

第1部　品質管理編　品質管理における「統計的品質データ解析手法」............ 9

第1章　なぜ、統計的なデータ解析が必要なのか 11
1. 統計的なデータ解析は"管理技術"である
2. 専門的固有技術に加え管理技術を身に付けた人財が求められる
3. 起こっていることは"物理現象"だ
4. ビジネスセンスの基本中の基本　「QC感覚」
5. データは語り掛けている
6. なぜ統計的なデータ解析が必要なのか
7. 私達の手にするデータにはバラツキがある
8. どのようにして統計解析手法を学ぶか
9. 統計解析ツールのTPO
10. ツールを使う前に、まずデータの吟味

第2章　集団の構造記述　集団の全体像・特徴を把握する 23
1. 集団の特徴を表す「位置」と「バラツキ」
2. 「代表値」と「散布度」の指標
3. 位置（代表値）の指標
4. バラツキの指標
5. 分散、標準偏差とは
6. 母集団とサンプル

第3章　正規分布の性質 33
1. データの種類と分布
2. 正規分布のしくみ
3. 正規分布の確率計算
4. 標準正規分布（Z分布）
5. 標準正規分布におけるZ値の持つ意味
6. Natural Tolerance
7. 事例　あなたならどう判断しますか？

第4章　平均値の分布 42

第1節　平均値の分布 42
1. 平均値の分布
2. 平均値の分布の性質（中心極限定理）
3. 中心極限定理の例証

第2節　統計量の分布　t分布、χ^2分布、F分布 47
1. Z分布

　　　　　2．t分布
　　　　　3．χ^2分布
　　　　　4．F分布

第5章　統計的推定 53
　　　　　1．統計的推定とは
　　　　　2．区間推定の全体像
　　　　　3．区間推定のしくみ
　　　　　4．母平均の区間推定
　　　　　5．母標準偏差の区間推定
　　　　　6．母比率πの区間推定
　　　　　7．サンプルサイズはいくつ必要か

第6章　管　理　図 66
　　　　　1．管理図の目的
　　　　　2．管理図のしくみ
　　　　　3．管理図のつくり方
　　　　　4．管理図の見方
　　　　　5．X-Rs管理図

第7章　工程能力指数 81
　　　　　1．工程の能力とは
　　　　　2．工程能力指数のしくみ
　　　　　3．工程能力指数の判断基準
　　　　　4．工程能力指数　演習問題
　　　　　5．もう一つの指標　工程性能指数　P_{pk}

第8章　測定システム分析 88
　　　　　1．測定システム分析とは
　　　　　2．測定システム分析のしくみ
　　　　　3．測定システム分析の評価指標
　　　　　4．評価指標の計算
　　　　　5．基礎数値での基本的な計算
　　　　　6．係数の意味
　　　　　7．計算マクロの使用
　　　　　8．二値データの場合の測定システム分析

第9章　統計的仮説検定 99
　　　　　1．仮説検定とは
　　　　　2．仮説検定の6ステップ
　　　　　3．両側検定と片側検定
　　　　　4．仮説検定の全体像

第10章　母平均の検定 110
　　第1節　母平均の検定（1サンプル） 110

- 1．平均の検定の全体像
- 2．母平均の検定（1サンプル）σ既知の場合
- 3．母平均の検定（1サンプル）σ未知の場合

第2節　母平均の差の検定（2サンプル） 120

- 1．母平均の差の検定（2サンプル）
- 2．まず、F検定
- 3．バラツキに違いがない場合の平均値の差の検定
- 4．バラツキに違いがある場合の母平均の差の検定
- 5．対応のあるデータ、対応のないデータ

第11章　母分散の検定 142

第1節　母分散の検定（1サンプル） 142

- 1．母分散の検定（1サンプル）

第2節　母分散の差の検定（2サンプル） 147

- 1．母分散の差の検定（2サンプル）

第12章　検定・推定　現実的な問題 153

第1節　復習問題 153

第2節　復習問題の解答 155

- 1．平均値の検定・推定
- 2．母分散の検定・推定　母分散の差の検定

第13章　相関と単回帰 174

- 1．散布図
- 2．単相関係数
- 3．層別散布図
- 4．擬似相関
- 5．単回帰

第14章　分散分析 186

- 1．分散分析とは
- 2．分散分析のしくみ
- 3．分散分析のステップ
- 4．二元配置のしくみ
- 5．繰り返しのある二元配置

第15章　重回帰分析 202

第1節　重回帰分析 202

- 1．重回帰分析とは
- 2．重回帰分析のしくみ
- 3．重回帰分析を始める前に
- 4．重回帰分析の実行
- 5．分析結果の精度を評価する指標

第2節　重回帰分析　演習 212
1．現実的な場面での重回帰分析
2．標準偏回帰係数の意味
3．ホテルの各種サービスに対するアンケート結果の分析

第3節　カテゴリーデータのダミー変換 223
1．説明変数にカテゴリーデータが含まれる場合
2．ダミー変換のしくみ
3．重回帰分析の実行
4．多変量解析の全体像

第2部　信頼性編　統計的データ解析という側面からの信頼性 231

第16章　信頼性の基礎 233
1．信頼性の位置付け
2．品質管理と信頼性の尺度
3．信頼度関数と故障率
4．一般的に信頼性で使われる確率分布
5．MTTF、MTBF
6．信頼度、MTTF（MTBF）、故障率のおさらい
7．故障率曲線（Bath Tub Curve）
8．故障率の計算
9．計算結果のグラフ化と考察
10．故障率の計算とグラフ化　解答

第17章　故障0の場合、MTTFは推定できるのか 251
1．故障率、信頼度の予測
2．信頼性ブロック図
3．システム全体の故障率、信頼度を予測する
4．MIL-HDBK-217Fの故障率予測の概略
5．信頼性試験による故障率、信頼度予測
6．故障が0の場合のMTTFの区間推定
7．信頼性指標の区間推定　例題

第18章　信頼性解析のための確率紙 259

第1節　正規確率紙 259
1．正規確率紙の目的
2．正規確率紙のしくみ
3．正規確率紙の使い方
4．正規確率紙の使い方　演習

第2節　ワイブル解析 262
1．ワイブル分布
2．ワイブル確率紙の理論的構成
3．日科技連ワイブル確率紙
4．ワイブル確率紙の使い方　例題

            5．ワイブル確率紙の読み方
            6．演習問題
            7．位置のパラメーターγの取り扱い方
            8．加速試験、加速係数の概念
            9．事例紹介
            10．平均ランク表、メジアンランク表
    第3節 **ワイブル型累積ハザード確率紙** 275
            1．不完全データの扱い
            2．ワイブル型累積ハザード確率紙のしくみ
            3．累積ハザード値の求め方
            4．ワイブル型累積ハザード確率紙の使い方
            5．演習問題
            6．活用事例

第19章　アレニュースモデルによる半導体不良の信頼性予測と検証 284
    第1節 **ダイジェスト版** 284
            1．課題解決のための知的統合、総合的アプローチ
            2．ダイジェスト版
    第2節 **アレニュースモデル** 291
            1．加速試験による信頼性予測
            2．アレニュースモデルの前提となる反応速度論モデル
            3．アレニュースモデルから活性化エネルギーを求める
            4．アレニュースモデルの使用事例
            5．アレニュースモデルを用いた信頼性予測のステップ
            6．作図と予測
            7．予測値の検証と対策品の実力の区間推定
    第3節 **アレニュースモデルを用いた信頼性予測における図式解法の**
            理論的背景 298
            1．アレニュースモデルから活性化エネルギーを求める
            2．活性化エネルギーの求め方
            3．活性化エネルギーE尺の作成

第20章　ストレス・ストレングスモデル 302
    第1節 **バラツキの組み合わせ** 302
            1．分散の加法性
            2．現実的な事例
            3．許容差設計における最悪値設計法と統計的設計法
            4．現実的な事例　差の分布の場合
            5．現実的な事例　積分布の場合
            6．多変量関数の分散
            7．なぜ6σは1.5σシフトなのか
    第2節 **ストレス・ストレングスモデル** 312
            1．頭の体操

2．不良発生確率を予測した例
　　　3．相手方もばらつく　相性の悪い組み合わせ
　　　4．ストレス・ストレングスモデル
　　　5．同時確率の計算
　　　6．使用事例

第21章　信頼性試験計画（DoD HDBK H-108） 319
　　　1．DoD HDBK H-108
　　　2．DoD HDBK H-108の理論的背景
　　　3．理論式の説明
　　　4．実践事例
　　　5．○○社での導入検討

　　　おわりに 323

第1部 品質管理編

品質管理における「統計的品質データ解析手法」

第1章 なぜ、統計的なデータ解析が必要なのか

1．統計的なデータ解析は"管理技術"である

　二つの「情報」という言葉の意味の違いを考えてみることにします。昔から、志を持ち世の中の人の役に立つ仕事で身を立てていこうという願望を実現へと橋渡ししていく能力として「読み、書き、そろばん」という言葉がありました。今では見かけることも少なくなりましたが、二宮金次郎の銅像が見る人に与える「勤勉」のインパクトにはまさに「読み、書き、そろばん」を身に付けたいという静かな中にも強い意志を感じるものがあります。

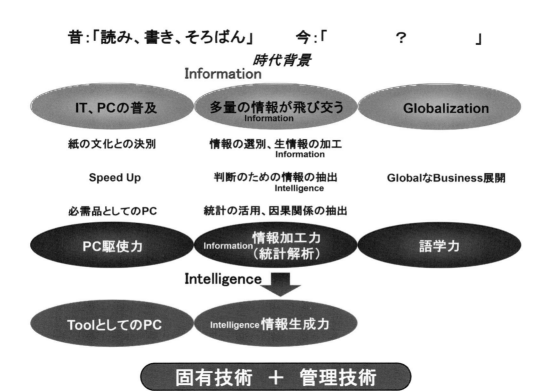

図1-1　ビジネスマンに必要な「情報加工力」⇒「情報生成力」

　では、昔：「読み、書き、そろばん」は今どのように変化しているでしょうか。時代背景が大きく変化し、グローバリゼーションの時代、ITの時代、情報が満ち溢れる時代になっていますが、企業人として要求される基本的能力として「読み、書き、そろばん」が挙げられることに相違はないでしょう。その上で、時代背景を考慮したグローバリゼーション時代の語学力、紙の文化からの決別を示唆するようなIT時代に対応したIT活用力が求められるものと考えますが、特にその中で重要なのが満ち溢れた情報（Information）の中からそれらをどのようにして加工し、自分にとって重要な情報（Intelligence）を抽出・生成（Generate）するかという情報生成力です。この情報の意味はアメリカの中央情報局はCentral Intelligence Agencyであることからもうかがえ、一方通行的な巷に溢れる"Informし

たよ"という情報ではなく、それらの生情報の中から選別し、加工し、自分の判断に必要な知識としての情報（Intelligence）を抽出したものなのです。

2．専門的固有技術に加え管理技術を身に付けた人財が求められる

この選別、加工、抽出に重要な役割を果たすのが管理技術（Conceptual Skill）であり、データの声なき声、声なき叫びを読み取る技術です。

それは統計的に品質データを解析する技術であり、この半世紀、代表的なものには統計的品質管理手法（Statistical Quality Control）と呼ばれているものがあります。

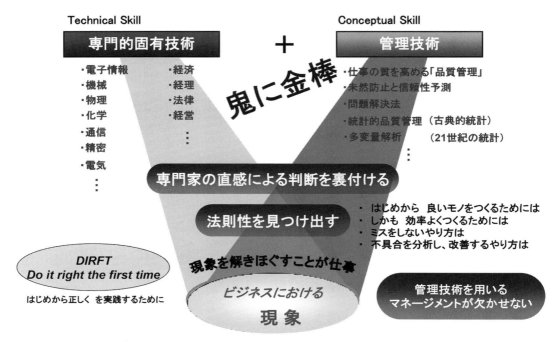

図1-2 「固有技術」に加え、「管理技術」を身に付けた人財が求められる

企業人としてそれぞれの分野の専門的固有技術（Technical Skill）を研ぎ澄ましていくことはその人の人生をも磨き上げることになりますが、併せて、学生時代には学ばなかった管理技術を身に付けていくことが企業人としてより重要視されるものです。仕事とは社内外で起こっている様々な事象・問題を解きほぐしていくことにほかならないのですが、この場合、一つの現象を専門的固有技術の視点からと、管理技術の視点からと両方から見て判断・行動していくということが要求されるのです。何故ならば、専門的固有技術が、ある限られた分野の特定の職務をこなすのに必要な「定型的な業務能力」であるのに対し、管理技術は「物事の大枠を理解し、概念化して捉える能力」で非定型的な能力で、その中には問題発見力、状況判断力、洞察力、戦略立案能力、問題解決力、想像力……が含まれるからです。

"企業は人なり"とよくいわれますが、この"人"とは"人財"であり、専門的固有技術と管理技術の両方を兼ね備えた人を指すのです。

専門的固有技術は学校で学ぶことができますが、管理技術は企業内で実践しながら身に付けていくものであり、この能力を身に付ければまさに"鬼に金棒""虎に翼"なのです。

3. 起こっていることは"物理現象"だ

　固有技術の世界ではそれぞれの分野で起こっている現象を"数値化"して当該分野の技術のコアとなる法則を確立していることは論を俟ちません。一方、管理技術においても同じことが言え、「起こっていることは物理現象だ」の認識のもと、現象を物理的に解明し、そのメカニズムを明らかにすることが重要です。何故なら、管理技術の世界の現象は4M（Man, Machine, Material, Method）で構成されており、管理技術とはこの4Mとの関係を解きほぐしていくことにほかならないからです。

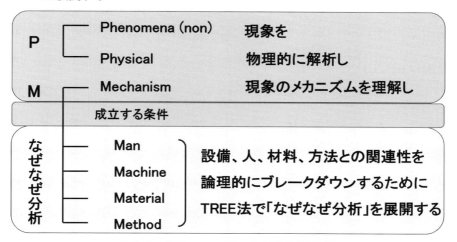

図1-3　起こっていることは物理現象だ

　このため、現象の数値化はMUSTとなってきます。測れなければ管理できないからです。放し飼いになっている現象を、自分達の掌の中に収めるには数値化が必要となります（図1-4）。

　数値化の結果、測定というプロセスを経てそこには現象の動向を事実として表現する"データ"が存在してくるのです。このデータの位置付けは仕事の質を高める品質管理活動の中では重要な役割を果たすのです。

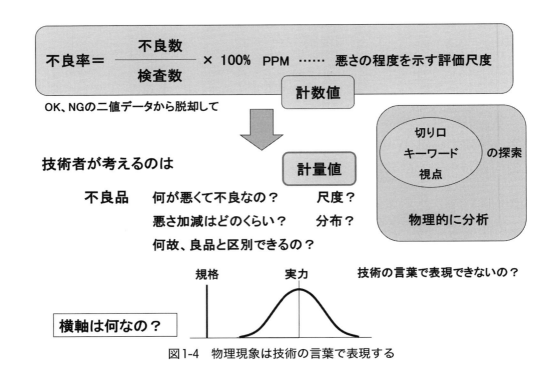

図1-4　物理現象は技術の言葉で表現する

4．ビジネスセンスの基本中の基本　「QC感覚」

　これは文科系、技術系を問わず、企業人としては身に付けなければならない行動規範であり新入社員教育には欠かすことのできないものです。もちろん、一般家庭生活や日常生活を問わずどんな場面でも適用するものですが、特に企業活動においては直接基幹業務、間接支援業務を問わず人の行動が業務の効率、生産性を左右するからです。

　人の行動はその人の意識に左右されるので業務に接する際の意識こそが重要です。「QC感覚」とは業務に接する際の意識、考え方のことであり、次の4項目があげられます。

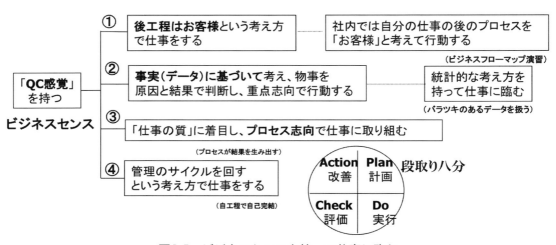

図1-5　ビジネスセンスを持って仕事に臨む

➢「QC感覚」
　①後工程はお客様という考え方で仕事をする
　　　　……社内では自分の仕事の後のプロセスを「お客様」と考えて行動する
　②事実（データ）に基づいて考え、物事を原因と結果で判断し、重点志向で行動する
　　　　……統計的な考え方を持って仕事に臨む（統計的品質管理が欠かせない）
　③「仕事の質」に着目し、プロセス志向で仕事に取り組む
　　　　……品質＝仕事の結果⇒仕事の質⇒プロセス
　④管理のサイクルを回すという考え方で仕事をする
　　　　……計画（Plan）⇒実行（Do）⇒評価（Check）⇒改善（Action）

②については、事実（データ）に基づいて判断、行動するにあたり大別して2つのアプローチ法があります。

　1つ目はグラフィカルツールによるアプローチ
　2つ目は統計的品質管理手法（Statistical Quality Control）によるアプローチ

です。

5．データは語り掛けている

　私達の周りにはたくさんのデータが存在します。大して気にも留めないですが昔からとられているデータ、誰も見ることのないファイルされるだけの運命のデータ、承認印のために取るデータ……多くが記録として残すためのデータの性質が強いです。これらのデータは往々にして数えるデータ（計数値）が多いようです。一方、ある案件を調べようとして意識して取るデータはその目的が技術解析なので測るデータ（計量値）が多くなります。
　計数値であれ計量値であれ、データがそこにあればそのデータは私達に語り掛けているということを肝に銘じなければなりません。よって、私達はその語り掛けていることを読み取る術を身に付けなければならないのです。

①グラフィカルツールで読み解く

　Write it down, Show me the data, Say it with graph は論理的思考を実践していくために重要な具体的行動でしたが、まさに数字の塊としてのデータが存在したら、それが何を意味しているのかを1枚の絵、グラフに置き換えるセンスが求められます。実験をしてその報告レポートに数字の塊、数表だけを提出したら上司はどうするでしょうか。そのまま受け取り承認印を押す上司だったらその職場は先が見えているということです。「ご苦労さん。ところでこのデータはつまるところ何を意味しているのかね、1枚の絵で説明してくれたまえ」くらいは言ってほしいところでしょう。
　この目的のために、QC7つ道具を代表とするグラフィカルツールと呼ばれるツールが存在するので、私達はこれらのツールの一つ一つのTPO（Time, Place, Occasion）を問題解決型QCストーリーと併せて学ぶことをお勧めします。よく新入社員教育と称してQC7つ道具を教えている場面を目にしますが、おそらく頭の中には何も残っていないでしょう。それは教える側のTPOが間違っているからで、ある程度業務に馴染んだ頃に①今どういう状態にあるのか、②その中で問題となっているものは何か、③その問題を引き起こす構成要素は何と何があるか、④それらの要因中で問題の現象と因果関係の強いものはどれか、⑤仮説を検

証してみる、⑥原因が確定したらその対策を考える、⑦対策を実施しその効果を確認する、⑧結果が良かったらそれを持続すべく作業標準とする、といったQCストーリーの中のQC7つ道具の出番を一体で教えると身に付くものです。

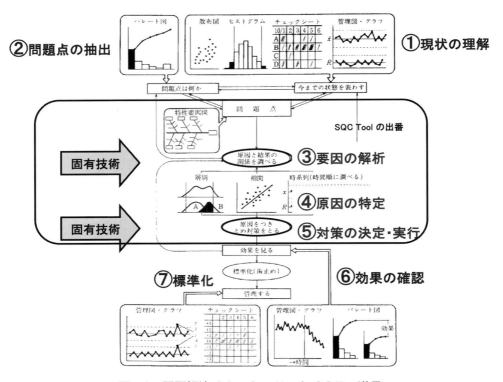

図1-6　問題解決QCストーリーとQC7つ道具

②統計的品質管理手法（Statistical Quality Control）で読み解く（以下SQCと称す）

いきなりSQCツールに入る前に、前述のグラフィカルツールをマスターしてから取り組んだ方がよいでしょう。SQCツールも基礎から高度なものまであるので一歩一歩山登りするかの如く階段を上っていくべきです。さらにまず、SQCツールを学ぶ前に理解・納得しておく必要があるのは「なぜ統計解析なのか」ということです。

6．なぜ統計的なデータ解析が必要なのか

統計学そのものを勉強する場合は別として、この疑問をクリアーせずしてSQCツールを学んではいけません。これは企業人の常識としての論理的思考で述べた専門的固有技術と管理技術とに関係しているからです。

企業での仕事とは日々生じる問題に対処し解決を図っていくことであり、その問題を解きほぐすにあたりそれぞれの専門的知識を持った技術者がその固有技術の目で解析、考察するのですが、学生時代それぞれの道で学んできた学術的、理論的知識はたとえそれが応用であったとしても理論式、公式に則ったもので、そこで扱うデータには「バラツキ」という概念はないのです。ある公式 $y = f(x)$ にある値 x を入れれば y は一意に決まります。

これは当たり前のことですが専門的固有技術の世界では「データのバラツキを考慮しないアプローチ」なのです。ですからその関数の最適解を求めるには一般には微分して極大、極小となる値を求めるのです。これは「確定モデル」と言われています。

　一方、管理技術の世界ではデータにはバラツキがあるとの前提で「データのバラツキを考慮するアプローチ」を行うのです。データにバラツキがあると、もはや理論式、公式の世界ではなくなるので最適解を求めるには成功の確率の高い方が選ばれます。よって、確率が高いか低いかを判断するためには確率・統計の世界に入らなくてはならないのです。統計解析が必要とされる理由はここにあります。これは「確定モデル」に対して「確率モデル」と言われます。

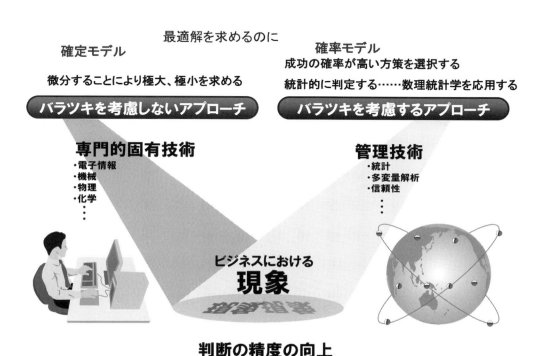

図1-7　なぜ統計解析が必要なのか

7．私達の手にするデータにはバラツキがある

　では、データにバラツキがあるとかないとかは何によって決まるのでしょうか。これは図面上の寸法と実際に出来上がった製品の寸法がすべて同一ではないという現実からお分かりいただけるでしょう。皆さん方の企業、職場で手にするデータ（計量値）にもきっとバラツキがあるはずです。仮に同一の数値が並んでいるデータだとしたら、それはちょっと確認してみる必要があります。測定単位は有効桁数を考慮しているか、それに合った測定器か……。私達の製造プロセスは4M（Man, Machine, Material, Method）で構成されていてすべてが均一ではないので結果としてアウトプットにバラツキが出るのです。

　このことを実際に体験してもらうためにセミナーでは「のの字チェック」ということをやっています。これは『パイロットが空から学んだ一番大切なこと』という書籍の中（178頁）の事例です。

何段目まで考えているか　パイロットが空から学んだ一番大切なこと　坂井優基

フライトをしていると様々なことが起こります。その場ですべてを正しく抜け目なく対処するのは大変です。そのためには、あらかじめ考えておく必要があります。とくにパイロットでなくても、ほとんどの人が自分の仕事について、何かが起きた時の第一段目までの考えていると思います。しかしパイロットの仕事は第一段目までの考えでは足りません。

確率からいくと天文学的に小さな数字になるのでしょうけれど、一つの事象が起きた後に別の事象が起きて窮地に立たされる危険性があります。たくさんのお客様の命をお預かりしている以上、この確率がものすごく低い事象についてまで考えておかなくてはなりません。

そのひとつの例として、天気が悪くてある飛行場に降りられずに、他の飛行場に降りようとしたけれど、自分の直前に降りた飛行機が何らかの理由で滑走路を塞いでしまうという事例が考えられます。

今の成田空港は滑走路が二本になっているのですが、昔は成田空港には滑走路が一本しかありませんでした。もし羽田空港の天候が悪くて成田に向かっている時に自分の飛行機の着陸直前で誰かがその一本しかない滑走路を塞いでしまったら、着陸するところがなくなってしまいます。そのような時でも無事に対処できるようにあらかじめいろいろな作戦を練っておくことが重要です。

アメリカから成田空港に向かっているとの情報でした。会社からの連絡で成田と羽田に積乱雲の列が近づいているとの情報でした。副操縦士に「どう対処したらいいと思う？」と聞くと「羽田に向かいます」との返事でした。「羽田の天気を調べて成田がダメなら羽田に向かいます」との返事でした。「羽田にも近づいているけれど。どうする？」と聞くとちょっと困っていました。別に意地悪で聞いているわけではありません。副操縦士に一段目だけでなくもっと二段目、三段目まで考えてもらいたくてです。当日の第二の代替飛行場は名古屋です。燃料の残りが十分で名古屋の天候も良い時は名古屋に向かうというのが次の段階です。さらに会社の規則で成田と羽田の両方がダメな場合で、かつ名古屋まで飛ぶと燃料不安がある場合は、米軍の横田基地に降りてもいいことになっています。本当に成田と羽田両方とも降りられる見込みがない場合には、成田までの途中にある仙台空港に降りることも可能ですし、もっとアメリカに近い場所なら千歳に向かうこともあります。

このほかにも、速度を上げて雲の列が成田空港に進入経路の上に来る以前に早く成田に着陸してしまうことも考えられますし、逆に速度を落として、雲の列が通過してしまうのを待つことも考えられます。雲の位置と風の強さによっては、使っている滑走路と反対側からの進入が望ましい場合もあります。

世の中のいろいろな仕事で、まるっきり想定していなかった事態が起こることはそうそうありません。ほとんどの事例が自社で過去に経験してきたことか、あるいは自分の業界でも起きていなくても、外国を含めて業界の中では起きたことがある事例が多いです。日頃いかにこれらの事例を自分の会社に置き換えて、容易に想像がつく出来事の場合もあります。何段目まで対策を考えているかが、緊急事態への対応の分かれ目になる気がします。

図1-8　のの字チェック

（坂井優基『パイロットが空から学んだ一番大切なこと』インデックスコミュニケーションズ　2005年）

「何段目まで考えているか」という題で国際線機長が機長養成のフライトをしているくだりです。内容的にはリスク管理、新QC 7つ道具のPDPC（Process Decision Program Chart）に恰好な話題ですが、セミナーではこの文章の中に「の」の字がいくつあるか3分で数えてもらいます。「の」の字は小学校で学んでいますし、いくつあるか数えるだけ、すなわち全数検査をしてもらうわけです。一斉にスタートして3分で止め！　一人ひとり数を報告してもらうと結果はバラバラ、バラツキがあるどころの騒ぎではありません。たまに正解の人がいるくらいでバラツキだらけです。なぜこのようなことが起こるのでしょうか。

「の」という字を識別するということ、その数を数えるということは、もしかしたら幼稚園で覚えてしまっているかもしれないし、少なくとも小学校の国語と算数で卒業していることなのでその能力にバラツキがあるとは考え難いですが、数え方（Method）を指定しているわけではないので、数を数えるというプロセスが人によってバラバラなのです。人によっては、初めから暗算で数える人、一字一字チェックマークを付けて数える人、それでも「の」の字を見逃して先に進む人……様々です。その結果プロセスがバラバラだから結果もバラバラということを体験してもらっています。

以上、私達の手にするデータはバラツキがあるということが分かり、そのバラツキのあるデータを解析して私達が必要とする情報（Intelligence）を得るためには統計学の活用が欠かせないのです。

8．どのようにして統計解析手法を学ぶか

では、どのようにして統計解析の能力を身に付けていけばよいのでしょうか。

目的はバラツキのあるデータの塊の中から、私達が今必要としている情報（Intelligence）を抽出するのに必要な統計解析力を身に付けることですから、学術的な統計理論そのものの定理の証明とかを学ぶ必要もないのです。古典的な数理統計は既に完成されており、高度な統計手法として「多変量解析」も現実の生活を題材としたテーマの中で活用されていますが、いきなり高い山に登れるはずはありません。

　あたかも小学校の体操の時間にやる「跳び箱」のように、一段一段と能力に応じて段数を増やし高くしていくやり方が、統計を学ぶ道筋とよく似ているのです。統計の基礎の部分をしっかりと理解してからでないと、先に進んでもその先は基礎の応用で固められているのでさっぱり分からないということになりかねないのです。

　統計を学ぶのは山登りと同じとも言われます。それは、少し高い山に登ってみて初めて更に高い山が見えてくるのであって、地上からいつも頂上が見えているわけではないのです。巷の書店の品質管理関連のコーナーには研究者向けの理論書から図解本、更にはマンガ本まで様々な本がありますが、本を読めばすぐに理解できるというほど甘いものでもなく、途中で必ず「踊り場」にぶつかりそこで立ち止まる場面が出てくるものです。山登り方式で積み上げていく学習であるから、踊り場で立ち止まっていては先に進めず、この踊り場を乗り越えなくてはなりません。そうした点を理解した上で、本書は著者の体験から生まれた「図解」と「Excel演習」を組み合わせたものです。「図解」の持つPOWERは、何百から何千もの文字で表現される一つの概念を、1枚の絵に集約するという著者のエネルギーが読者に伝わるものと信じて描いているので「どうぞご賞味あれ」というところです。

　また、疑問点を残さないで先に進むために、何よりもExcelを使った解析手法をご自身で納得がいくまで反復して学習できるので、自信をつけると同時にExcel演習をしながら理論と実際を身に付けることができるのです。

9．統計解析ツールのTPO

　これから学習するツールについて、それらが一般的なものづくりの生産プロセスにおいて、どんな場面でどんなツールがどんな目的で使われるのかを概略フローにしました。

　製造業ではないからといって無視することなく、対象品目が異なるだけでOUTPUTを出すプロセスは類似しているところが多々あるものと思いますので流れを追ってみましょう。

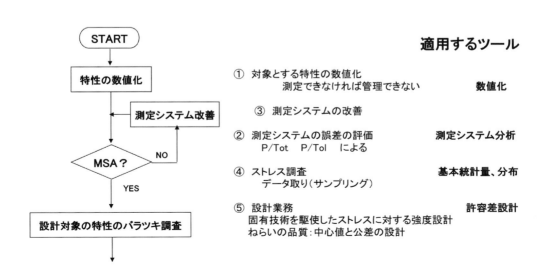

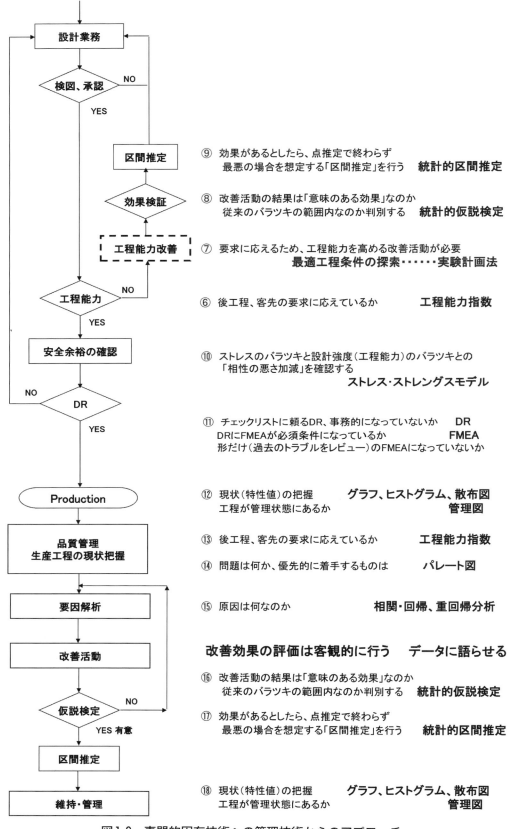

図1-9 専門的固有技術への管理技術からのアプローチ

（DR, FMEA については統計解析という本書のジャンルと異なるため、また実験計画法については内容が難解であること、及び Excel だけでは対応できず専用ソフトが必要なため本書では割愛しました）

10. ツールを使う前に、まずデータの吟味

これは今までコンサルティングをしてきたなかで遭遇した典型的な事例です。生データ（図1-10）を見てみましょう。

CH-2-2のデータとCH-2-1のデータとで平均値に統計的な有意差があるのかどうか調べたいということで、いきなり平均値の差の検定を行ったものです。ツールの使い方としては手順を追って解を引き出していますが、個々にはツールの使い方以前の"技術者としての見識"が問われる問題があるのです。それは、CH-2-1のデータを吟味していないことです。ヒストグラムにしてみれば何かおかしなことが起こっているなと気づく図になっているでしょう。このデータで平均値を議論することに何の意味があるのか、その背景にはデータを取った測定そのものが信用できるのか、双峰状のふた山分布になっていること自体が問題なのです。

このような例はコンサルティングの中でいくつか出ており、いきなりツールに飛びつく前に技術者の立場としてデータを技術の目で透視すること、そのためには小学校で習ってきた棒グラフにすることです。

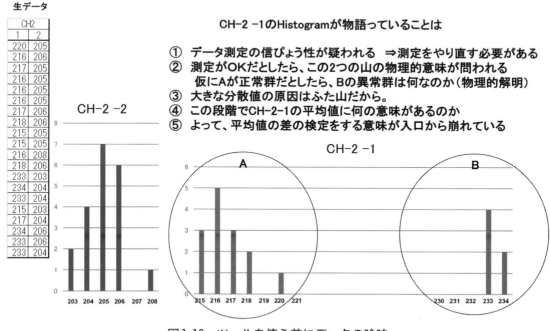

図1-10　ツールを使う前にデータの吟味

もう一つの例です。これは相関係数を求めたものです。非常に高い値が出て満足ですが散布図にしてみると０値に引っ張られて高い値が出ているだけのことでした。０値を除く相関

係数は0.742でこれが実力だと訂正した事例です。数字だけの塊をそのまま眺めていても何も見えてきませんので、数字の吟味を行うためには、折れ線グラフ、棒グラフ、散布図……グラフに語らせることを心がけてください。

シックスシグマでは、Write it down, Show me the data, Say it with graph という言葉でグラフに語らせる、つまりグラフを読み取る技術力を磨くことを重視しています。

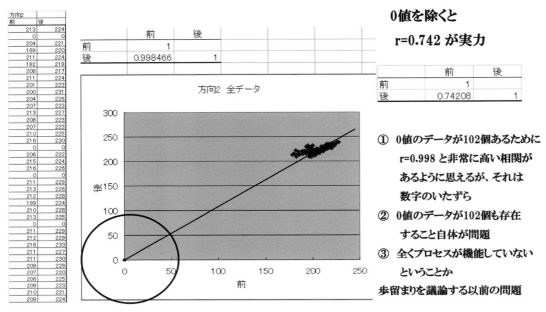

図1-11　相関係数を語る前にまず散布図を見る

第2章　集団の構造記述　集団の全体像・特徴を把握する

1．集団の特徴を表す「位置」と「バラツキ」

　ここでは「データ」を見る上で重要な視点である、"位置"と"バラツキ"について学んでいきます。「位置とは何か」「バラツキとは何か」を2人のゴルファーを通して観察してみましょう。

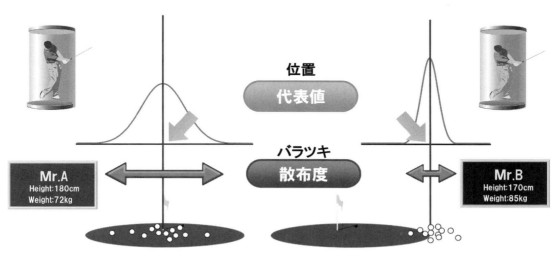

図2-1　集団の特徴を表す「位置」と「バラツキ」

　Aさんのボールは、全体としてグリーンにのっているようですが、あちこちに広がりをもって飛んでいます。一方、Bさんのボールはグリーンにのっているボールは少ないようですが、一定の場所にまとまって飛んでいます。では、この2人の打ったボールを比べた場合、一体どのようなことが言えるでしょうか？
　Aさんのボールは全体的にピンを中心に飛んでいますが、場所が定まっていません。この状態を"バラツキが大きい"状態と言います。Bさんはグリーンにのっているボールは少ないようですが、一定の場所にまとまって飛んでいます。このような状態を"バラツキが小さい"状態と言います。
　また、それぞれのデータで、ボールが集中している場所が異なっていることが分かります。Aさんの場合はグリーン上のピンを中心として、Bさんの場合はグリーンの境目の部分を中心としてボールが分布しています。このように、データ上の中心を示すときに"位置"という言葉を使います。
　では、バラツキ、位置の視点から2人のゴルファーの特徴を見てみましょう。
　Aさんは、スイングを固めて、バラツキを小さくする必要があります。
　Bさんは、バラツキが小さい状態ですので、スイングは固まっているようです。
　飛ばす距離や方向を補正、つまり位置を補正することがゴルフの上達につながります。
　このようにゴルファーの飛ばしたボールのデータからAさんBさんの特徴を知るためには、飛んだボールの中心となる位置、そしてバラツキの両方を見る必要があります。

一般に、集団の全体像・特徴を表す尺度は「基本統計量」として示されます。位置は集団の中心的傾向を表す尺度で「代表値」と呼ばれます。一方、バラツキは集団のバラツキの度合いを表す尺度として「散布度」が用いられます。

2．「代表値」と「散布度」の指標

"代表値"と"散布度"について、どのような尺度・指標があるのかを具体的に見てみましょう。

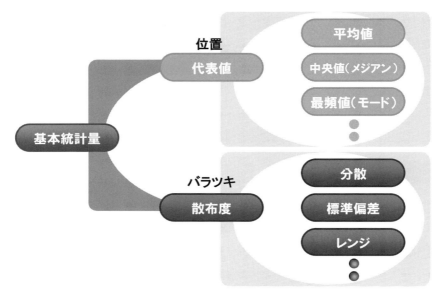

図2-2　「代表値」と「散布度」の指標

　位置を見るための代表値には図2-2の上のような指標があります。これらの中で一般的にもよく使われるのが"平均値"です。バラツキを見るための散布度の指標には図2-2の下のようなものがあります。主なものとして、"分散""標準偏差""レンジ"……が挙げられます。
　データを見るときには、位置とバラツキの両方に注目することが大切です。

3．位置（代表値）の指標

　位置の指標である"平均値""中央値""最頻値"について学んでいきましょう。

　まず、図2-3のデータを見てください。修理にかかる日数と件数をグラフで表したものです。"位置"の指標について具体的に見ていきます。まず一般的にもよく使われている"平均値"は、修理日数のデータ全部を足して、件数で割ったものです。数式で表すと、このデータでは"平均値"は6日です。
　次に"中央値"を見てみます。"中央値"は全データを低い値から高い値に並べたときに、ちょうど真ん中にくる値のことです。ここでは"中央値"は5日です。

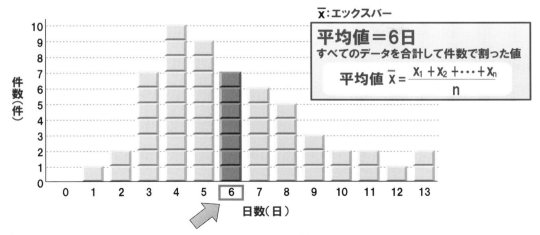

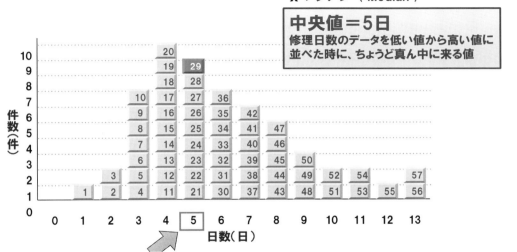
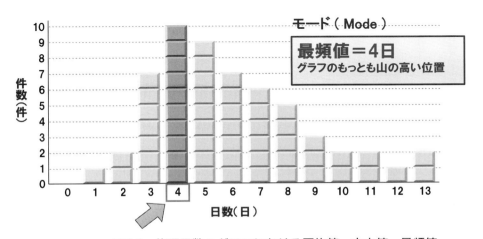

図2-3　修理日数のグラフにおける平均値、中央値、最頻値

データの数が奇数の時は中央の順位にくる値は必ず存在しますが、偶数の時は中央の順位が存在しません。その場合は中央の順位にくる相隣り合う２つの順位の平均を中央値とします。

$$\text{データ数が奇数の時} \quad \frac{n+1}{2} \text{番目のデータ}$$

$$\text{データ数が偶数の時} \quad \frac{n}{2} \text{番目と} \left(\frac{n}{2}+1\right) \text{番目のデータの平均}$$

データの中に異常に大きい（小さい）値が存在すると、平均値はそのデータの影響を受け、大きく（小さく）なります。このような場合は、中央値を使う方が良いとされています。

最後に"最頻値"です。グラフの最も山の高い位置を表します。ここでは"最頻値"は４日です。

では、Excel を使って、実際にこれらの数値を求めてみましょう【付属 CD Ch-2】。

Excel のメニューの"データ"から"データ分析"、その中から"基本統計量"を選択しデータ入力範囲と結果出力範囲を指定します。そして求めたい情報"統計情報"をクリックして「OK」へと進みます。結果は図2-4のような形で出力され、"平均値"、"中央値"、"最頻値"はこのように求めることができます。

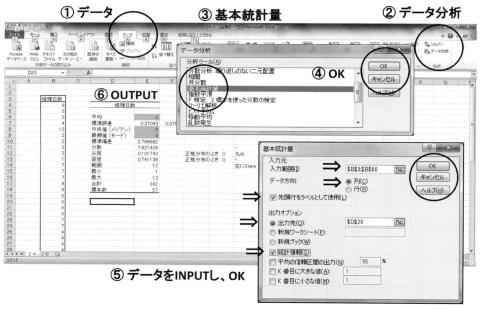

図2-4　Excel 出力　平均値、中央値、最頻値

4．バラツキの指標

"バラツキ"の指標である"分散""標準偏差"について学んでいきましょう。「"バラツキ"を見る」というのは、どういうことなのでしょうか。

ここに２人の社員がいます。Ａさんはほとんど遅刻をしませんが、Ｂさんはたまに遅れて出社してきます。でも２人とも平均すると９時に出社しています。２人の今までの出社時間を表した図2-5のグラフを見てください。確かに平均すると同じ時間に出社しているように見えます。が、Ｂさんは早かったり遅かったり、Ａさんに比べると"バラツキ"が大きいようです。"平均値"だけで判断するのは危険です。

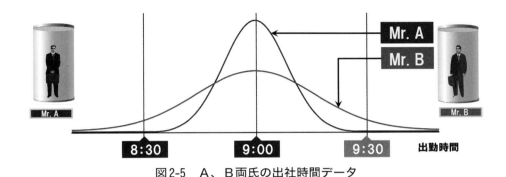

図2-5　Ａ、Ｂ両氏の出社時間データ

　では、より深くバラツキの持つ重要性を考えるために、図2-6に示すある３つの課の就労時間を表した表を題材にして、データが語り掛けていることを学んでいきましょう。

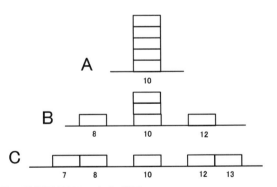

図2-6　３つの課の就労時間データとグラフ

　平均値、中央値はそれぞれ10時間で同じですが、"バラツキ"はどうでしょう？　平均値、中央値がまったく同じでも、ヒストグラムの形からもすぐに分かるようにバラツキが異なるデータであることを示しています。

　では、Excelで基本統計量の中のバラツキの指標である分散と標準偏差を見てみましょう【付属CD Ch-2】。Excelで基本統計量を求める手順は図2-7の通りです。
　Ｃ課は、"分散"と"標準偏差"の値が他の課に比べて大きくなっています。従って"バラツキが大きい"ことを表しています。つまり就労時間が一定していない、ということなのです。それに対し、Ａ課は値が"０"になっています。つまりまったく"バラツキ"がな

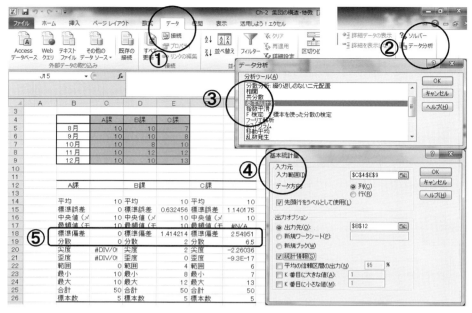

図2-7　Excelによる基本統計量の表示

く、就労時間が一定であることが分かります。

ここでの重要なメッセージは、バラツキの度合いを見るということで、平均値だけでは掴み取ることができないデータの全体像の特徴を把握することができるということです。

5．分散、標準偏差とは

では、バラツキの指標としての分散、標準偏差はどのような仕組みになっているのでしょうか。ここでは"母集団"という考え方と、"分散""標準偏差"の仕組みを学んでいきます。

対象としている全てのデータを"母集団"と言います。母集団の全てのデータの個数をNと表します。この場合の"平均値μ""分散σ²（シグマ2乗）""標準偏差σ"は、式では図2-8のように表されます。

図2-8　分散、標準偏差

ではバラツキの大きさを示す指標である"標準偏差"は、どのような考え方に基づいて成り立っているのかを見てみましょう。図2-9を見てください。

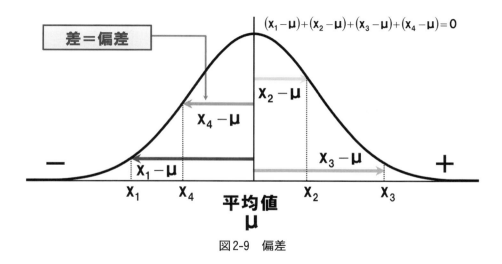

図2-9　偏差

　まず、この平均値とそれぞれのデータとの差を"偏差"と言います。
　次に、バラツキの指標とするために、平均値と各データの差である偏差を足したものを考えてみましょう。ただし、この"偏差"を単純に足していくだけでは、結果的に値が0になってしまうため、指標として使えません。
　そこで"偏差"を2乗してプラスマイナスの向きをなくし、それらを合計した"偏差平方和"を求めます。これは面積を求めるのと同じ意味があるので、必ずプラスになります。しかし"偏差平方和"はデータの数が多いほど大きな値となってしまい、バラツキを表す指標とはなりません。そのために"偏差平方和"をデータの個数Nで割って1個あたりに直したものを利用します。これが"分散"と呼ばれ、σ^2で表されます。

　さらに、これをルートで開いて元の次元に戻したものが"標準偏差 σ"なのです。

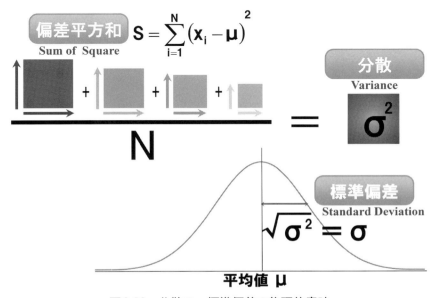

図2-10　分散の、標準偏差の物理的意味

このように"分散"や"標準偏差"は、平均値とそれぞれのデータとの差を基に求められています。つまり"標準偏差"は、そのまま分布のバラツキの大小を表すことになるのです。

6．母集団とサンプル

ここではサンプルから母集団を推測するという流れを学んでいきましょう。

まず"母集団"と"サンプル"の関係について説明します。

私達が知りたいと思っている対象である"母集団"全てのデータを集めることは、現実的には難しいと考えられます。わが国では総務省管轄で5年に1度の間隔で全ての日本国民に対する「国政調査」が行われます。これはすべての日本人を"母集団"として全数調査をすることにほかなりません。でも、私達が知りたいと思っている対象である"母集団"全てのデータを集めることは、時間的、費用的にもなかなか難しいと考えられます。沢山の統計調査員の個別訪問という手を煩わし、その後の集計解析にも時間がかかり、集計結果が出たころには世の中の姿がガラッと変わっているくらい変化の激しい時代ですので、国勢調査が5年に1度というのもうなずける話です。それでもある時点での正確な姿を記録に残すという意味で大切なことです。

一方、今現在の"母集団"の全体像を知るために、現実的には一部の"サンプル"を取り出して、そこから中心的傾向を表す"平均値"やバラツキ度合いを表す"分散、標準偏差"を求める場合が多くあります。このことは、過去のデータを記録として残していく「記述統計」に対して、サンプルから母集団を推測する「推測統計」と言われます。

母集団からサンプルを取り出すことを「サンプリングする」と言います。サンプルの位置、バラツキの指標は、母集団の時とは特に区別して"標本平均""標本分散""標本標準偏差"と呼び、記号も区別しています。

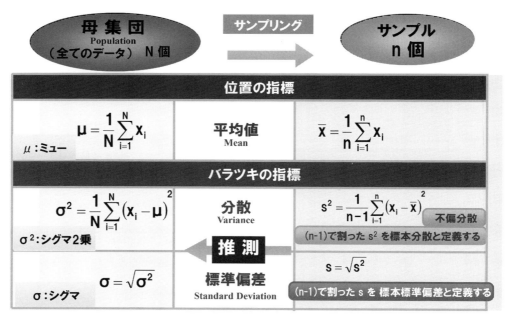

図2-11　サンプルから母集団を推測する仕組み

位置の指標"平均値"については呼び方、記号、データ数がそれぞれ異なるだけで計算式は変わりません。サンプル自体を一つの集団と考えてそれらのバラツキの指標"分散、標準偏差"を計算する場合には、記号 s^2、s と変わり呼び方に"標本"を付け計算式は偏差平方和を（サンプル数－1）、$(n–1)$ で割って求めます。

　その理由は、私達にとって重要なのは、サンプルから得られたこれらの値から"母集団"の位置、バラツキの指標を推測することにあるからです。従って、偏りのない不偏推定量である不偏分散を求める必要があります。

　大切なことは、母集団の分散の定義では偏差平方和をデータ数で割った値でしたが、不偏分散を求める計算式は（サンプル数－1）をデータ数としていることです。Excelのデータ分析で求める「基本統計量」の分散は、この $(n–1)$ で割った値で不偏分散を表しています。

　なぜ $(n–1)$ で割るのかというと、このような不偏分散を求めることが、目的である母集団の分散を偏りなく推測できるからなのです。これは古典統計学の先駆者達の研究の成果で、私達は今これらの恩恵の上に立って勉強、業務を進めているのです。

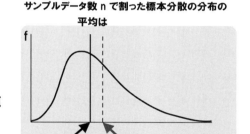

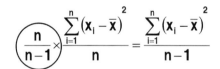

図2-12　なぜ標本分散を $(n–1)$ で割るのか

　ただし、この場面は統計を学ぶ階段を上っていく上での"第一の踊り場"とも言われるところで、多くの人がこの踊り場で中断、挫折するところですので、冗長になることを覚悟の上で説明を加えます。私達が知りたい母集団の分散 $σ^2$ に対して、サンプルから得られたデータを n で割って計算した標本分散はサンプルであるが故にその都度値が変わり図2-12のような分布を示し、これは標本分散の分布と呼ばれます。そして、その標本分散の分布の平均値は母集団の分散 $σ^2$ より $(n–1)/n$ だけ小さい値になるということが分かっています（例えば、日科技連QCリサーチ・グループ編『初等品質管理テキスト』日科技連　1951年）。

　従って、私達はサンプルから得られた偏差平方和をサンプル数 n で割って計算した標本分散をそのまま母集団の分散としないで、$n/(n–1)$ だけ補正して母集団の分散を推測することにします。結果、$(n–1)$ で割ることになるのです。

　このことから、母分散を推定する不偏推定量として位置付けられ、サンプルデータを基に

偏差平方和を（$n-1$）で割った標本分散は不偏分散（Unbiased Variance）と呼ばれ、Vの記号が使われることもあります。

以後、標本分散という言葉はExcelの基本統計量で計算している偏差平方和を（$n-1$）で割った不偏分散を意味します。標本標準偏差も同様です。

また、（$n-1$）は自由度（degree of freedom）と呼ばれます。これから先、推測統計学の中で頻繁に出てくる概念で、これも階段の踊り場に相当します。

自由度とは、独立に動くことができる変数の個数のことです。見かけ上の変数が n 個あるからといって、それらが独立に n 通りの値を自由に取れるとは限らず、そのため変数が実際に自由に動ける度合いを表すものとして自由度が利用されています。

例えば、$X_1 \sim X_n$ の変数で算術平均を考えた時、一旦 $\overline{X}$ の値が決まってしまうと変数 $X_1 \sim X_n$ はそれぞれが勝手に自由な値を取ることはできず、$X_1 \sim X_{n-1}$ までは自由な値を取ることができますが、X_n はもはや自由な値を取ることはできず、その値は自動的に決まってしまうということです。

$$\overline{X} = \frac{X_1 + X_2 + \cdots\cdots + X_n}{n}$$

$$(X_1-\mu)+(X_2-\mu)+(X_3-\mu)+(X_4-\mu) = 0$$

上式でも同じことが言え、4つのデータでμが決まるとデータは3つまではどんな値でも取れますが最後の一つは自動的に決まってしまうということです。この場合は3つ自由に動かすことができるので、自由度＝$n-1=3$となります。

このように、母集団からサンプルを取り出し、統計的手法を用いてデータを加工することで、母集団の特徴を推測することが可能になるのです。

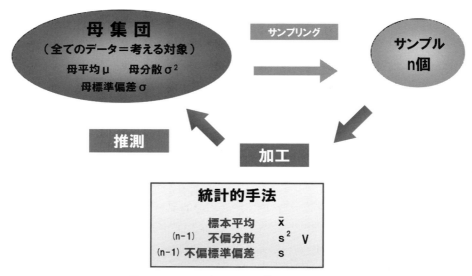

図2-13　サンプルから母集団を推測する

第3章 正規分布の性質

1. データの種類と分布

データの種類と、それぞれどのような分布があるのかを学んでいきましょう。ここでは、私達が扱うデータの種類とそれらをどのような分布に当てはめることができるのかを見ていきましょう。私達が扱うデータには"連続データ"と"離散データ"の2種類があります。

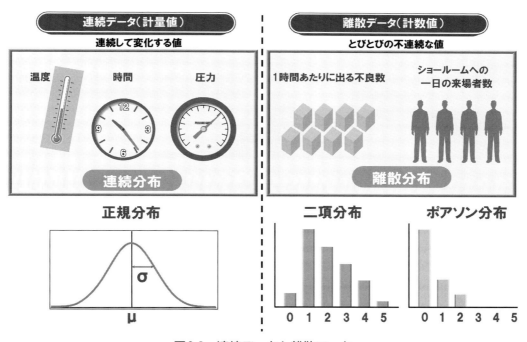

図3-1 連続データと離散データ

"連続データ"は、「温度」や「時間」「圧力」など、連続して変化をする値であり、文字通り量るデータで"計量値"とも呼ばれます。"離散データ"は、「不良数」や「ショールームへの来場者数」「ソフトウエアーのバグの数」など、とびとびの不連続な値であり、文字通り数えるデータで"計数値"とも呼ばれます。"連続データ"は"連続分布"と呼ばれる分布に当てはめることができます。また、"離散データ"は"離散分布"と呼ばれる分布に当てはめることができます。

それでは、それぞれの代表的な分布を見てみましょう。
連続分布には"正規分布"という分布があります。
離散分布には"二項分布""ポアソン分布"があります。
これらは全て、自然界の現象に当てはめるとその現象を分布、確率という側面から上手に説明することができるので重宝されています。
確率分布の代表例で後述の統計量の分布と対比して"基本分布"と呼ばれています。

2．正規分布のしくみ

正規分布は連続データを表す代表的な分布です。では、どのような現象が正規分布になるのでしょうか？ 例えば、かつて一世を風靡したPlayStation 1のゲーム「電車でGO！」の電車のシミュレーションゲームを考えてみましょう。

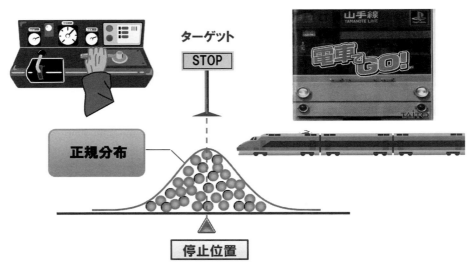

図3-2　ターゲットを狙った結果の分布

ターゲットを狙って停止させようとしても、何回も行うとこのように停止位置にバラツキが発生します。

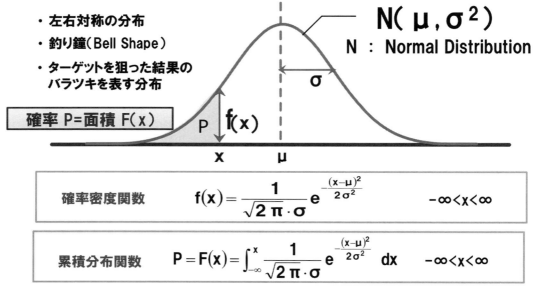

図3-3　正規分布

このように、バラツキを表す左右対称の釣り鐘型の分布が"正規分布"です。一般的に、ターゲットを狙った結果のバラツキや、同じ年齢の人達の身長のバラツキなどの自然現象を表す分布が、正規分布によく当てはまります。正規分布は、ある値を中心にランダムに発生する事象の発生確率を表す分布で、別名誤差分布とも呼ばれ、ドイツのガウスによって考え出されました。その功績から、ドイツの10マルク紙幣には顔写真と共に公式まで印刷されています。

それでは正規分布の特徴を見ていきましょう。
正規分布は"平均値 μ""標準偏差 σ"というパラメーターで規定されます。確率密度関数は、正規分布のグラフの高さを表します。累積分布関数は、マイナス無限大から、位置 X までの面積を表したもので、確率 P と表現します。全ての面積は、確率で100%、つまり1になります。
これからは、平均値 μ、分散 σ^2 の正規分布を、このような記号で表していきます（図3-3）。

3．正規分布の確率計算

正規分布の確率を計算するプロセスを学んでいきましょう。
ある部品の長さを測定したところ、図3-4のような正規分布となりました。この長さの規格は、上限値が5.5mm、下限値が4.8mm です。この時、規格値から外れる不良率がどれくらいになるか求めてみましょう。

求める不良率は、上限値の5.5mm 以上となる確率"P_1"、下限値の4.8mm 以下になる確率"P_2"、つまりこの確率 P_1 と P_2 を足せば良いことになります。

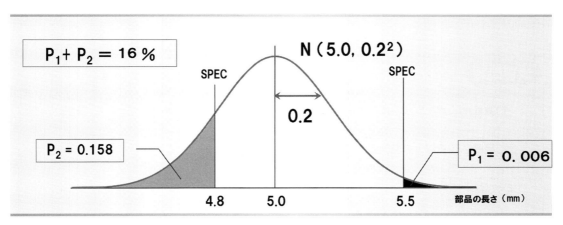

図3-4　Excelによる確率の計算　NORM.DIST

では、実際にこの確率を、Excelを使って求めてみましょう【付属CD Ch-3】。Excelのツールバーから関数"fx"→関数の挿入の"統計"→"NORM.DIST"を選択します。

"X＝4.8""平均値5.0"と"標準偏差0.2"関数形式は"TRUE"を入力し、$N(5.0, 0.2^2)$ における $-\infty$ から4.8までの面積を求めることができます。X＝5.5以上の面積を求めるには、

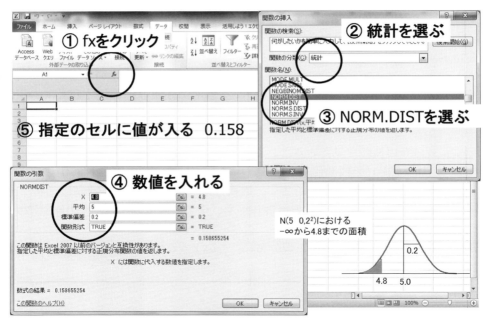

図3-5　NORM.DIST を用いて確率の計算

まず、$-\infty$ から5.5までの面積を求め、それを全体の面積1から引いて求めます。

この結果より、上限値5.5mm以上となる確率 P_1、下限値4.8mm以下になる確率 P_2 は、図3-4のような値になります。不良率は、P_1 と P_2 を足した値ですので、答えは0.16になります。

同様に図3-6の演習問題もやってみましょう【付属CD Ch-3】。

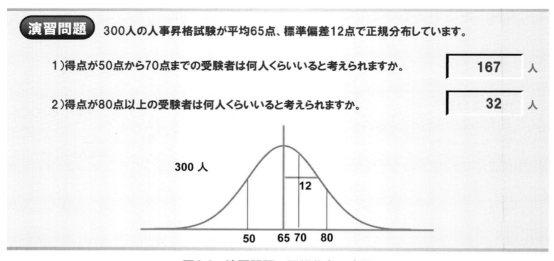

図3-6　演習問題　正規分布の応用

4．標準正規分布（Z分布）

標準正規分布について、学んでいきましょう。

Aさんが参加したある社内トレーニングで、テストが2回実施され、Aさんは2回とも70点でした。全体の平均点は2回とも60点、標準偏差は1回目が10点、2回目が5点でした。さてこの場合、全体の中でのAさんの位置は、どのように考えればよいでしょうか？

図を書いてみると図3-7のようになります。

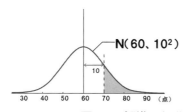
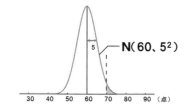

図3-7　標準正規分布　2回のテストを例に

Aさんより上にいる人の割合を見ると、2回目のテストの方がAさんは全体の上の方に位置していたと言えそうです。

では、これを同じ基準で判断するためにはどうすればよいでしょうか？ "標準化"する方法を考えてみましょう（図3-8）。

まず、それぞれのテストの点数から平均点を引き、標準偏差で割ってみましょう。これによって、標準偏差の何倍の位置にいるか、という共通の指標が出てきます。この値をZ値と呼びます。1回目は1、2回目は2という値になり、このことから、2回目の方が全体の中での位置付けが高くなっていることが分かります。

この変換を "Z変換" と言います。Z変換によって平均値が0、標準偏差が1になった分布を "標準正規分布"、または "Z分布" と言います。標準正規分布は $N(0, 1^2)$ と表します。

図3-8の例の場合では、分子も分母も単位が「点」ですが、Z変換した値は単位がなくなります。これによって違った条件のデータでも比較することが可能になります。さらに、同じ基準で位置を判断でき、分布における位置を求めることが容易になります。

このように、元の正規分布をZ変換し、標準化したものが標準正規分布です。

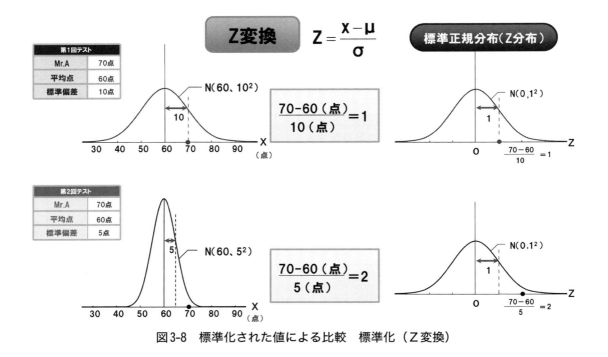

図3-8 標準化された値による比較 標準化（Z変換）

5．標準正規分布におけるZ値の持つ意味

　これから先、いろいろな統計解析手法を学んでいくわけですが、このZ値は私達の判断基準として重要な役割を果たしていきます。

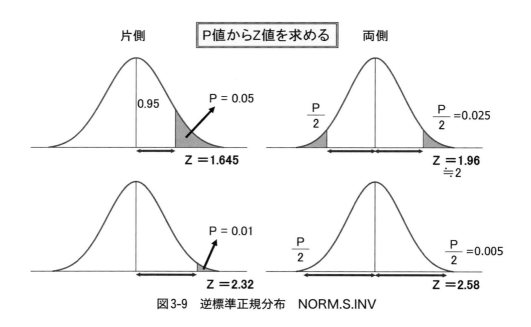

図3-9 逆標準正規分布 NORM.S.INV

　バラツキを持つデータの統計解析では判断を誤る確率（危険率）として5％、1％が用い

られますが（両側の場合は2.5%、0.5%）、それらの確率はP値と呼ばれ、標準正規分布におけるZ値で決まるのです。

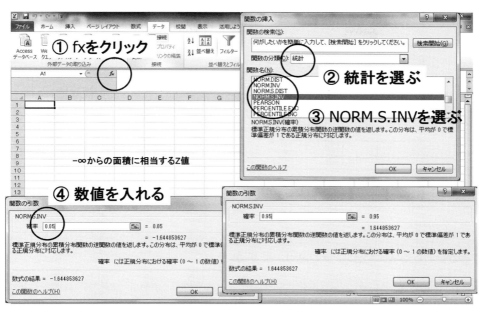

図3-10　NORM.S.INVでP値からZ値を求める

それらの関係は図3-10のように図示され、Excelでは統計関数"fx"⇒"統計"⇒"NORM.S.INV"でその関係を明らかにすることができます【付属CD Ch-3】。

6．Natural Tolerance

"Natural Tolerance"とは何か、を理解しましょう。

正規分布における、標準偏差と確率の関係を見てみましょう（図3-11）。

正規分布に従う母集団からデータを取った場合、平均値を中心とした標準偏差の1倍の幅に囲まれる範囲の確率は、どれくらいでしょうか？

平均値を中心とした標準偏差の1倍の幅に囲まれる範囲の確率は、68.27％です。標準偏差の2倍の幅に囲まれる範囲の確率は、95.45％です。そして標準偏差の3倍の幅に囲まれる範囲の確率は99.73％で、ほとんどが含まれます。

自然なバラツキの状態の下では、標準偏差の±3倍の範囲の確率が99.73％であるという性質を"Natural Tolerance"と呼びます。

この範囲に含まれているデータは、同じ母集団の仲間と考えてよく、外れた場合はプロセスの異なる母集団のデータとみなしていきます。もし、同じプロセスの下でのデータであったとしても、それを異なるプロセスの下のデータだと判断する確率は0.3％、つまり1000回のうち3回はそのような過ちを犯すということで、俗に"3σルール"とか"千に三つ"とか言われています。

これは標準正規分布、Z値と並んで、正規分布の重要な性質で、"管理図"というツールに応用されています。

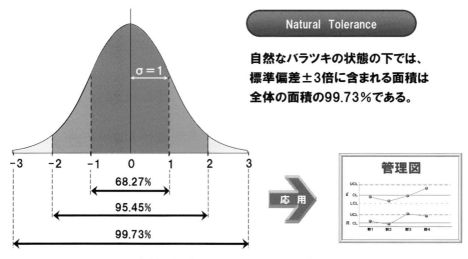

図3-11　Natural Tolerance とは

7．事例　あなたならどう判断しますか？

　これはかつてカムコーダーにLCDパネルを付ける機構設計の試作段階での話です。
　QA評価の段階でQA評価員の指摘した"画傾き"に対してデータで検証したものです。20個のデータから平均、標本（$n-1$）標準偏差を計算し、それらと規格値を基に"Z変換"を行いZ値を求め、そこから規格値より大きい値の面積がどのくらいあるのかを求めたものです。

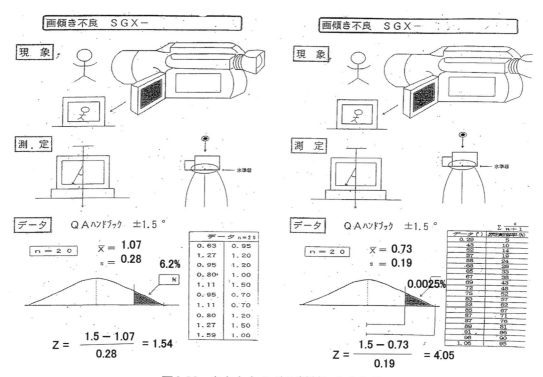

図3-12　あなたならどう判断しますか？

Z値1.54の持つ意味は、このデータが「規格値を超える割合が6.2％あります」と言っているということなのでQA評価から設計に差し戻しをした例です。

図3-12の右側は差し戻し後の改善対策の結果QA評価に提出されたもので、同じように"画傾き"の20個のデータを取り対策の有効性を検証したものです。平均、標本標準偏差を計算し、それらと規格値を基に"Z変換"を行い、Z値4.05を得ましたが、このZ値の持つ意味はP値が0.0025％ということでQA評価をパスし次の量産試作へとイベントを進めた時の事例です。

Excelでの計算方法、NORM.S.DISTによるP値の求め方を示します【付属CD Ch-3】。

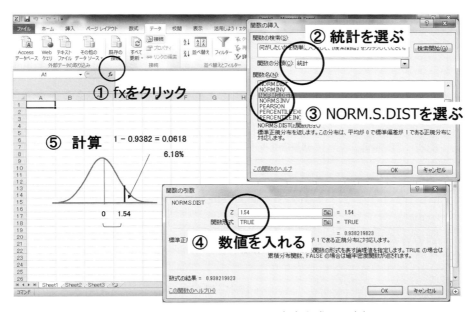

図3-13　NORM.S.DISTで不良率を求める(1)

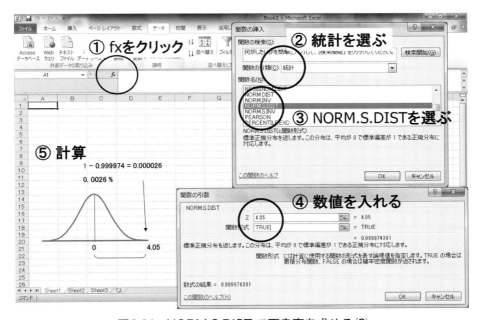

図3-14　NORM.S.DISTで不良率を求める(2)

第4章 平均値の分布

第1節 平均値の分布

1．平均値の分布

検定・推定を行うために重要な、平均値の分布の性質について学んでいきましょう。

同じ母集団からいくつかのサンプルを取り、その都度平均値を求めます。何回かこの平均値を求めると"平均値の分布"ができます。ここでは、この平均値の分布にどのような性質があるのかを見ていきましょう。

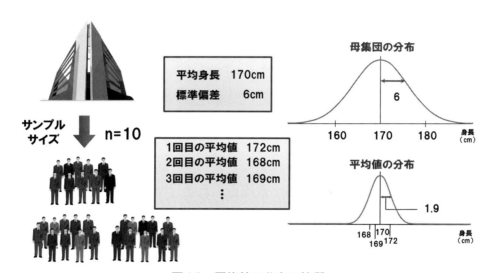

図4-1　平均値の分布の性質

では、平均値の分布の性質を見るために、まず平均値の分布を作ってみましょう。

S社の全社員の平均身長は170cm、標準偏差が6cmです。この中から10人のサンプルを取って、その平均値を計算します。

1回目に計算したときは平均値が172cmでした。
2回目に計算したときは平均値が168cmでした。
3回目に計算したときは平均値が169cmでした。

このように10人のサンプルの平均値を取っていくと、図4-1のような分布になります。

これが平均値の分布です。

この平均値の分布における平均値は、170cmになりました。その結果として、全社員の身長の平均値である170cmと同じになりました。この分布の標準偏差は1.9で、全社員の身長の標準偏差よりも小さくなりました。

この例のように、ある母集団から複数のサンプルを取り出して、それぞれの平均値を計算する場合を考えてみます。

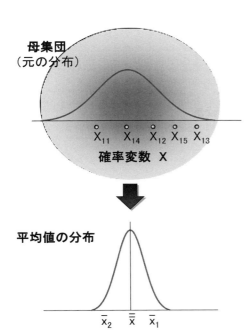

図4-2　検定、推定の前提となる標本分布 —— 平均値の分布

第1サンプルを取り出し、得られた平均値を$\bar{x}_1$、第2サンプルから得られた平均値は$\bar{x}_2$、第3サンプルから得られた平均値は$\bar{x}_3$と表します。こうして同じ母集団から取り出したサンプルの平均値は、図4-2のような分布になります。

この分布の平均値は、それぞれのサンプルの平均値の更に平均値ですので、$\bar{\bar{x}}$と表します。

2．平均値の分布の性質（中心極限定理）

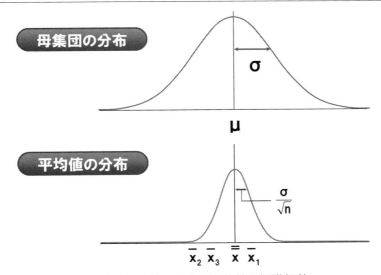

図4-3　平均値の分布の平均値と標準偏差

①まず、サンプリングの回数が増えると、平均値の分布の平均値 $\bar{x}$ は、元の母集団の平均値 μ と一致する、という性質です。
②次に、平均値の分布の標準偏差は図4-3のように小さくなり、元の母集団の標準偏差 σ の $1/\sqrt{n}$ になる、という性質です。
③もうひとつは、母集団がどのような分布の形をしていても、サンプルサイズを大きくすると、平均値の分布は正規分布に近づいていく、という性質です。

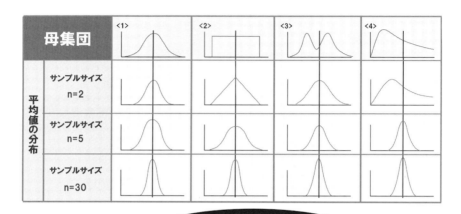

図4-4　母集団の形と平均値の分布の形

例えば、図4-4の〈2〉で、サンプルサイズ2個を取る場合を考えてみましょう。

サンプルを2つ取るとき、左端と右端のデータを取ると、平均値は真ん中になります。次のデータも平均値は真ん中に近くなっていますね。このように、平均値の分布はデータが真ん中に集まっていき、分布は角が取れた形になります。

さまざまな形をした分布においても、それぞれサンプルサイズを大きくしていくと、サンプル平均の分布が正規分布に近づき、バラツキが小さくなっていくことが分かります。

この3つの性質を"中心極限定理"（Central Limit Theorem）と言います。この"中心極限定理"は検定や推定を行うために重要なものです。

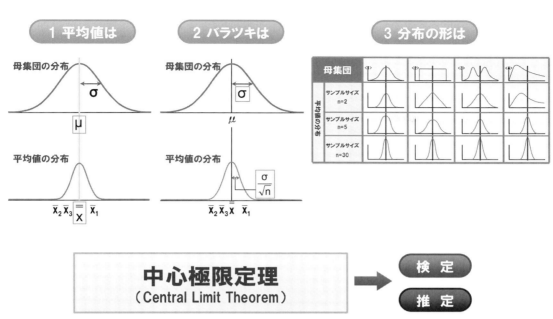

図4-5　平均値の分布の性質　中心極限定理

3．中心極限定理の例証

このことを理解するために6面体のサイコロを使い実験してみます。

1個のサイコロを振り続ければ、いかさまの無いサイコロであれば、サイコロの1から6までの目の出る数は均一になるのが一般的です（この場合240回）。

1．A～Eの5グループに分かれて、それぞれ6面体サイコロを振り、目の数を記入する。

サイコロを振って出た目の数を記入する

1個、240回	
	Aグループ
目の数	回数
1	
2	
3	
4	
5	
6	

各グループ毎に　4個、240回

	Bグループ	Cグループ	Dグループ	Eグループ			
目の数	回数	回数	回数	回数	合計	合計／4	n=4の平均
4							1
5							1.25
6							1.5
7							1.75
8							2
9							2.25
10							2.5
11							2.75
12							3
13							3.25
14							3.5
15							3.75
16							4
17							4.25
18							4.5
19							4.75
20							5
21							5.25
22							5.5
23							5.75
24							6

図4-6　中心極限定理の例証実験(1)

一方、４個のサイコロを同時に振り、その出た目の数を合計したものは、４から24までの数字の中に収まり、この数字の真ん中周辺に集まるものです。意外と俗に言う「ぞろ目」の４とか24という数字はなかなか出ないものです（この場合240回）。この実験を行いその結果をグラフにしてみます。

４から24の数字は4個のサイコロの目の和ですので４で割って４個の平均値の分布を作るということです。するとその形は山型になっていて正規分布に似たような形になります。

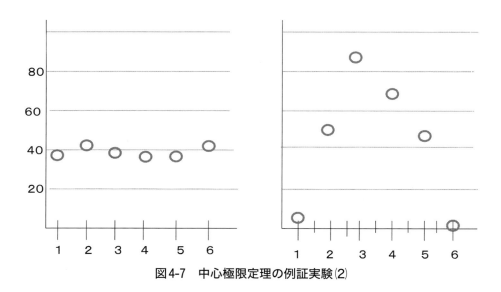

図4-7　中心極限定理の例証実験(2)

これは中心極限定理を理解するための実験でした。

冗長かもしれませんが、次の２つの図はサイコロの実験から得られた知見を後押しする情報で、文系の教養課程で学んでいる内容です。

1番目のサイコロ ＼ 2番目のサイコロ	⚀	⚁	⚂	⚃	⚄	⚅
⚀	2	3	4	5	6	7
⚁	3	4	5	6	7	8
⚂	4	5	6	7	8	9
⚃	5	6	7	8	9	10
⚄	6	7	8	9	10	11
⚅	7	8	9	10	11	12

7が一番多く出る

図4-8　２個のサイコロの目の和

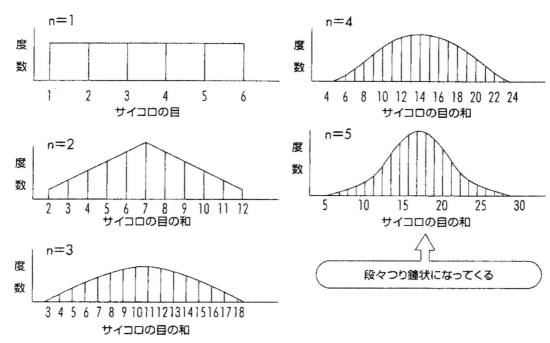

図4-9　サイコロの目の和の出現確率

第2節　統計量の分布　t分布、χ^2分布、F分布

ここでは、これから学ぶ統計的推定、統計的仮説検定で行う上で重要な"統計量の分布"を学んでいきます。

統計量とは、データから計算された標本平均、不偏分散とか標本分散を組み合わせてできた値で、これらがそれぞれ特徴のある分布をするという一定の性質を利用して統計解析を行うものです。

1．Z分布

既にZ分布については正規分布の性質の中で学びました。

更に、中心極限定理で正規母集団 $N(\mu, \sigma^2)$ から n 個のサンプルを取り出し、その平均値を計算すると、それらは平均値の分布を構成し、その平均は母集団の平均に等しく、その標準偏差は母集団の標準偏差より $1/\sqrt{n}$ だけ小さくなるということでした。

そこで、新しく検定統計量 Z_0 を考えるとこの Z_0 はZ分布に従うということが分かっていますので、Z分布におけるZ値とP値の関係を利用して推定、検定を行います。

但し、ここで重要なことは「σ既知」ということで、これは母集団の標準偏差が分かっている場合ということです。このことは第5章で早速使います。

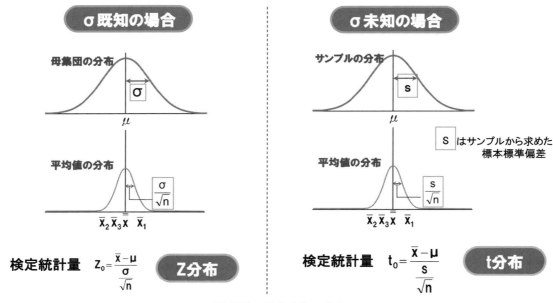

図4-10　Z分布とt分布

2．t分布

　一方、母集団の標準偏差が分かっていない場合はどうなるのでしょうか。
「σ未知」の場合は分かっていない母集団の標準偏差σの代わりに、サンプルから（$n-1$）を使って計算した標本標準偏差sを使い、検定統計量も今度はt_0とします。するとこのt_0はt分布に従うという性質を利用して、Z分布の場合と同じように、t分布におけるt_0値とP値の関係を利用します。
　両者の関係の違いはσを使うか、sを使うかで検定統計量は同じ形です。式の構成は平均値の差を平均値の分布の標準偏差で割っていますので先に学んだZ変換の考え方です。

　Z分布表とExcelの関数"fx"⇒"統計"⇒"NORM.S.DIST"でZ値からP値を求めることができます【付属CD Ch-4】。

　同様に、t分布表とExcelの関数"fx"⇒"統計"⇒"T.INV"、もしくは"T.INV.2T"でP値からt値を求めることができます。t分布表の場合は両側確率も併せて示されている場合が多いのでT.INVとT.INV.2Tの両方を示してあります。
　t分布は左右対称ですので、片側のP値を2倍して2P値となります。
　表の中の縦軸の記号φは自由度のことで実質的には$n-1$の値です【付属CD Ch-4】。

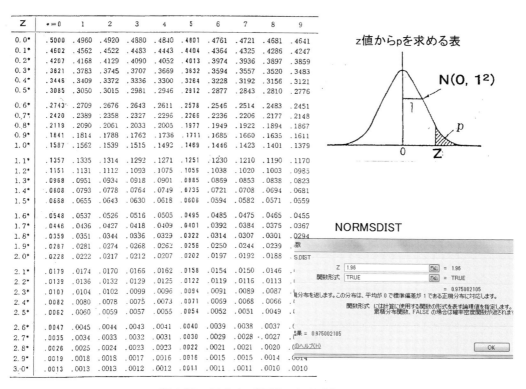

図4-11　Z分布（標準正規分布）表

（『新版品質管理便覧』日本規格協会　1977年）

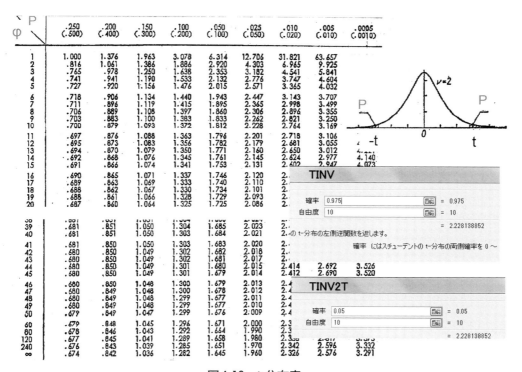

図4-12　t分布表

（『新版品質管理便覧』日本規格協会　1977年）

3. χ^2分布

χ^2（カイ2乗）分布について学びましょう。

χ^2という統計量は先に学んだ偏差平方和Sを母分散σ^2で割ったものです。そしてこの統計量は自由度（$n-1$）のχ^2分布に従うという性質を持っています。この性質を利用して標準偏差、分散の推定、検定を行います。

χ^2分布は左右対称ではありませんので、χ^2値に対応するP値は右側と左側では異なります。χ^2分布表とExcelの関数"fx"⇒"統計"⇒"CHISQ.INV.RT"を示します【付属CD Ch-4】。

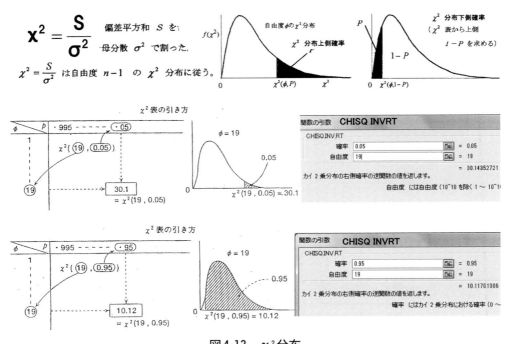

図4-13　χ^2分布

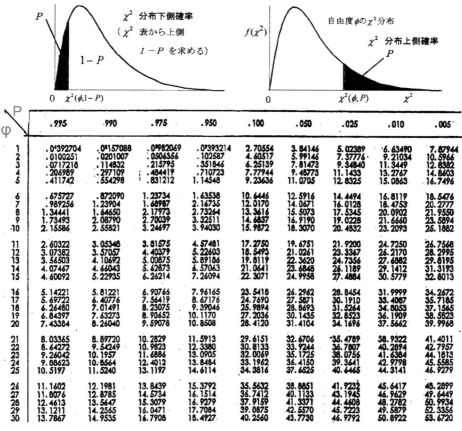

図4-14　χ^2分布表

(『新版品質管理便覧』日本規格協会　1977年)

4．F分布

　F分布はサンプルから得られた偏差平方和を$(n-1)$で割って求めた不偏分散の比がF分布に従うという性質に基づくものです。

　不偏分散同士の比をとるということは分子、分母にそれぞれの自由度があるということで、それらのF値とP値の関係を纏めたものがF分布表です【付属CD Ch-4】。

$F = \dfrac{V_1}{V_2}$ 分子、分母の自由度 ϕ_1, ϕ_2 と確率から F の値を求めるのが F 表である。

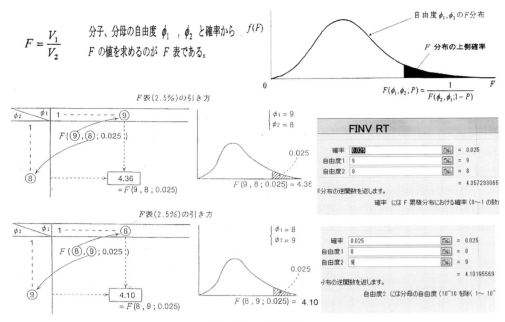

図4-15　F分布

これはP=0.025，P=0.005の表である
P=0.05，P=0.01の表も別にある

$\nu_2 \backslash \nu_1$	1	2	3	4	5	6	8	10	15	30	∞	ν_2
1	647 16210	799 19999	864 21614	899 22499	921 23055	937 23437	956 23925	968 24224	984 24630	1001 25043	1018 25464	1
2	38.506 198.501	39.000 199.000	39.165 199.166	39.248 199.250	39.298 199.300	39.331 199.333	39.373 199.375	39.398 199.400	39.431 199.433	39.465 199.466	39.498 199.500	2
3	17.443 55.552	16.044 49.799	15.439 47.467	15.101 46.195	14.885 45.392	14.735 44.838	14.540 44.126	14.419 43.686	14.253 43.085	14.081 42.466	13.902 41.828	3
4	12.218 31.333	10.649 26.284	9.979 24.259	9.605 23.155	9.364 22.456	9.197 21.975	8.980 21.352	8.844 20.967	8.657 20.438	8.461 19.892	8.257 19.325	4
5	10.007 22.785	8.434 18.314	7.764 16.530	7.388 15.556	7.146 14.940	6.978 14.513	6.757 13.961	6.619 13.618	6.428 13.146	6.227 12.656	6.015 12.144	5
6	8.813 18.635	7.260 14.544	6.599 12.917	6.227 12.028	5.988 11.464	5.820 11.073	5.600 10.566	5.461 10.250	5.269 9.814	5.065 9.358	4.849 8.879	6
7	8.073 16.236	6.542 12.404	5.890 10.882	5.523 10.050	5.285 9.522	5.119 9.155	4.899 8.678	4.761 8.380	4.568 7.968	4.362 7.534	4.142 7.076	7
8	7.571 14.688	6.059 11.042	5.416 9.596	5.053 8.805	4.817 8.302	4.652 7.952	4.433 7.496	4.295 7.211	4.101 6.814	3.894 6.396	3.670 5.951	8
9	7.209 13.614	5.715 10.107	5.078 8.717	4.718 7.956	4.484 7.471	4.320 7.134	4.102 6.693	3.964 6.417	3.769 6.032	3.560 5.625	3.333 5.188	9
10	6.937 12.826	5.456 9.427	4.826 8.081	4.468 7.343	4.236 6.872	4.072 6.545	3.855 6.116	3.717 5.847	3.522 5.471	3.311 5.071	3.080 4.639	10
11	6.724 12.226	5.256 8.912	4.630 7.600	4.275 6.881	4.044 6.422	3.881 6.102	3.664 5.682	3.526 5.418	3.330 5.049	3.118 4.654	2.883 4.226	11
12	6.554 11.754	5.096 8.510	4.474 7.226	4.121 6.521	3.891 6.071	3.728 5.757	3.512 5.345	3.374 5.085	3.177 4.721	2.963 4.331	2.725 3.904	12
13	6.414 11.374	4.965 8.186	4.347 6.926	3.996 6.233	3.767 5.791	3.604 5.482	3.388 5.076	3.250 4.820	3.053 4.460	2.837 4.073	2.595 3.647	13
14	6.298 11.060	4.857 7.922	4.242 6.680	3.892 5.998	3.663 5.562	3.501 5.257	3.285 4.857	3.147 4.603	2.949 4.247	2.732 3.862	2.487 3.436	14
15	6.200 10.798	4.765 7.701	4.153 6.476	3.804 5.803	3.576 5.372	3.415 5.071	3.199 4.674	3.060 4.424	2.862 4.070	2.644 3.687	2.395 3.260	15
16	6.115 10.575	4.687 7.514	4.077 6.303	3.729 5.638	3.502 5.212	3.341 4.913	3.125 4.521	2.986 4.272	2.788 3.920	2.568 3.539	2.316 3.112	16
18	5.978 10.218	4.560 7.215	3.954 6.028	3.608 5.375	3.382 4.956	3.221 4.663	3.005 4.276	2.866 4.030	2.667 3.683	2.445 3.303	2.187 2.873	18
20	5.871 9.944	4.461 6.986	3.859 5.818	3.515 5.174	3.289 4.762	3.128 4.472	2.913 4.090	2.774 3.847	2.573 3.502	2.349 3.123	2.085 2.690	20

上段 $\alpha=0.025$　下段 $\alpha=0.005$

図4-16　F分布表

（『新版品質管理便覧』日本規格協会　1977年）

第5章　統計的推定

1．統計的推定とは

ここでは統計的推定の考え方について学んでいきます。

第4章ではサンプリングの都度求めた平均値が異なった値になることを学びました。これまでは、新しいプロセスの結果をサンプルから推定し、それを実際の値と信じ込んできましたが、実は実際の値と一致していないということを今までに経験したことがありませんでしたか？　推定のやり方に何か問題があるのではないでしょうか。

ここでは、母集団からサンプルを取り出し、母集団の平均値や標準偏差を推測する場合に、サンプルから求めた値に幅を持たせて推定する方法を学んでいきます。

まず、サンプルから母集団の平均値を推測する場合を考えてみましょう。

Aさんが母集団からサンプルを取り出し、平均値を計算しました。結果は"10"になりました。Aさんは「母集団の平均値もきっとこの値に違いない！」と考えました。このように、1つの数値で母集団の平均値を推測する方法を"点推定"と呼びます。しかし、Bさんが同じようにサンプルを取り出して平均値を計算してみたところ、"10.8"という値が出てきました。さらにCさんからは"11.5"という値が出てきました。これでは、どの平均値を母集団のものとして考えればよいのか分からなくなってしまいます。

では、Aさんはどのように考えればよいでしょうか？　この場合、Aさんは、推定した平均値の分布の下で、推測した値にある程度の幅を持たせて、母集団の真の値μは5％の判断を誤る危険性があるものの95％の信頼率、確からしさでこの区間の中にあるという考え方に立つのです。点推定ではなく幅を持って推定するので、このような方法を"区間推定"と呼びます。区間推定には、"母平均の推定""母標準偏差の推定""母比率の推定"があります。

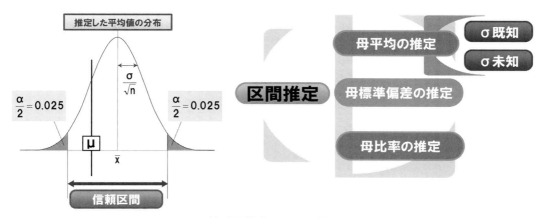

図5-1　統計的推定とは区間推定のこと

2．区間推定の全体像

サンプルデータから何を区間推定したいのか、その目的と条件によって使用する分布が異

なってきますし、その時推定の幅（信頼区間）を決める公式も異なりますので図5-2の区間推定の全体像、通称"推定ナビ"で道筋を決めていきます。

　右側の式は、信頼区間を求める式です。

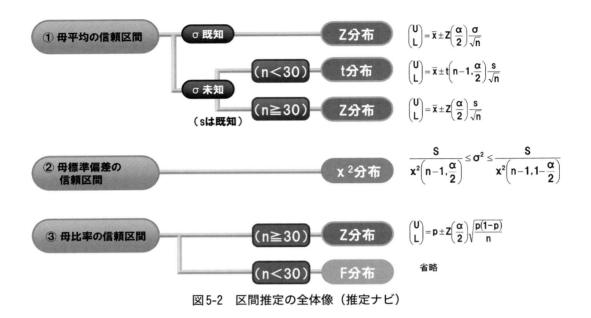

図5-2　区間推定の全体像（推定ナビ）

3．区間推定のしくみ

　区間推定の"信頼区間"と"信頼率"の関係を理解しましょう。

　推定の幅は、どれくらいに決めればよいのでしょうか？　推定の幅が広ければ、求めたい母平均μは確実に含まれますが、一方で曖昧さが増し極端な場合−∞～∞の間にあるという

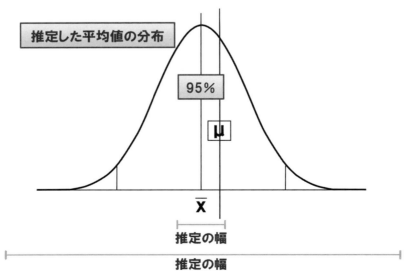

図5-3　推定の幅はどのくらいに決めればよいか

実用的には全く役に立たない推定幅になってしまいます。一方、推定の幅を狭くすることはそれだけ精度が高く、役に立つ推定になりますが、サンプル数が大きくなるなどの推定を行う上での困難さが生じてきて、ここでも実用に供しないという側面が出てきます。

そのため、実用に適した区間を決める必要があります。通常は95％の確率で母集団の平均値を含む区間を利用します。この95％の確率は"信頼率"と呼ばれています。区間推定の上限と下限の幅を"信頼区間"と言います。一方、判断を誤る確率のことは"危険率"と言います。

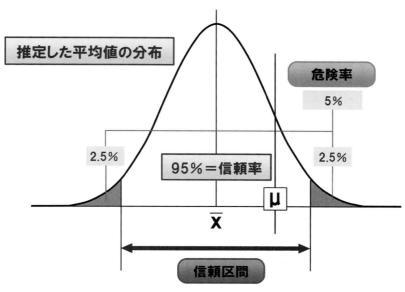

図5-4　信頼率と信頼区間

次に、母平均の"信頼区間"はどのように求めるのかを学んでいきましょう。区間推定には、3つの種類がありますが、まず、母平均の区間推定を行う方法について、具体的に学んでいきましょう。

図5-5は、サンプルから得られた平均値の分布です。既に学んだ"中心極限定理"から、標準偏差はこのようになります。この95％の信頼区間に母集団の平均値を含むと考え推定します。分布の両側に危険率α/2を取ると、平均値$\bar{x}$からの距離は標準偏差にZ値を掛けた値になります。危険率が5％の時にはZ値は1.96となります。信頼区間の上限をUで表し、下限をLで表します。UとLはこのように求められます。つまり、区間推定とは信頼区間の上限と下限との幅を求めることなのです。

図5-5は、母集団の標準偏差σが分かっている既知の場合なので、標準正規分布の性質を利用しています。

通常は母集団の標準偏差が分からない場合が多いので、母集団のσの代わりにサンプルから求めた標準偏差sを使い、Z分布に代わってt分布を用います（図5-6）。

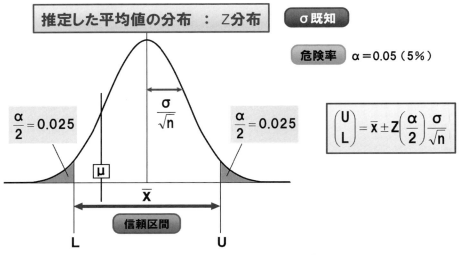

図5-5　σ既知の場合の信頼区間の求め方

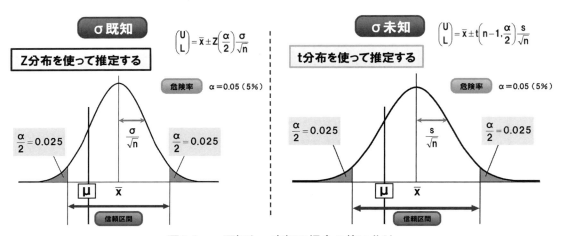

図5-6　σ既知とσ未知の場合の使い分け

4．母平均の区間推定

　母集団の標準偏差σが既知の場合の、母平均の区間推定について学んでいきましょう。
　母集団の標準偏差σが分かっている場合に、母平均の信頼区間をどのように求めるのかを例を通して見ていきましょう。

　ある工程における部品取り付けにかかるサイクルタイムの平均値を推定するために、100個のサンプルを取って計算を行いました。その結果、サンプルから得られた平均値は140秒、標準偏差は14秒でした。元の母集団の標準偏差は、過去の調査から12秒であることが分かっています。サイクルタイムに関して、母平均の区間推定を行ってみましょう。
　まず、σ既知ですので標準正規分布の性質を利用します。求める信頼区間は図5-7のような式で表されます。実際に数値を入れてみましょう。
　まず、サンプルの平均値 $\bar{x}$ は140秒、次のZ値は危険率を5％と設定すると1.96になりま

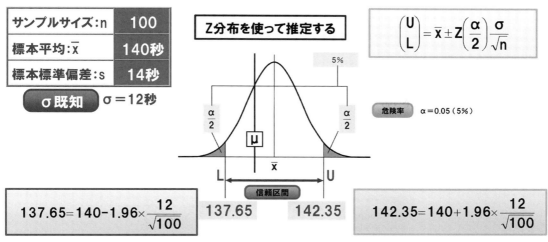

図5-7　σ既知の場合の信頼区間の計算例

す。そして標準偏差は $\sigma/\sqrt{n}$ ですから、このようになります。これを計算すると、95％の信頼率で求められる母平均µの信頼区間は、下限値137.65秒と上限値142.35秒になります。このような場合には「信頼率95％で、母平均は137.65秒から142.35秒の範囲の中にあるといえる」と結論づけます。

信頼区間の下限値と上限値はこのように求めることができます【付属CD Ch-5】。

ここで演習問題です【付属CD Ch-5】。

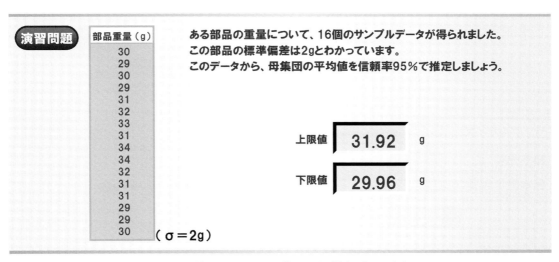

図5-8　演習問題　母平均の区間推定（σ既知）

母集団の標準偏差σが未知の場合の、母平均の区間推定について学んでいきましょう。
母集団の標準偏差σが分かっていない場合に、母平均の信頼区間をどのように求めるのかを具体的に見ていきましょう。

A社から新規に部品を購入するにあたり、部品の重量を20個のサンプルから測定したところ、平均値が28g、標準偏差が1.1gでした。この結果から、A社の部品重量の母平均を区間推定してみましょう。

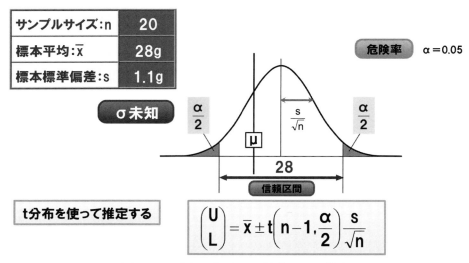

図5-9　σ未知の場合の母平均の区間推定

　まず、σ未知ですので、サンプルから求められた値である標本標準偏差sを使って推定を行う必要があります。従って、t分布による推定を行います。
　自由度は$n-1$ですから"19"、確率は$α/2$ですから"0.025"です。求めるtの値はこのようになります。このtの値を使って信頼区間を求めてみると、下限値は27.5g、上限値は

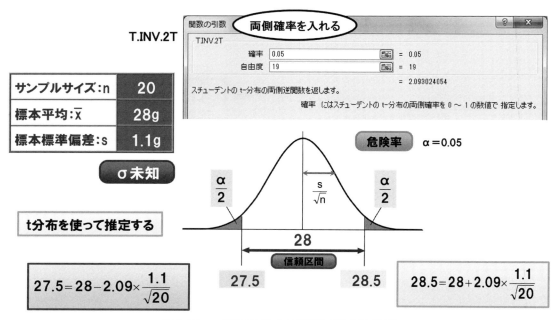

図5-10　σ未知の場合の信頼区間の計算例

28.5gになります。結論は「信頼率95%で母平均は27.5gから28.5gの範囲の中にあるといえる」ということになります（図5-10）【付属CD Ch-5】。

ここで演習問題【付属CD Ch-5】。

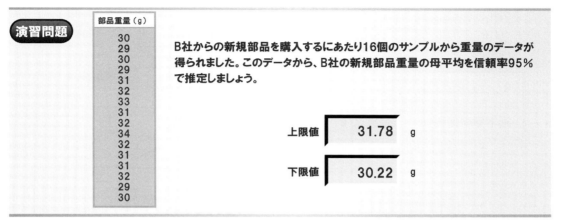

図5-11　演習問題　母平均の区間推定（σ未知）

5．母標準偏差の区間推定

母標準偏差の区間推定について学んでいきましょう。
母標準偏差の信頼区間を求めるしくみを具体的に見ていきましょう。
サンプルから計算した偏差平方和Sと、母集団の母分散である$σ^2$には、図5-12のような関係式があり、$χ^2$分布に従うということが知られています。私達はサンプルのデータから母標準偏差を推定したいわけですから、この関係式を利用します。求めたいσを表す式に変

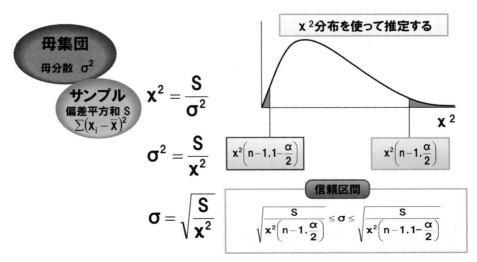

図5-12　母分散の区間推定

形していくと、図5-12のようになります。これが、危険率αの場合の求めたい信頼区間なのです。

それでは、母標準偏差の信頼区間を区間推定してみましょう。A社から新規に部品を購入するにあたり、部品の重量を20個のサンプルから測定したところ、平均値が28g、標準偏差が1.1gでした。この結果から、A社の部品重量の母標準偏差を区間推定してみましょう。求める信頼区間は、χ^2分布の性質を利用して図5-13のような式に表されます【付属CD Ch-5】。

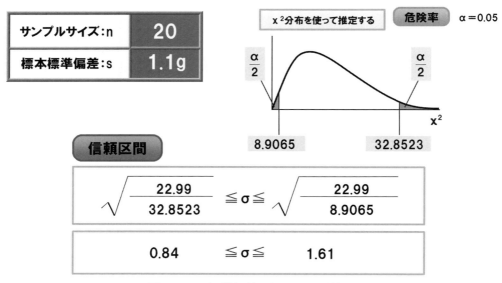

図5-13　母標準偏差の信頼区間計算例

χ^2の値を計算して式に当てはめると、信頼区間の下限値は0.84g、上限値は1.61gになります。結論は「信頼率95％で母標準偏差は0.84gから1.61gの範囲の中にあるといえる」ということになります（図5-14）【付属CD Ch-5】。

ここで演習問題です【付属CD Ch-5】。

図5-14　Excelの関数"fx"⇒"CHISQ.INV"でχ^2値を求める

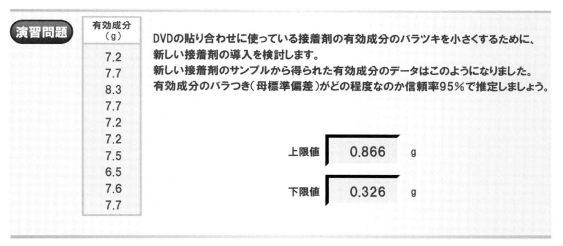

図5-15　演習問題　母標準偏差の区間指定

6. 母比率πの区間推定

　母比率πの区間推定について学んでいきます。

　まず、母比率πの信頼区間をどのようにして求めていくのかを理解しましょう。計数値を扱う離散分布の中の二項分布に従い、p = 0.1以下のような条件の下では比率pは、平均値、分散が図5-16のように示される正規分布として近似されることが分かっています。

　標準偏差はこのようになります。このときのZ値と標準偏差の値を利用すると、区間推定を行うための上限値と下限値は、図5-16のように表され、母比率πの信頼区間を求めることができます。

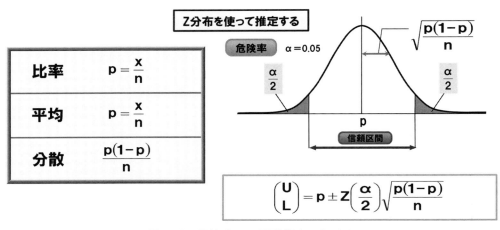

図5-16　母比率πの区間推定のしくみ

　それでは、母比率の信頼区間を区間推定してみましょう。
　業務監査の結果、あるグループからランダムに選んだ50枚の書類の中から5枚にエラーがあることが発見されました。このグループにおける書類のエラーの比率を95％の信頼率で区間推定してみましょう。条件を整理すると、サンプルサイズは50、サンプルから求められた比率は0.1となります。求める信頼区間は、標準正規分布の性質を利用して図5-17のような式で表されます。この場合のZ値は"1.96"です。信頼区間の下限値は0.017、上限値は0.183ですので、結論は「信頼率95％で、母比率は0.017から0.183の範囲の中にあるといえる」ということになります【付属CD Ch-5】。

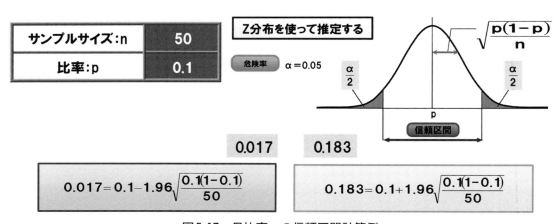

図5-17　母比率πの信頼区間計算例

7．サンプルサイズはいくつ必要か

　連続データを扱う場合の、サンプルサイズの決め方について学んでいきましょう。
　データを集める際に、「いったいどのくらいサンプルがあれば意味のあるデータになるのだろうか」と迷ったことはありませんか？　サンプルが少なければ、母集団の正しい姿を推

測することが難しいのはもちろんですが、多く取ると時間やコストがかかるといった問題があります。では実際の業務で、どのくらいデータを取ったらよいのでしょうか。このような場合に、推定の考え方を応用すると、サンプルサイズをいくつにすればよいのかを計算することができるのです。

連続データを扱っている例を見ながら、具体的な方法について学んでいきましょう【付属CD Ch-5】。

音楽テープ1巻の長さの標準偏差は、今までのデータ解析から3 cmだということが分かっています。この音楽テープの平均の長さを信頼率95％で区間推定する時、信頼区間を±1 cm以内にしたいと思います。そのためには、サンプルサイズをいくつにすればよいでしょうか。

この信頼区間の中に95％の結果を収めたいのですから、図に書くと図5-18のようになります。危険率αは5％、0.05になります。

このhは"半区間"、または"誤差"と呼ばれ、推定の性質から図5-18のような関係があります。この式を変形するとnを求める式が出来上がります。どのくらいの精度にしたいかによってサンプルサイズが変わります。では、実際にデータを当てはめて計算してみましょう。Z値は危険率が0.05ですから、1.96になります。母集団の標準偏差σは3 cm、また半区間は1 cmと設定してあります。これにより、nは34.6となります。従って、この場合は35巻のサンプルサイズが必要となります。

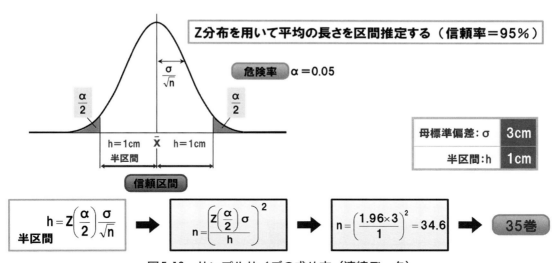

図5-18　サンプルサイズの求め方（連続データ）

この場合、母集団の規模は特に規定されていませんので"無限母集団"として扱いますが、母集団の数が規定されているような場合には"有限修正"を行います。

有限修正を含んだ演習問題（図5-19）を付属CDのExcel Dataにも入れてありますのでやってみましょう【付属CD Ch-5】。

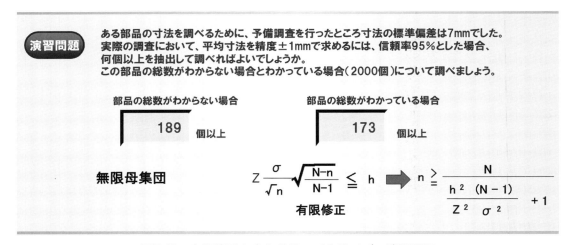

図5-19　有限修正を含んだサンプルサイズの演習問題

　離散データを扱う場合の、サンプルサイズの決め方について学んでいきましょう。
　離散データの例として、あるマウント基板の不良率という比率を推定する際のサンプルサイズを求めてみましょう。マウント基板のこれまでの不良率は2%でした。サンプリングして不良率を区間推定するとき、半区間を1%以内に抑えて、95%の信頼区間を求める場合のサンプルサイズはいくつにすればよいでしょうか。
　この信頼区間の中に95%の結果を収めたいのですから、図に書くと図5-20のようになります。このhは標準正規分布の性質から図5-20の式で表されます。式を変形すると、nを求める式が出来上がります。では、実際にデータを当てはめて計算してみましょう。Pはも

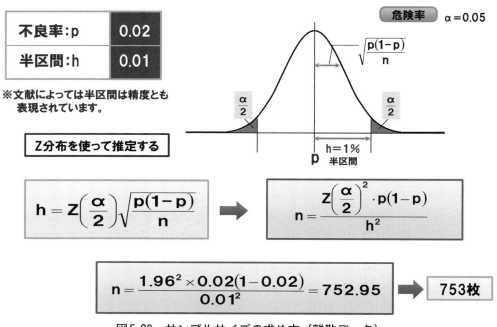

図5-20　サンプルサイズの求め方（離散データ）

ともとの確率ですから"0.02"です。半区間 h は"0.01"です。Z値は危険率が0.05ですから、1.96になります。これにより、n は752.95となります。従って、この場合は753枚のサンプルサイズが必要になります【付属CD Ch-5】。

このように、離散データの場合はサンプルサイズが大きくなります。従って、離散データよりは連続データを扱うことをお勧めします。

ここで演習問題です【付属CD Ch-5】。

演習問題 今まである製品の認知度は65％でした。今回この製品の認知度を調べるにあたり信頼率95％で精度を±2％にするには、サンプルサイズがいくつ必要になるか調べましょう。

サンプルサイズは　2185　人

図5-21　演習問題　離散データのサンプルサイズ

新聞、TVなどでアンケート調査結果が出ていますが、その精度は2％で、そのためのサンプル数は大体2000程度になっています。

第6章　管理図

管理図について学んでいきましょう。

1．管理図の目的

例としてナット工場のラインを考えてみましょう。図6-1は、ナットの寸法のデータを1日分纏めたものです。

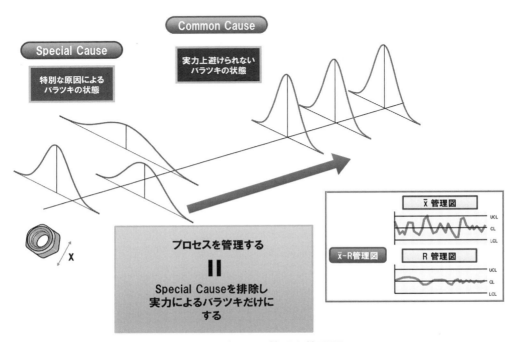

図6-1　プロセス管理と管理図

1日目、2日目、3日目では、分布の平均値やバラツキが異なっています。1日目のデータは、プロセスの実力と、機械の故障や条件の設定ミスのような特別な原因が重なって、ターゲットに対して平均がズレています。2日目、3日目はターゲットに対する平均のズレもバラツキも、両方とも大きくなっています。この"特別な原因"は、何かしら「ワケのある」原因で"Special Cause"と呼ばれています。

プロセスを管理するということは、特別な原因をひとつひとつ特定し、取り除くことにより"Special Cause"を排除して、プロセスの実力によるバラツキだけにそろえることです。

実力によるバラツキは、機械の持つ精度などのような共通の原因"Common Cause"により生じます。私達の目的は、特別な原因によるバラツキのある状態から、共通の原因によるバラツキだけの管理状態へとシフトさせていくことです。

特別な原因によるバラツキを検出する有効なツールが"管理図"です。また、"管理図"によってプロセスが安定しているかどうか、すなわち管理状態にあるかどうかを確認することができます。

管理図の役割について学んでいきましょう。

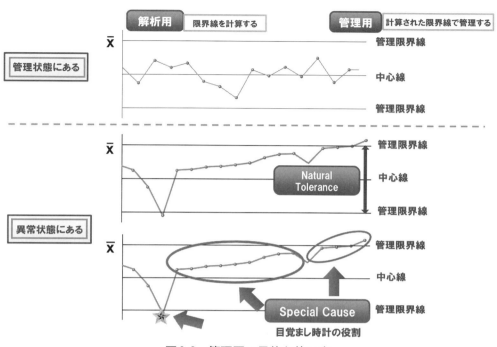

図6-2　管理図の目的と使い方

　管理図は、プロセスを管理状態にするために、特別な原因を検出するツールです。平均値の管理図を例に取ってみましょう。管理図とは、サンプルから得られた平均値をプロットした折れ線グラフにデータの中心線と管理限界線とが合わせて示されている図です。管理限界線は、プロセスの実力が"Natural Tolerance"の範囲内にあることを示すものです。「この管理限界線から外れたプロットや、プロットの特殊なパターンには特別な原因がある」ということを教えてくれる目覚まし時計の役割をしています。プロットが管理限界線の中にあり特殊なパターンのない状態を「管理状態にある」と言います。

　一般に、管理図は使用目的により解析用と管理用の2つがあります。
　解析用の管理図は、プロセスの運用を開始した直後、プロセスの実力を把握し、この状態でプロセスを管理したいという時に管理限界線を計算するのに用います。
　一方、管理用の管理図は、限界線が決まったらその管理状況を継続するために日々のプロセスの実力をプロットして、限界線の外か中か、特殊なパターンがないかどうかをウォッチしていくのです。目的はプロセスが安定しているかどうか、すなわち管理状態にあるかどうかを確認することです。

2．管理図のしくみ

　管理図のしくみについて学んでいきましょう。
　既に私達は次の2つの性質を学びました。

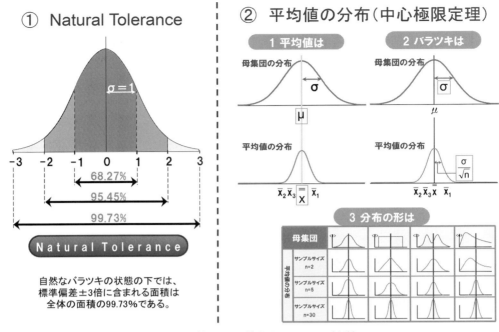

図6-3　管理図で使われる2つの性質

　サンプルから得られた平均値の動きをウォッチしていくことによって、プロセスの平均値のシフトを見ていくのが$\overline{X}$管理図です。では、$\overline{X}$管理図のしくみを学んでいきましょう。

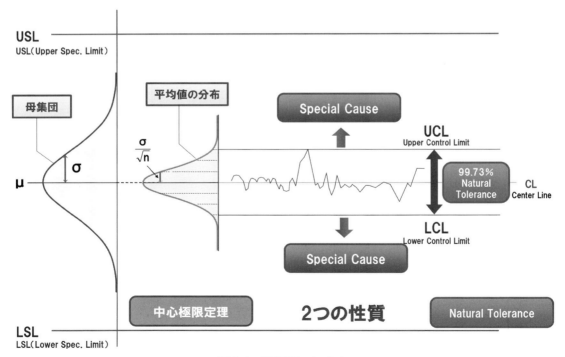

図6-4　管理図のしくみ

管理図では、既に学んだ大切な性質が2つ使われています。1つは、平均値の分布の性質である"中心極限定理"です。もう1つは"Natural Tolerance"です。

　サンプルサイズ n 個の場合の平均値の分布の標準偏差は、中心極限定理により $\sigma/\sqrt{n}$ です。この標準偏差の±3倍の範囲に囲まれた99.73％を"Natural Tolerance"と呼び、自然なバラツキの範囲と考え、この両端に"管理限界線"を引きます。

　上側に引いた線を"上側管理限界（UCL）"、下側に引いた線を"下側管理限界（LCL）"と呼びます。また、中心のCLは"Center Line"の略です。この管理限界線に囲まれた"Natural Tolerance"を外れる確率は約0.3％ですので、サンプルの平均値がこの範囲を外れた場合には、何か"特別な原因"による問題が発生した、と考えます。

　図6-4には母集団、すなわち個々の製品に対するUSL、LSLという規格限界線が描かれていますが、これは次の章で学びますので今は管理図の中の管理限界線とは次元が異なるものであるという認識でいてください。

　また、管理限界線は図6-5の考えで計算されます。

$$UCL = \bar{\bar{x}} + 3\frac{\sigma}{\sqrt{n}} = \bar{\bar{x}} + 3\frac{1 \times \bar{R}}{\sqrt{n} \times d_2} = \bar{\bar{x}} + A_2\bar{R}$$

$$CL = \bar{\bar{x}}$$

$$LCL = \bar{\bar{x}} - 3\frac{\sigma}{\sqrt{n}} = \bar{\bar{x}} - 3\frac{1 \times \bar{R}}{\sqrt{n} \times d_2} = \bar{\bar{x}} - A_2\bar{R}$$

n	d_2	d_3	A_2	D_4	D_3
2	1.128	0.853	1.88	3.267	-
3	1.693	0.888	1.023	2.574	-
4	2.059	0.88	0.729	2.282	-
5	2.326	0.864	0.577	2.114	-
6	2.534	0.848	0.483	2.004	-
7	2.704	0.833	0.419	1.924	0.076
8	2.847	0.82	0.373	1.864	0.136

$$\sigma = \frac{\bar{R}}{d_2}$$

（JIS-Z-9021より抜粋）

図6-5　$\bar{X}$ 管理図の UCL と LCL の計算式

　次に、バラツキを見る管理図を見ていきましょう。

　サンプルの最大値から最小値を引いたものを範囲（Range）と呼び、この点をプロットしたものがR管理図です。センターライン（CL）は $\bar{R}$ と表し、平均値を取ったものです（図6-6）。R管理図は、図6-7のように表されます。

　R管理図で使う D_3 ですが $n=6$ 以下は値がありません。これは計算するとマイナスの値となり、R管理図の下側管理限界線として意味をなさないので0にしておくということです。

　$\bar{X}$ 管理図とR管理図を合わせたものが、$\bar{X}$-R管理図と呼ばれよく使われています。

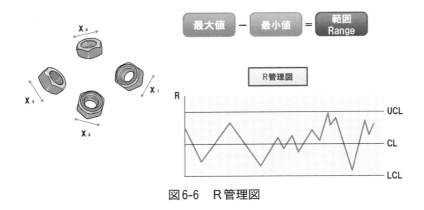

図6-6　R管理図

$$UCL = \bar{R} + 3\sigma_{\bar{R}} = \bar{R} + 3\frac{d_3}{d_2}\bar{R} = \bar{R}\left(1 + 3\frac{d_3}{d_2}\right) = D_4\bar{R}$$

$$CL = \bar{R}$$

$$LCL = \bar{R} - 3\sigma_{\bar{R}} = \bar{R} - 3\frac{d_3}{d_2}\bar{R} = \bar{R}\left(1 - 3\frac{d_3}{d_2}\right) = D_3\bar{R}$$

n	d_2	d_3	A_2	D_4	D_3
2	1.128	0.853	1.88	3.267	-
3	1.693	0.888	1.023	2.574	-
4	2.059	0.88	0.729	2.282	-
5	2.326	0.864	0.577	2.114	-
6	2.534	0.848	0.483	2.004	-
7	2.704	0.833	0.419	1.924	0.076
8	2.847	0.82	0.373	1.864	0.136

$$\sigma_{\bar{R}} = d_3\sigma$$

－ 0.0036

（JIS-Z-9021より抜粋）

n＝6以下の時は、LCLはマイナスになるので、R＝0をLCLとする。

図6-7　R管理図の UCL と LCL の計算式

あるプロセスで、サンプルサイズ5個を4日間取り出し、データを得ました。
ここから $\bar{X}$-R 管理図を作成すると、図6-8のように表されます。

　管理図の点の動きは、両方見ることによって初めて平均値がシフトしたのか、バラツキが増えたのかが分かります。
　まず、1日目のデータがプロットされました。これを基準に考えると、2日目はバラツキはそのままで平均値が下がった場合です。この時は $\bar{X}$ 管理図のプロットだけが変化します。3日目は平均値がそのままで、バラツキが大きくなった場合です。この時はR管理図のプロットだけが変化します。4日目はバラツキも大きくなり、平均値も変化したので、両方の管理図のプロットが変化します。

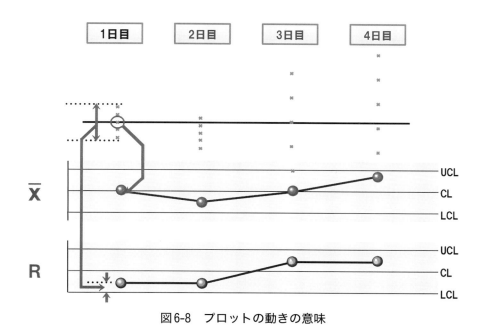

図6-8　プロットの動きの意味

　$\overline{X}$管理図の管理限界線は、R管理図の$\overline{R}$を使って計算されます。$\overline{R}$が小さければ$\overline{X}$管理図の管理限界線の幅も狭くなります。従って$\overline{X}$-R管理図を見るときにR管理図から先に見るのです。

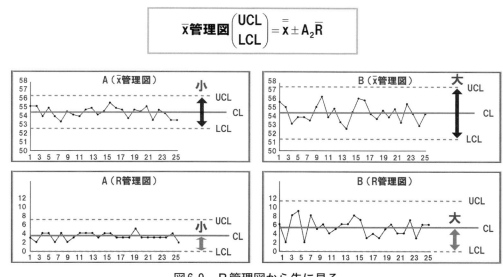

図6-9　R管理図から先に見る

　ここで、演習問題です。図6-10の右側の(a)〜(g)の7種の工程の状態がありますが、これを管理図で表現すると、左側の(A)〜(G)のどれに対応するでしょうか。それぞれ工程の特徴が管理図に表れています。まずやってみましょう。
　正解は、この章の最後に載せておきます。

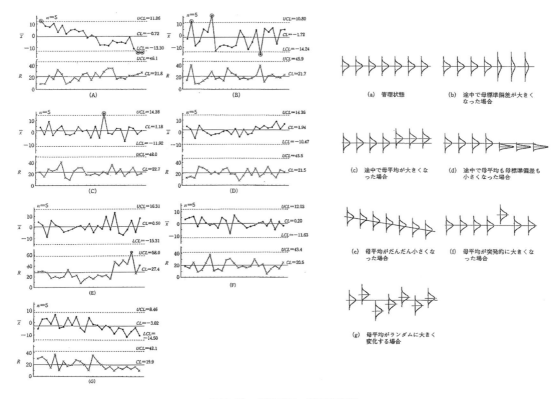

図6-10　管理図　演習問題

3. 管理図のつくり方

管理図のつくり方を学んでいきましょう。

あるプロセスで作った部品から、5個ずつ20ロット、サンプリングを行い、それぞれの部品から、図6-11のようなデータが得られました。では、このデータから解析用管理図を作成していきましょう。まず、それぞれのサンプルにおける平均値と範囲Rを計算してみましょう。

では、Excelの機能を使って管理図を作ってみましょう。

付属CDのExcel Data「Ch-6　管理図」を準備してください【付属CD Ch-6】。Excelのデータ上で$\bar{X}$, $\bar{\bar{X}}$, UCL, LCLをハイライトしておいて、"挿入"⇒"折れ線"⇒"折れ線点グラフ"として$\bar{X}$管理図で表すと、図6-12のようになります（データハイライトの注意。$\bar{X}$をハイライトし、コントロールキーを押しながら$\bar{\bar{X}}$, UCL, LCLのデータをハイライト）。

結果は図6-13のようになります。同様にR管理図も作成します。位置関係を明確にするために"R管理図"を"$\bar{X}$管理図"の下に移動しておきます。

$\bar{X}$-R管理図を見る場合には、業務が安定しているのかどうか、計算された管理限界線を継続して良いかどうかなど、今のプロセスが満足できるものなのかどうかを判断します。

このように、$\bar{X}$-R管理図ができました。図6-13の場合、10日目で$\bar{X}$管理図の管理限界線

$\bar{\bar{X}}$－R管理図 計算表

No.	X1	X2	X3	X4	X5	ΣX	$\bar{X}$	R
1	31	42	31	25	31			
2	35	27	35	35	28			
3	45	35	21	37	32			
4	36	38	32	42	30			
5	41	34	35	38	38			
6	35	35	45	34	38			
7	32	37	40	38	38			
8	47	35	40	29	34			
9	48	44	35	37	45			
10	50	60	35	53	46			
11	28	24	29	35	30			
12	34	45	35	39	40			
13	51	44	33	41	35			
14	29	45	30	28	42			
15	35	24	42	23	37			
16	49	39	40	35	43			
17	41	40	35	33	40			
18	50	34	30	35	38			
19	34	37	32	33	37			
20	38	38	52	39	44			
21								
22								
23								
24								
25								
						SUM		
						AVERAGE	37.08	14

$\bar{X}$管理図　中心線　$CL=\bar{\bar{X}}=$ 37.08
上部管理限界　$UCL=\bar{\bar{X}}+A_2\bar{R}=$
下部管理限界　$LCL=\bar{\bar{X}}-A_2\bar{R}=$

R管理図　中心線　$CL=\bar{R}=$ 14
上部管理限界　$UCL=D_4\bar{R}=$
下部管理限界　$LCL=D_3\bar{R}=$

係数表 n	A_2	D_3	D_4
2	1.88	-	3.27
3	1.02	-	2.57
4	0.73	-	2.28
5	0.58	-	2.11
6	0.48	-	2
7	0.42	0.08	1.92
8	0.37	0.14	1.86
9	0.34	0.18	1.82
10	0.31	0.22	1.78

図6-11　管理限界線を求める演習問題

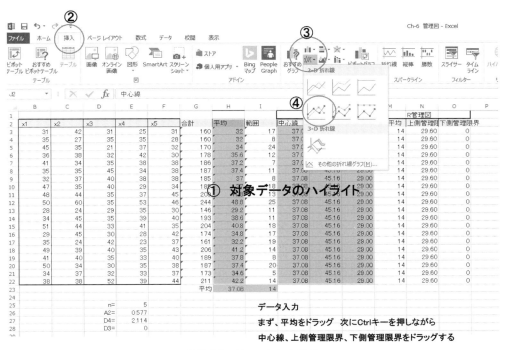

図6-12　Excel 上の操作

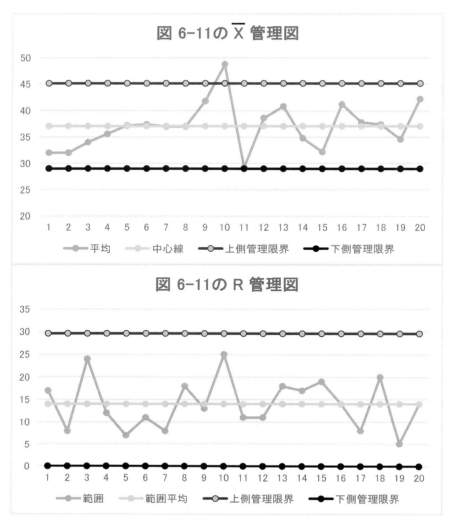

図6-13　図6-12の出力

を外れていますので、ここで計算した管理限界線をそのままこれからの管理用の限界線として使うことはできません。

　10日目の限界線外れの調査、原因究明を行います。

　同様に、図6-14の事例も演習してみましょう【付属CD Ch-6】。
　ここでは $n=5$ で25日のデータを取っていますが、一般に解析用管理図を作る場合、総サンプル数は少なくとも100個あれば良しとされていて目安にされています。

$\bar{X}$-R管理図 計算表

群番号	X1	X2	X3	X4	X5	ΣX	$\bar{X}$	R
1	59	53	55	56	56			
2	54	55	55	56	56			
3	57	53	53	54	49			
4	56	48	57	53	56			
5	54	55	55	53	53			
6	49	56	53	53	57			
7	53	55	55	58	55			
8	53	56	56	58	59			
9	53	56	54	55	52			
10	55	56	58	53	53			
11	53	55	51	57	51			
12	55	49	52	54	53			
13	53	56	51	59	54			
14	57	60	56	53	55			
15	58	56	55	55	56			
16	53	56	52	55	56			
17	53	54	53	53	56			
18	55	54	56	52	57			
19	50	55	56	53	56			
20	53	57	56	55	54			
21	53	51	55	55	53			
22	60	56	56	53	53			
23	56	54	55	53	54			
24	50	56	54	52	53			
25	53	54	53	53	59			
合計								
平均							54.48	5.34

$\bar{X}$管理図　中心線　　CL=$\bar{\bar{X}}$= **54.48**

　　　　　上部管理限界　UCL=$\bar{\bar{X}}+A_2\bar{R}$=

　　　　　下部管理限界　LCL=$\bar{\bar{X}}-A_2\bar{R}$=

R管理図　　中心線　　CL=$\bar{R}$= **5.34**

　　　　　上部管理限界　UCL=$D_4\bar{R}$=

　　　　　下部管理限界　LCL=$D_3\bar{R}$=

係数表

n	A_2	D_3	D_4
2	1.88	−	3.27
3	1.02	−	2.57
4	0.73	−	2.28
5	0.58	−	2.11
6	0.48	−	2
7	0.42	0.08	1.92
8	0.37	0.14	1.86
9	0.34	0.18	1.82
10	0.31	0.22	1.78

図6-14　管理図作図演習

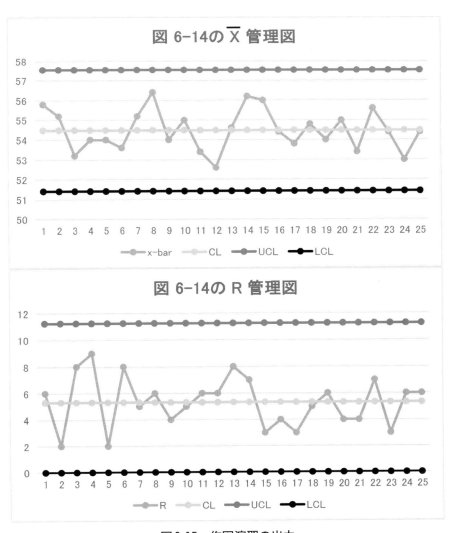

図6-15　作図演習の出力

4．管理図の見方

　管理図のつくり方はマスターできたので、次は管理図の見方を学んでいきましょう。管理図は、継続的に見ていくことが重要です。
　それでは、管理図が発するアラームにはどのような形があるのか、$\bar{X}$管理図での代表的な例を見てみましょう。

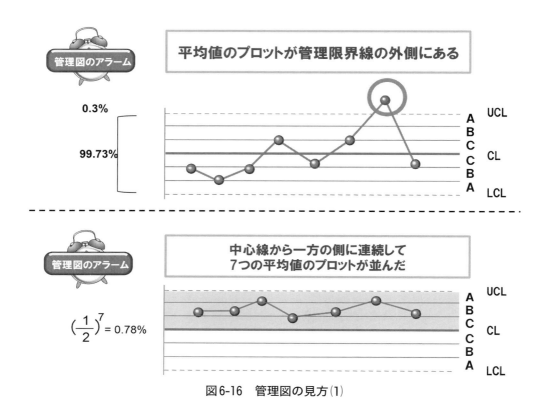

図6-16　管理図の見方(1)

　図6-16（上）は「平均値のプロットが管理限界線の外側にある」場合です。管理限界線の外なので何かしら異常が発生しているのではないかと考えます。このように管理限界線の外にあるときはもちろん、中にある場合でも特殊なパターン、つまり周期性や傾向によっては注意すべき場合があります。
　図6-16（下）は「中心線から一方の側に連続して7つの平均値のプロットが並んだ」場合の例です。このような場合には、センターシフトつまり平均値が移動してしまっている可能性があります。
　図6-17（上）は「7つの連続する区間が一様に増減する」場合です。機械の劣化や磨耗などの原因が考えられます。

　次に「14の連続する平均値のプロットが中心線より1σ内のCゾーンに集まっている」場合です。この場合には、データの取り方に問題はないかどうか、またプロセスの実力が上がり管理限界線が古くなっていないかを確認し、最新のものに更新する必要はないかどうかを検討しましょう。

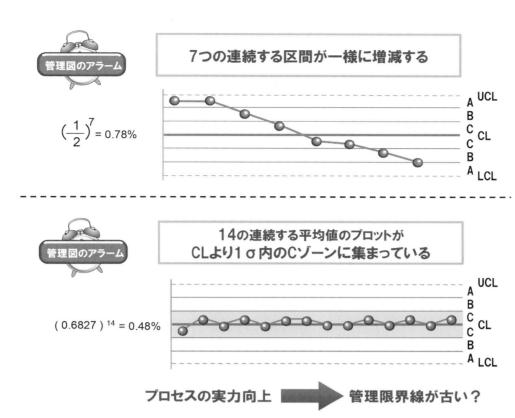

図6-17　管理図の見方(2)

最後に、「14の連続する平均値のプロットが繰返し上下する」場合が挙げられます。この場合には"機械AとB"、"午前と午後"など、2つの母集団が混ざっている可能性があります。サンプリングの実態を確認してみましょう。

図6-18　管理図の見方(3)

管理限界線から外れる現象に対策を打とうとしても、もう既に手遅れになってしまっていると考えなければなりません。対策が手遅れにならないために、このような管理図の周期性

や傾向に注意してプロセスを絶えず監視する必要があります。

5．X-Rs 管理図

X-Rs 管理図について学んでいきましょう。

ここでは、$\bar{X}$-R 管理図以外で、代表的、かつ実用的な X-Rs 管理図を学んでいきます。$\bar{X}$-R 管理図の場合は、2個以上のサンプルサイズからその平均値と範囲を使って管理図を作成しました。では、例えばサンプルが1個だけしか取れない場合はどうしたらよいでしょうか。

このような場合に使用するのが"X-Rs 管理図"（X-Successive Range）で、"I-MR 管理図"（Individual-Moving Range）とも呼ばれています。

では、例を通して詳しく見ていきましょう【付属 CD Ch-6】。

ある工場の排水の水質調査を行いました。排水の水質という性質からその成分は均一になっているものと考えられるので、このような場合には、1日1回サンプルを取れば充分だと考えられます。このデータには、X-Rs 管理図を使うことができます。

X-Rs 管理図の考え方を見てみましょう。まず、このグラフにはある物質の濃度など、水質調査の結果をそのまま表していきます。これは平均値を表すグラフではありませんので"X 管理図"と呼ばれます。そして、サンプルがひとつですから最大値と最小値の差ではなく、前日と比較した差をバラツキの値として取っていきます。この管理図を Rs 管理図と呼んでいます。

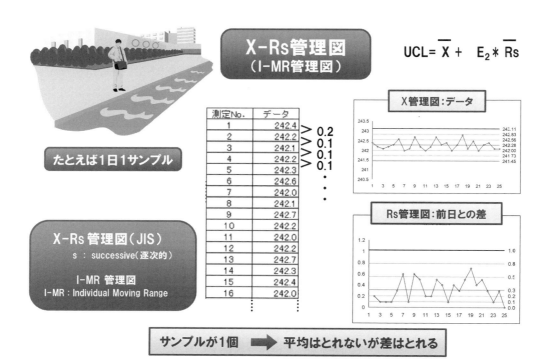

図6-19　X-Rs 管理図

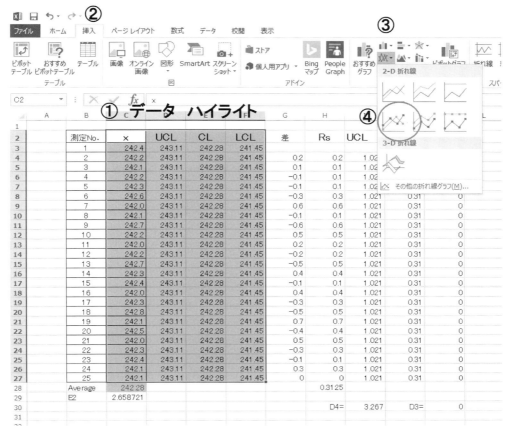

図6-20 Excelでの作図

データ作図上での注意点は、データ間の差を計算しますがプラスの値の時とマイナスの値の時が混在するので、絶対値をとってすべてプラスにするということです（図6-21）。

Rs管理図の1日目は、前日のデータがありませんので数値は入りません。
ちなみに管理限界線は次のように求めます（図6-22）。

図6-10の演習問題の回答です。
(A)⇒(e)、(B)⇒(g)、(C)⇒(f)、(D)⇒(c)、(E)⇒(b)、(F)⇒(a)、(G)⇒(d)

測定No.	データ
1	242.4
2	242.2
3	242.1
4	242.2
5	242.3
6	242.6
7	242.0
8	242.1
9	242.7
10	242.2
11	242.0
12	242.2
13	242.7
14	242.3
15	242.4
16	242.0
17	242.3
18	242.8
19	242.1
20	242.5
21	242.0
22	242.3
23	242.4
24	242.1
25	242.1

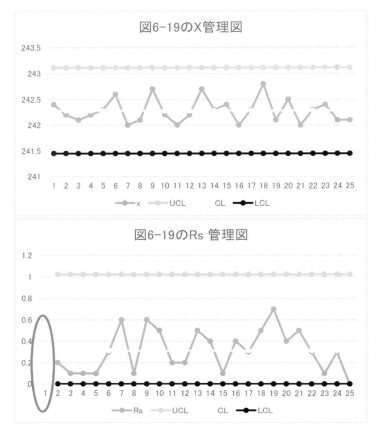

図6-21　X-Rs 管理図

$\overline{\overline{X}}$ 管理図のUCL

$$UCL = \overline{\overline{x}} + 3\frac{\sigma}{\sqrt{n}} = \overline{\overline{x}} + 3\frac{1 \times \overline{R}}{\sqrt{n} \times d_2} = \overline{\overline{x}} + A_2 \overline{R}$$

n = 2
d_2 = 1.128
A_2 = 1.88

平均値の分布を扱っているので、標準偏差は $\frac{1}{\sqrt{n}}$ になる（中心極限定理）

X 管理図のUCL

$$UCL = \overline{X} + 3\sigma_{Rs} = \overline{X} + 3\frac{\overline{Rs}}{d_2} = \overline{X} + \sqrt{n}\, A_2\, \overline{Rs}$$
$$= \overline{X} + E_2\, \overline{Rs}$$

E_2 = 1.414 * 1.88 = 2.66

個の分布なので　A_2 で表現すると　$\sqrt{n}$ 倍する必要がある

図6-22　X-Rs 管理図の公式

第7章　工程能力指数

1．工程の能力とは

プロセス能力を測る指標"工程能力指数"について学びます。

私達は、管理図を使ってプロセスを管理することで、バラツキのある状態からバラツキの原因を取り除き、自然なバラツキに抑えた安定状態にすることができました。

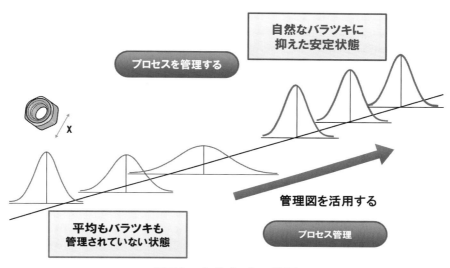

図7-1　まずプロセス管理

しかし、プロセスを管理することによって、バラツキのない安定した製品ができたとしても、それがお客様に満足していただけるとは限りません。

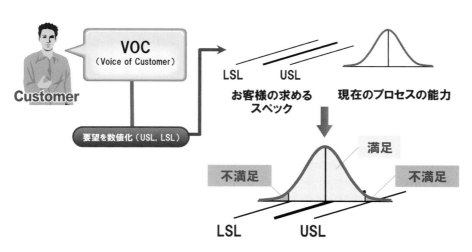

図7-2　プロセスの能力は顧客の要求をみたしているか

そこで今度は、安定状態から、お客様の声：Voice of customer（VOC）に応える製品にするために、さらにプロセスの能力を高める必要があります。

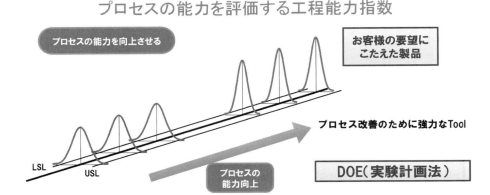

図7-3　プロセスの能力を高める

「プロセスの能力を高める」とは、プロセスの安定状態からプロセス改善を行うことで、お客様に受け入れられる状態にすることです。このプロセス改善には、工程を分析し、現在の自然なバラツキの状態をお客様に受け入れてもらえる自然なバラツキの改善活動を進めなければなりません。バラツキを小さくするために、工程の条件変更のキーとなる要因は何なのか、様々な統計的解析手法がありますが、そのために強力なツールは「実験計画法」です（本書では分散分析、重回帰分析までを扱い、より高度な実験計画法は扱いません）。

2．工程能力指数のしくみ

工程能力指数とは、プロセスの能力の高さ・低さを測る"指標"です。工程能力を表す指標"C_p"と"C_{pk}"について、学んでいきましょう（図7-4）。

工程能力指数は、"規格の幅"と"プロセスのバラツキ"の比です。この場合、計算式の中のσは管理図から求められる$\overline{R}/d_2$を意味します。よって、管理図が導入され、安定した工程での実施が前提です（管理図が導入されていない場合は後述）。

ここでは、具体的にお客様の要望を数値化した規格USL、LSLに対して、現在のプロセスの能力がどの程度なのかを測る方法について学んでいきます。ここでは、その代表的な指標C_pとC_{pk}について見ていきましょう。"C_p"とはProcess Capabilityの略で、お客様が求める規格値USL、LSLに対して、私達の実力、すなわちプロセスの能力がどのくらいかを見るものです。USLからLSLまでの規格幅に対して、プロセスの標準偏差の6倍の幅がどれくらいかを比較します。この場合は、規格幅の中心とプロセスの中心が一致しているのでC_pを使います。しかし、現実では一致していないケースがほとんどです。規格の中心とプロセスの能力の中心がずれている場合には"C_{pk}"を使います。"C_{pk}"とは、カタヨリのあるProcess Capabilityのことです。プロセスの中心と規格値との幅の狭い方に対して、プロセスの標準偏差の3倍の幅がどれくらいかを比較します。これは、工程平均値と規格中心値のカタヨリを考慮した工程能力を見るものです。

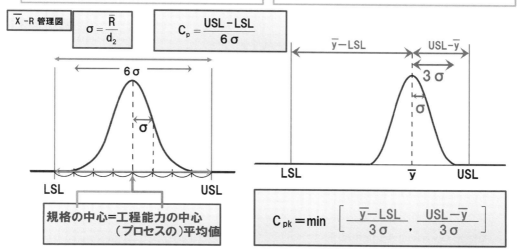

図7-4　工程能力指数のしくみ

3．工程能力指数の判断基準

C_p・C_{pk}の判断基準を理解しましょう。

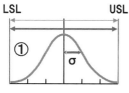 $C_p=1.0 \left[\dfrac{6}{6}\right]$

規格外れの割合（片側） = 0.135%

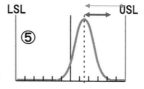 $C_{pk}=1.5 \left[\dfrac{4.5}{3}\right]$

規格外れの割合（片側） = 3.4ppm

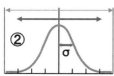 $C_p=1.33 \left[\dfrac{8}{6}\right]$

規格外れの割合（片側） = 32ppm　（part per million）1/100万

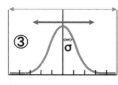 $C_p=1.67 \left[\dfrac{10}{6}\right]$

規格外れの割合（片側） = 0.3ppm

チェックポイント

● 工程平均値と規格中心値のズレがある場合はC_{pk}を用いる

● 判断の目安

　C_p、C_{pk}≦1.0：工程能力不足
　C_p、C_{pk}≧1.33：工程能力に大きな問題は無い

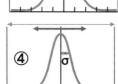 $C_p=2.0 \left[\dfrac{12}{6}\right]$

規格外れの割合（片側） = 1ppb　（part per billion）1/10億

図7-5　工程能力指数の判断基準

ここに5つのケースがあります（図7-5）。どれも規格の幅は同じです。ここでは、C_pやC_{pk}の数値が何を表しているのか？　それぞれ順番に見ていきましょう。

規格の幅は、プロセスの標準偏差の6倍に相当します。

① このケースでは規格の幅とプロセスの能力の幅が同じなので、C_pの値は1.0になります。規格外れの割合は約0.135％です（片側）。
② このケースでは、改善活動によりプロセスのバラツキを小さくしたので、規格の幅はプロセスの標準偏差の8倍に相当します。つまり、プロセスの能力が規格の幅より狭いことを示しています。この場合、8対6の関係でC_pは1.33になります。規格外れの割合は32 ppmです（片側）。
③ このケースでは、規格の幅はプロセスの標準偏差の10倍に相当します。①②と比べて、プロセスの能力の幅が狭くなった分、実力が上がっていることを示します。この場合、10対6の関係でC_pは1.67になります。規格外れの割合は0.3 ppmです（片側）。
④ このケースでは、規格の幅はプロセスの標準偏差の12倍に相当するので、C_pは2.0になります。図を見ても分かるように規格の幅と工程能力の間に十分余裕があります。規格外れの割合は1 ppbです（片側）。
⑤ このケースでは、これまで見てきた図とは違い、プロセスの分布の中心が規格値の中心からズレています。この場合はC_{pk}を使い、プロセスの分布の中心から規格までの幅で狭い方を見ます。狭い方の幅は、プロセスの標準偏差の4.5倍に相当するのでC_{pk}は1.5になります。規格外れの割合は3.4 ppmです（片側）。

シックスシグマで、6σが3.4 ppmと言われるのはこのことです。

これまで見てきて分かるように、バラツキを小さくするとプロセスの能力が高まり、C_p・C_{pk}の値が大きくなります。ここでの1.33という数値は、プロセスの能力を判断する基準となる値で、グローバルスタンダードになっていましたが、時代の要請で近年では1.67を基準とする動きがあります。プロセスの能力を示す指標はC_p・C_{pk}共に、1.0より小さい場合は能力不足、1.33より大きい場合は能力があると判断します。

先に「2．工程能力指数のしくみ」でも述べましたが、工程能力指数を計算するプロセスのバラツキは工程安定化のために導入されている管理図の中から出てくる値をσとして計算しますので、管理図の導入はMUSTです。

4．工程能力指数　演習問題

演習問題を実施することで、実際に職場でC_p・C_{pk}を使える能力を身に付けましょう。
ここでは、実際にC_p・C_{pk}の計算をしてみましょう。まず、平均値が規格の中心と一致している場合を見てみましょう。

ここでは、プロセスの能力を高めるために、バラツキをどれくらい小さくしたらよいかを考えてみましょう。バラツキを小さくするためには、σの値を小さくする必要があります。先に見た定義式を使ってその値を求めてみましょう。図7-6では、USL＝510、LSL＝490で、規格幅は20です。定義式に当てはめると図7-6のようになります。これを解くと、C_p＝2.0にするためには、σの値を1.67にすれば良いことが分かります。

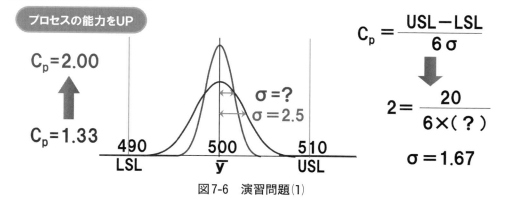

図7-6　演習問題(1)

次は、平均値が規格の中心と一致していない場合を考えてみましょう。

C_{pk}を1.5に上げるには中心をどれだけシフトさせたら良いでしょうか？　もしくは、位置をシフトできない場合は、どれくらいバラツキを小さくしたら良いでしょうか？　定義式を使ってそれぞれの値を求めてみましょう。

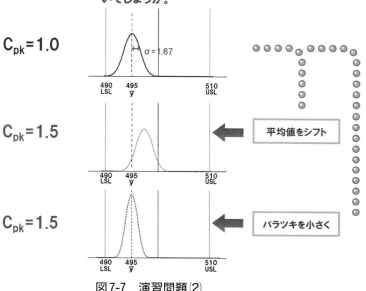

図7-7　演習問題(2)

それぞれ定義式に当てはめると図7-8のようになります。

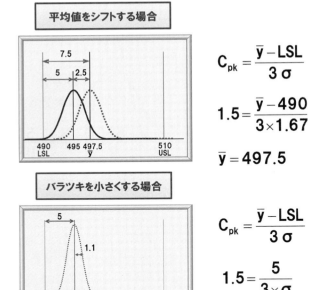

図7-8　演習問題(2)　解

　これを解くと、C_{pk}を1.5に上げるためには、$y=7.5$になるので中心を2.5シフトして、$\bar{y}=497.5$になります。位置をシフトできない場合にバラツキを小さくするためには、σを1.1にすれば良いことが分かります。

5. もう一つの指標　工程性能指数　P_{pk}

　繰り返しますが、工程能力指数C_p・C_{pk}は工程が管理図で管理され、安定している状態で計算されます。従って、工程の安定のための管理図の導入は必須です。
　一方、新製品などの立ち上げ時、初期流動段階でプロセスが不安定な時はどうするのかも考えておかねばなりません。ISO/TS16949では安定したプロセスに対する工程能力指数C_p・C_{pk}と共に、不安定なプロセスに対して"工程性能指数"P_p・P_{pk}を定義しています。その違いは、C_p・C_{pk}ではプロセスのバラツキを管理図からσを計算するのに対し、P_p・P_{pk}ではサンプルデータから計算した偏差平方和を$(n-1)$で割り、平方根をとったs標本標準偏差を使っているという点です【付属CD Ch-7】。

P_{pk}とは、Process Performanceのカタヨリkの略です。

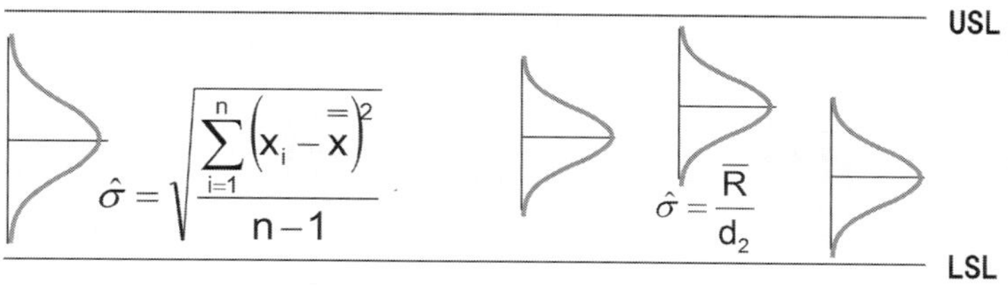

$$\hat{\sigma} = \sqrt{\frac{\sum_{i=1}^{n}(x_i - \overline{\overline{x}})^2}{n-1}} \qquad \hat{\sigma} = \frac{\overline{R}}{d_2}$$

USL
LSL

$\sigma_{LongTerm}$：総バラツキを扱う　　$\sigma_{Short Term}$：群内のバラツキを扱う

総バラツキ＝群内バラツキ＋群間バラツキ

$$\sigma_{LT}^2 = \sigma_{ST}^2 + \sigma_{SHIFT}^2$$

C_p、C_{pk}が群内のバラツキを扱う指標であったのに対し、P_{pk}は総バラツキを扱う指標です。

総バラツキ（Long Term）

P_{pk}（$\bar{x}$-R管理図から）
1. $\overline{\overline{x}}$を使ってμを推定
2. $S = \sqrt{\frac{\sum_{i=1}^{n}(x_i - \overline{\overline{x}})^2}{n-1}}$ を使ってσを推定
3. $P_{pk} = \min\left[\frac{\mu - LSL}{3\sigma}, \frac{USL - \mu}{3\sigma}\right]$

群内のバラツキ（Short Term）

C_{pk}（$\bar{x}$-R管理図から）
1. $\overline{\overline{x}}$ を使ってμを推定
2. $\frac{\overline{R}}{d_2}$ を使ってσを推定
3. $C_{pk} = \min\left[\frac{\mu - LSL}{3\sigma}, \frac{USL - \mu}{3\sigma}\right]$

図7-9　P_{pk} と C_{pk} の対比

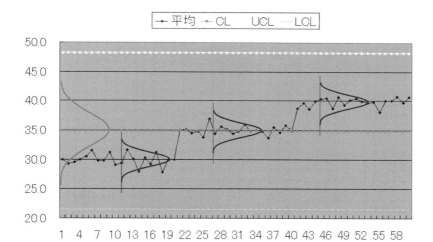

図7-10　安定（Short Term）と不安定（Long Term）のイメージ図

第8章　測定システム分析

1．測定システム分析とは

ここでは測定プロセスのバラツキを評価する方法について学びます。

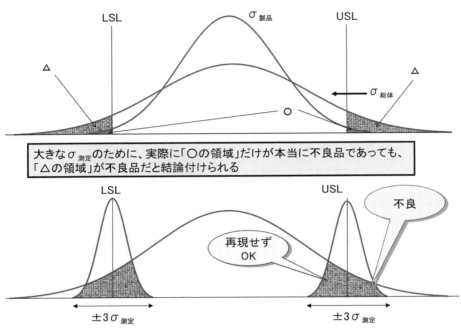

図8-1　今このようなことが起こっていませんか

今このようなことが起こっていませんか。良品だと判断して出荷した商品が後工程で不良品であったり、不良品と判断した商品が調査・解析の結果"再現せず"という事態になったりして多大な労力を費やしているという現実があります。その背景に判断基準自体がばらついているという現象があるからです。

あらゆるプロセスにバラツキが存在するように、私達の測定というプロセスにもバラツキがあります。従って、私達が日ごろ手にするデータは、測定によるバラツキが含まれています。つまり、日ごろ手にするデータは、製品そのもののバラツキと、測定のバラツキの両方が含まれています。これを式に示すと、図8-3のようになります。これは、分散の加法性と呼ばれます。

製品No.	測定者A		測定者B	
	測定1回目	測定2回目	測定1回目	測定2回目
1	64	64	66	65
2	73	73	73	74
3	6			60
4				67
5	7		7	76
6	66		64	63
7	67	66	68	68
8	80	81	80	81
9	77	77	80	80
10	72	72	73	72

図8-2　測定というプロセスにもバラツキがある

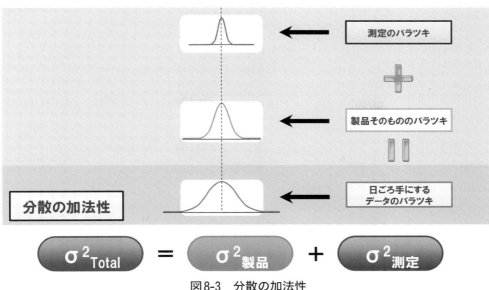

図8-3　分散の加法性

　測定システム分析とは、MSA（Measurement System Analysis）とも呼ばれ、バラツキを、"製品そのもの"のバラツキと"測定プロセス"のバラツキに分離して、測定プロセスのバラツキがどれくらいの割合で含まれているかを評価することです（図8-4）。

　評価が低い場合は、測定プロセスの改善をします。

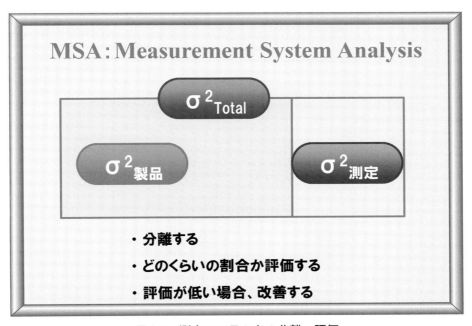

図8-4　測定のバラツキの分離、評価

２．測定システム分析のしくみ

測定システム分析の計算のしくみを理解しましょう。
　一般に、測定データのバラツキには、"製品自身のバラツキ"と"測定のバラツキ"があります。ここでは、測定のバラツキの、"測定者によるバラツキ"の部分を中心に学んでいきます。

"測定者によるバラツキ"には、"繰返し性"と"再現性"があり、これを"Gage R&R"と呼びます。一般的な MSA は、Gage R&R を示します。"R&R"は、"繰返し性"の Repeatability と、"再現性"の Reproducibility を示します。

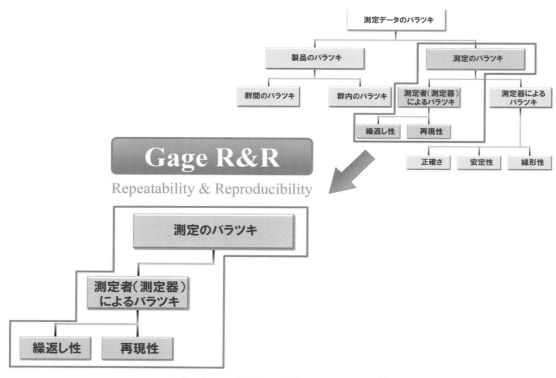

図8-5　Gage R&R　測定のバラツキに着目

　ここでは、この Gage R&R について、もう少しくわしく見ていくことにしましょう。
　Gage R&R の"繰返し性"とは、同じ人が同じ測定器を使い、同じ製品の測定を繰返し行った場合のバラツキのことです。一方、"再現性"とは、測定を行っている人の違いによるバラツキ、例えばオペレーターAさんとBさんの間に生じるバラツキのことです。

　測定のバラツキは、"繰返し性"のバラツキと"再現性"のバラツキで構成されています。

Gage R&R

製品 No.	測定者A 測定1回目	測定者A 測定2回目	測定者B 測定1回目	測定者B 測定2回目	測定者C 測定1回目	測定者C 測定2回目
1	37	39	37	38	39	39
2	45	45	44	45	46	45
3	43	41	39	39	39	41
4	40	40	39	40	40	40
5	45	47	46	45	46	46
6	51	50	48	50	50	49
7	45	44	45	43	44	44
8	45	45	45	45	45	43
9	38	39	39	37	38	39
10	40	41	40	40	40	41

オペレータ間の差（$\sigma_{再現性}$）― 再現性 Reproducibility

測定間の差（$\sigma_{繰返し性}$）― 繰返し性 Repeatability

$$\sigma^2_{Total} = \sigma^2_{製品} + \sigma^2_{測定}$$

$$\sigma^2_{測定} = \sigma^2_{繰返し性} + \sigma^2_{再現性}$$

図8-6　測定システム分析　繰返し性と再現性

3．測定システム分析の評価指標

測定システム分析の評価指標"総体精度比"と"許容差精度比"について学びます。
評価指標には"総体精度比"と"許容差精度比"の2つがあります。

まず、"総体精度比"を見てみましょう。"総体精度比"は、全体のバラツキに対する、測定のバラツキの割合を見る指標です。経験則から評価し、10%より小さければ、適正な測定システムだと判断します。

"許容差精度比"は、規格幅に対する、測定のバラツキを比べるものです。測定のバラツキの6倍を、規格幅で割って求めます。最近では、6倍のσの代わりに、5.15倍のσを使うケースが多くなっています。

求めた値は、"総体精度比"と同じく、経験則に当てはめて評価します。求められた値が、10%より小さければ、適正な測定システム。30%より大きければ、適正でない測定システムだと判断します。10%から30%のグレーゾーンの値の場合は、再調査が必要です。20%を超えたら必ず調査を実施し、測定システムを見直す必要があります。

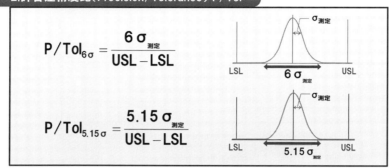

図8-7 評価指標

4. 評価指標の計算

"Gage R&R" の実施手順を身に付けるために、事例を使って具体的な手順を学びます。

製品No.	オペレーター1 1回目	2回目	$\bar{x}_1$	R_1	オペレーター2 1回目	2回目	$\bar{x}_2$	R_2	オペレーター3 1回目	2回目	$\bar{x}_3$	R_3
1	37	39	38.0	2	37	38	37.5	1	39	39	39.0	0
2	45	45	45.0	0	44	45	44.5	1	46	45	45.5	1
3	43	41	42.0	2	39	39	39.0	0	39	41	40.0	1
4	40	40	40.0	0	39	40	39.5	1	40	40	40.0	0
5	45	47	46.0	2	46	45	45.5	1	46	46	46.0	0
6	51	50	50.5	1	48	50	49.0	2	50	49	49.5	1
7	45	44	44.5	1	45	43	44.0	2	44	44	44.0	0
8	45	45	45.0	0	45	45	45.0	0	45	43	44.0	2
9	38	39	38.5	1	39	37	38.0	2	38	39	38.5	1
10	40	41	40.5	1	40	40	40.0	0	40	41	40.5	1

$\bar{x}_1 = 43.0$ $\bar{x}_2 = 42.2$ $\bar{x}_3 = 42.7$
$\bar{R}_1 = 1.0$ $\bar{R}_2 = 1.0$ $\bar{R}_3 = 0.8$

繰返し性: $\bar{\bar{R}} = \dfrac{(1.0+1.0+0.8)}{3} = 0.93$

$\sigma_{\text{繰返し性}} = \dfrac{\bar{\bar{R}}}{d_2} = \dfrac{0.93}{1.128} = 0.826$

再現性: $\bar{\bar{x}}_{MAX} - \bar{\bar{x}}_{MIN} = 43.0 - 42.2 = 0.8$

$\sigma_{\text{再現性}} = \dfrac{\bar{\bar{x}}_{MAX} - \bar{\bar{x}}_{MIN}}{d_2} = \dfrac{0.8}{1.693} = 0.473$

$\sigma^2_{\text{測定}} = \sigma^2_{\text{繰返し性}} + \sigma^2_{\text{再現性}} = (0.826)^2 + (0.473)^2 = 0.906$ $\sigma_{\text{測定}} = 0.952$

一方、60個全てのデータから

$\sigma^2_{\text{Total}} = 13.76$ 総平均 $= 42.63$

$\sigma_{\text{Total}} = 3.71$

※ d_2はGage R&Rを計算する為の定数

n	d_2
2	1.128
3	1.693
4	2.059
5	2.326

1. 総体精度比(Precision/Total)

$P/Tot = \dfrac{\sigma_{\text{測定}}}{\sigma_{\text{Total}}} = \dfrac{0.952}{3.71} = 0.257$

経験則: $P/Tot < 0.1$

2. 許容差精度比(Precision/Tolerance)

$P/Tol = \dfrac{6\sigma_{\text{測定}}}{USL - LSL} = \dfrac{6 \times 0.952}{20} = 0.286$

(20とすると)

経験則: $P/Tol \leq 0.1$ 適正な測定システム
≥ 0.3 適正でない測定システム

図8-8 計算の基本的な概念

実際は後で説明するG-R&Rの計算マクロで計算しますが、ここではどのような考えで指標を計算しているのか、基本的な概念を理解するために厳密な係数とかは除外しています。

測定したデータは、図8-8の表のように整理します。整理したデータから、"繰返し性"と"再現性"は管理図で学んだ知識を基に図8-8のような関係になります。

このデータを使って許容差精度比と総体精度比を求め、測定システムを評価します。

まず、"許容差精度比"を見てみましょう。求めた値は、経験則に当てはめて評価します。値が10%より小さければ、"適正な"測定システム、30%より大きければ、"適正でない"測定システムと判断できます。ここでは、"許容差精度比"は23%です。20%を超えているので、プロセスに何か問題があるのではないかという視点で、再調査を実施する必要があります。

次に、"総体精度比"を見てみましょう。求めた値は経験則から評価し、10%前後であれば、問題のない範囲だと判断できます。ここでは、総体精度比は24%です。10%を大幅に上回っているので、やはり測定システムに"問題がある"と判断できます。

5．基礎数値での基本的な計算

製品No.	オペレーター1 測定値 1回目	2回目	$\bar{x}_1$	R_1	オペレーター2 測定値 1回目	2回目	$\bar{x}_2$	R_2	オペレーター3 測定値 1回目	2回目	$\bar{x}_3$	R_3
1	37	39	38.0	2	37	38	37.5	1	39	39	39.0	0
2	45	45	45.0	0	44	45	44.5	1	46	45	45.5	1
3	43	41	42.0	2	39	39	39.0	0	39	41	40.0	2
4	40	40	40.0	0	39	40	39.5	1	40	40	40.0	0
5	45	47	46.0	2	46	45	45.5	1	46	46	46.0	0
6	51	50	50.5	1	48	50	49.0	2	50	49	49.5	1
7	45	44	44.5	1	45	43	44.0	2	44	44	44.0	0
8	45	45	45.0	0	45	45	45.0	0	45	43	44.0	2
9	38	39	38.5	1	39	37	38.0	2	38	39	38.5	1
10	40	41	40.5	1	40	40	40.0	0	40	41	40.5	1

$\bar{x}_1 = 43.0$, $\bar{R}_1 = 1.0$
$\bar{x}_2 = 42.2$, $\bar{R}_2 = 1.0$
$\bar{x}_3 = 42.7$, $\bar{R}_3 = 0.8$

$$\bar{\bar{R}} = \frac{(1.0 + 1.0 + 0.8)}{3} = 0.933333$$

$$\bar{\bar{x}}_{dif} = (\bar{\bar{x}}_{MAX} - \bar{\bar{x}}_{MIN}) = 43.0 - 42.2 = 0.8$$

5.15σの場合

N	2	3
K_1	4.565603	3.041937
K_2	3.642895	2.695765

σ：繰返し性　　EV:Equipment Variation
σ：再現性　　AV:Appraiser Variation

EV(繰返し性) $= K_1 \times \bar{\bar{R}} = 4.2612$
= 4.565603 * 0.9333333

σ繰返し性　　EV:Equipment Variation　機器変動

AV(再現性) $= K_2 \times \bar{\bar{x}}_{dif} = 2.157$
= 2.695765 * 0.8

σ再現性　　AV:Appraiser Variation　測定者変動

$(5.15\sigma_{測定})^2 = (繰返し性)^2 + (再現性)^2$ から $5.15\sigma_{測定} = 4.776$

= $(4.2612)^2 + (2.157)^2$
22.8105 = 18.157825 + 4.652649　　$(22.8105)^{1/2} = 4.776$

調整無し

図8-9　5.15σの場合の基礎数値での基本的な計算(1)

そして指標を計算します。

規格幅を20とすると、許容差精度比(P/Tol) = $\dfrac{5.15\sigma_{測定}}{USL-LSL}$ = $\dfrac{4.776}{20}$ = 0.2388

$$P/Tot = \dfrac{5.15\sigma_{測定}}{5.15\sigma_{Total}} = \dfrac{4.776}{19.227} = 0.2484$$

[測定システム能力]　　　　　EVによるAVの調整なし

		標準偏差	5.15σ	変動率(%)	分散	寄与率(%)
繰返し性	Repeatability	0.8274	4.2612	22.1629	0.6846	4.9119
再現性	Reproducibility	0.4188	2.1571	11.2190	0.1754	1.2587
測定	Measurement	0.9274	4.7761	24.8407	0.8601	6.1706
製品	Product	3.6164	18.6242	96.8656	13.0780	93.8294
総体	Total	3.7334	19.2269	100.0000	13.9381	100.0000

許容差精度比	Precision to Tolerance Ratio	0.2388
総体精度比	Precision to Total Ratio	0.2484

図8-10　5.15σの場合の基礎数値での基本的な計算(2)

　参考までに、あるソフトウエアーでの基本的な計算（EVによるAVの調整なしの場合）を付けておきます（図8-8でのσTotalは基本的な概念では3.71でしたが、測定回数による係数が潜んでいますので5.15σ = 19.227になっています。一般的に総体精度比は使われず、複雑になるので割愛します）。

6．係数の意味

　ここで、K_1とかK_2という係数が出てきましたのでその意味を説明します。
　一般的に、顧客要求の許容差精度比（Precision/Tolerance P/Tol）は5.15σが使われるということでその計算過程で定数となっているものを纏めて一つの係数とし、計算を簡便化しようとする目的で係数が設定されています。
　次にその係数の意味を説明します（図8-11）。

　でも、実際には測定回数に影響される繰返し性のバラツキが再現性にも含まれるためこれを補正する「繰返し性による再現性の調整」（EVによるAVの調整）が行われます（図8-12）。

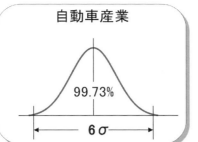

自動車産業

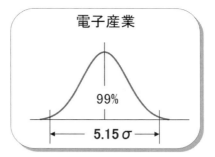

電子産業

先に 5.15 を掛けている

$\sigma_{繰り返し性} = \dfrac{\bar{\bar{R}}}{d_2}$

$\sigma_{繰り返し性} = \dfrac{\bar{\bar{R}} \times 5.15}{d_2}$

$K_1 = \dfrac{5.15}{d_2}$

$\sigma_{再現性} = \dfrac{\bar{x}_{MAX} - \bar{x}_{MIN}}{d_2}$

$\sigma_{再現性} = \dfrac{(\bar{x}_{MAX} - \bar{x}_{MIN}) \times 5.15 \times c_4}{d_2}$

$K_2 = K_1 \times c_4$

$P/Tol_{6\sigma} = \dfrac{6 \times \sigma_M}{USL - LSL}$

$P/Tol_{5.15\sigma} = \dfrac{\sigma_M}{USL - LSL}$

図8-11　6σと5.15σの場合の計算法の違い　係数の意味

$AV(再現性) = K_2 \times \bar{\bar{x}}_{dif} = 2.157 \qquad \sigma_{再現性}$　　　AV：Appraiser Variation
測定者変動

このAV（再現性）には、EV（繰返し性）に起因する変動も含まれるので、
EV（繰返し性）に起因する部分を差し引いて調整しておく必要がある。

EVによるAVの調整

調整されたAV（再現性） $= \sqrt{\left(K_2 \times \bar{\bar{x}}_{dif}\right)^2 - \dfrac{\left(K_1 \times \bar{\bar{R}}\right)^2}{n \times r}}$

調整されたAV（再現性） $= \sqrt{(2.157)^2 - \dfrac{(4.2612)^2}{10 \times 2}}$

n：部品数
r：繰返し数

$= 1.939$

よって、調整済の$5.15\sigma_{測定} = 4.6801$

		標準偏差	5.15σ	変動率(%)	分散	寄与率(%)
繰返し性	Repeatability	0.8274	4.2612	22.1902	0.6846	4.9240
再現性	Reproducibility	0.3758	1.9352	10.0775	0.1412	1.0156
測定	Measurement	0.9088	4.6801	24.3713	0.8258	5.9396
製品	Product	3.6164	18.6242	96.9847	13.0780	94.0604
総体	Total	3.7288	19.2032	100.0000	13.9038	100.0000

許容差精度比	Precision to Tolerance Ratio	0.2340
総体精度比	Precision to Total Ratio	0.2437

図8-12　繰返し性による再現性の調整（EV による AV の調整）

7．計算マクロの使用

MSA の仕組みを理解した上で、実際の測定はどのようにするのでしょうか。一般的にはマクロを使って計算するのが実情です。それは実際の計算には先に示した基本的な概念に則った上で、5.15σ の要求と繰返し性による再現性の調整（EV による AV の調整）の要求とが一般的であるため、それらを吸収した係数、計算式を用いているからです【付属 CD Ch-8】。

ゲージの繰り返し性および再現性データシート
可変データ結果

部品番号		ゲージ名		検査担当者A	
部品名		ゲージ番号		検査担当者B	
特性	仕様	ゲージの種類		検査担当者C	
長さ	最低＝ 34 最大＝ 54				
特性分類		計測回数	部品数	担当者数	実施日
		2	10	3	

担当者数/計測回数		部品 1	2	3	4	5	6	7	8	9	10	平均値	
1. A	1	37	45	43	40	45	51	45	45	38	40		42.900
2.	2	39	45	41	40	47	50	44	45	39	41		43.100
3.	3												
4.	AVE	38.00	45.00	42.00	40.00	46.00	50.50	44.50	45.00	38.50	40.50	x_a=	43.000
5.	R	2.00	0.00	2.00	0.00	2.00	1.00	1.00	0.00	1.00	1.00	r_a=	1.000
6. B	1	37	44	39	39	46	48	45	45	39	40		42.200
7.	2	38	45	39	40	45	50	43	45	37	40		42.200
8.	3												
9.	AVE	37.50	44.50	39.00	39.50	45.50	49.00	44.00	45.00	38.00	40.00	x_b=	42.200
10.	R	1.00	1.00	0.00	1.00	1.00	2.00	2.00	0.00	2.00	0.00	r_b=	1.000
11. C	1	39	46	39	40	46	50	44	45	38	40		42.700
12.	2	39	45	41	40	46	49	44	43	39	41		42.700
13.	3												
14.	AVE	39.00	45.50	40.00	40.00	46.00	49.50	44.00	44.00	38.50	40.50	x_c=	42.700
15.	R	0.00	1.00	2.00	0.00	0.00	1.00	0.00	2.00	1.00	1.00	r_c=	0.800
16. 部品の平均値(X)		38.17	45.00	40.33	39.83	45.83	49.67	44.17	44.67	38.33	40.33	= R_p=	42.633 11.500
17.	$(r_a+r_b+r_c)$/(担当者数)＝											=	0.933
18.	(最高X－最低X)＝											X_{DIFF}=	0.800
19.	x D_4*＝											UCL_R=	3.052
20.	x D_3*＝											LCL_R=	0.000

ゲージの繰り返し性および再現性データシート
可変データ結果

部品番号	ゲージ名		検査担当者A	
部品名	ゲージ番号		検査担当者B	
特性 長さ	ゲージの種類		検査担当者C	
特性分類	計測回数	部品数	担当者数	実施日
	2	10	3	2016年11月29日

計測ユニット解析						許容誤差率(Tol)		
繰り返し性－測定機器によるばらつき(EV)								
EV	=	x K_1		計測回数	K1	%EV	=	100 (EV/Tol)
	=	0.933 x 4.56		2	4.56		=	100(4.256/20.000)
	=	4.256		3	3.05		=	21.28
再現性－計測担当者によるばらつき(AV)								
AV	=	$\{(X_{DIFF} \times K_2)^2 - (EV^2/nr)\}^{1/2}$				%AV	=	100 (AV/Tol)
	=	{(0.800 x 2.7)^2 - (4.256 ^2/(10 x 2))}^1/2					=	100(1.939/20.000)
	=	1.939	計測担当者数	2	3		=	9.70
			K_2	3.65	2.70	n=部品数		
再現性および繰り返し性(R&R)						r=計測回数		
R&R	=	$\{(EV^2 + AV^2)\}^{1/2}$		部品数	K_3			
	=	{(4.256^2 + 1.939^2)}^1/2		2	3.65	%R&R	=	100 (R&R/Tol)
	=	4.677		3	2.70		=	100(4.677/20.000)
部品のばらつき(PV)				4	2.30		=	23.38
PV	=	R_p x K_3		5	2.08			
	=	11.500 x 1.62		6	1.93			
	=	18.630		7	1.82	%PV	=	100 (PV/Tol)
許容誤差				8	1.74		=	100(18.630/20.000)
Tol	=	Upper - Lower		9	1.67		=	93.15
	=	54 - 34		10	1.62			
	=	20.000						

図8-13　MSA　計算表

このフォーマットは旧 QS-9000 の流れを汲む ISO/TS-16949 に引き継がれていてグローバルスタンダードとなっていますので、MSA といったらこのフォーマットで計算、評価するということです。

かつて、QS-9000 では評価指標が 30% を超えなければという時代もありましたが、近年の顧客要求の質の高まりに相俟って、20% が一応の基準と考えられています。この観点から、結果が 20% を超えている場合の次の対応はどのようにしたらよいのかを考えてみます。測定のバラツキに問題があるということですので、その中身の“繰返し性”と“再現性”の値から、問題の原因を検討してみましょう。

繰返し性と再現性の値を比較すると、繰返し性の方が大きいことが分かります。繰返し性のバラツキが大きい場合は、測定者の測定方法に問題があると判断できます。測定者の測定手順の見直しや、測定の習熟度を高める必要があります（図8-14）。

このように、Gage R&R は、計算して値を求めるだけでなく、求めた値から測定システムを評価し、適正な測定システムに改善することが重要です（図8-15）。

繰り返し性－測定機器によるばらつき(EV)								
EV	=	x K₁	計測回数	K1	%EV	=	100 (EV/Tol)	
	=	0.933 x 4.56	2	4.56		=	100(4.256/20.000)	
	=	4.256	3	3.05		=	21.28	

再現性－計測担当者によるばらつき(AV)								
AV	=	{(X_DIFF x K₂)² - (EV²/nr)}^{1/2}			%AV	=	100 (AV/Tol)	
	=	{(0.800 x 2.7)^2 - (4.256 ^2/(10 x 2))}^1/2				=	100(1.939/20.000)	
	=	1.939	計測担当者数	2	3	=	9.70	
			K₂	3.65	2.70	n=部品数		

繰返し性

測定方法に問題ありと判断
↓
● 測定者の手順の見直し
● 測定者の習熟度の向上

図8-14 測定システムの問題への対応

MSAを使って求めた値は、次のようにさらに細かく分析し、判断することで問題の要因を特定することができます。

1. **繰返し性のバラツキが大きい場合**

   "測定機器の時間的変動や測定手順書が守られていない"など、同じ人でも仕事の進め方がその都度違うといった、職場風土の問題が考えられます。

2. **再現性のバラツキが大きい場合**

   測定そのものに問題がなかったかどうか、測定者による差の検討が必要となり、測定手順書の不備や不徹底、教育不足などが考えられます。

3. **0.1≦P/Tol＜0.3の場合**

   P/Tol：許容差精度比が、"0.1以上、0.3未満"の場合は、"測定機器の安定性や手順書の精度と遵守など確認する必要"があります。

図8-15 分析結果と判断

8．二値データの場合の測定システム分析

今までは計量値、連続データの場合についての説明でしたが、検査員の合格不合格の判断結果のような計数値、離散データの場合でも工夫して判断の正確性のレベルを評価することができます。図8-16は真の標準値が分かっている20個の部品について、3人のオペレーターがAccept（合格）、Reject（不合格）と判断した結果を纏めた表です。ここから、正確に見極める能力、良品を不合格にする可能性、不良品を合格にする可能性の割合を掴むことができ、これを基に次の行動を考えることになります。

A : Accept   R : Reject

部品	真の標準値	オペレーター1		オペレーター2		オペレーター3		正解
1	R	R	1	R	1	R	1	3
2	A	A	1	A	1	A	1	3
3	A	A	1	R	0	A	1	2
4	R	R	1	R	1	R	1	3
5	A	R	0	A	1	R	0	1
6	R	R	1	A	0	R	1	2
7	R	R	1	R	1	R	1	3
8	A	A	1	A	1	A	1	3
9	A	A	1	A	1	A	1	3
10	A	R	0	R	0	A	1	1
11	R	A	0	R	1	R	1	2
12	A	A	1	A	1	A	1	3
13	R	R	1	R	1	R	1	3
14	R	R	1	A	0	R	1	2
15	A	R	0	A	1	A	1	2
16	R	A	0	R	1	R	1	2
17	A	A	1	A	1	R	0	2
18	A	A	1	A	1	A	1	3
19	A	A	1	A	0	A	1	2
20	R	R	1	R	1	R	1	3
			15		15		18	48

事実	オペレーター1		オペレーター2		オペレーター3	
A	R	3	R	2	R	2
R	A	2	A	3	A	0

Aを誤ってRと判 7
Rを誤ってAと判 5

正確に見極める能力   0.8
　正しく識別された数   48
　識別機会の総数   60
(α)
良品を不合格にする可能性   0.23
　良品が不合格にされる回数   7
　良品評価の機会の総数   30
(β)
不良品を合格にする可能性   0.17
　不良品が合格にされる回数   5
　不良品評価の機会の総数   30

図8-16　二値データの場合の測定システム分析

第9章 統計的仮説検定

検定（Test）という言葉自体は多くの場面で使われていますが、仮説検定（Hypothesis Test）とは何か、を学んでいきましょう。

1. 仮説検定とは

改善の結果に効果があるかないかを判断する場合、皆さんならどのように考えますか？

図9-1はある射出プロセスで、製品の強度を高めるために、今までの80℃の温度から120℃へと高くした時の製品の強度のデータです。たかだか3個ずつのデータですが皆さんはこのデータ、グラフから強度を高めるのに温度を高めることは効果があると判断できますか？（これは後の章で実際に評価してみましょう）

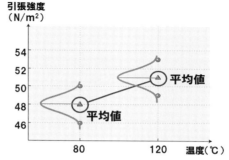

y＝プラスチックの引張強度（N/m²）

図9-1　温度条件を変えたら強度が増したと言えるか？

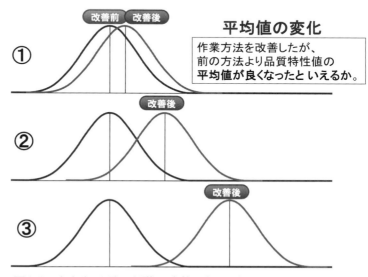

図9-2　あなたはどの段階で改善の効果があったと判断しますか

図9-2を見てください。あるプロセスの平均値を高めたいという目的で改善活動を行った結果、バラツキは変わりませんが平均値がこのように変化したという場合、あなたはどの段階で平均値は"変わった"、"改善の効果はあった"と判断をしますか？

平均値がどれだけ変化したら改善の効果があったと判断するのか悩みますね。

また、バラツキを見るために標準偏差が変化したかどうかを見てみましょう（図

9-3)。この変化に対して、あなたはどの段階で変わった、と判断しますか？

平均値と同様これも悩ましい問題です。データ、グラフを目の前にしていても多くの場合、KKDH（経験、勘、度胸、ハッタリ）で「この辺らしい」「このくらいだろう」と決めつけ、憶測しているのが実情ではないでしょうか。

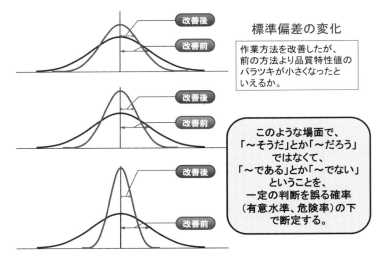

図9-3　あなたはどの段階で改善の効果があったと判断しますか

ここで重要なのは、私達の憶測ではなく、目の前のデータに語らせることです。本書の底流には"データは語り掛けている"という大前提があり、私達が本書を学ぶ目的は"データの声なき声、叫びを読み取る技術"を身に付けるということです。

平均値やバラツキが改善活動によって、変わったと言えるのか、または変わったとは言えないのかを、統計的な基準から"データに語らせて"客観的に判断することを"仮説検定"（以後、仮説検定を検定と併用します）と言います。

つまり、KKDH（経験、勘、度胸、ハッタリ）による"〜だろう"という曖昧な判断ではなく、統計的な基準の下で"データが語り掛けている"ことを私達が"読み取り"、その結果客観的な判断を行うということです。

では、全てのパターンに共通する検定のプロセスについて学んでいきましょう。

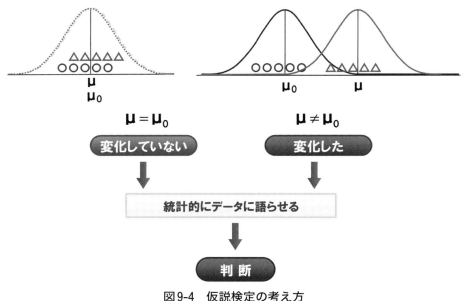

図9-4　仮説検定の考え方

ここでは基本的な検定の流れである"仮説検定の6ステップ"のプロセスを学んでいきます。まずはじめに、仮説検定という考え方の概要を、平均値を例にとって紹介します。
　検定とは、改善活動の結果、平均値に変化が生じたのかどうかを「統計的にデータに語らせ、判断」することです。そのためには、まず変化が生じたのかどうか、2つの仮説を立てます。「変化していない」という仮説を"帰無仮説"（Null Hypothesis）と呼び、「変化した」という仮説を"対立仮説"（Alternative Hypothesis）と呼びます。
　次にどのくらいの確信を持って判断できるかを表す数値を決めます。決定した数値を、"判断の基準値"に置き換えます。そしてサンプルのデータが、どちらの仮説を支持するのかを、「データから計算した数値」に語らせます。"判断の基準値"と「データが語っている数値」を比較して、データがどちらの仮説を支持しているのかを判定します。最後に判定の意味付けを行い、次の行動に移ります。

2．仮説検定の6ステップ

　この考え方を実践するために、私達の思考を"仮説検定の6ステップ"で進めていきます。

図9-5　仮説検定の6ステップ

　では"仮説検定の6ステップ"について、もう少し詳しく学んでいきます。
　それでは順番に見ていきましょう。

　まず第1ステップ、改善活動の結果、平均値が変化していないとする"帰無仮説"と、変化したとする"対立仮説"を立てます。検定の対象であるサンプルの平均値が、改善を行ったにもかかわらず、"変化していない"とする仮説が"帰無仮説"です。それは図9-6のように表されます。一方、改善の結果、平均値が基準となる値と比較して"変化した"とする仮説が"対立仮説"です。それは図9-6のように表されます。この"帰無仮説"と"対立仮説"のどちらを採択するかを統計的に判定して、結論を導き出すのです。

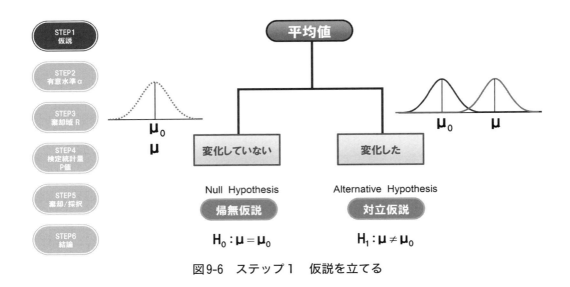

図9-6　ステップ１　仮説を立てる

第２ステップでは、判断の厳密さを表す"有意水準α"を決めます。そして通常0.05、つまり５％が使われます。これは、20回に１回しか起こらない、ということを表しますので、普段起こらないことが起こった、と判断します。じゃんけんやコイントスの例では連続して５回勝ち続けることは５％以下の確率になり、そうそう一般に起こることではありません。

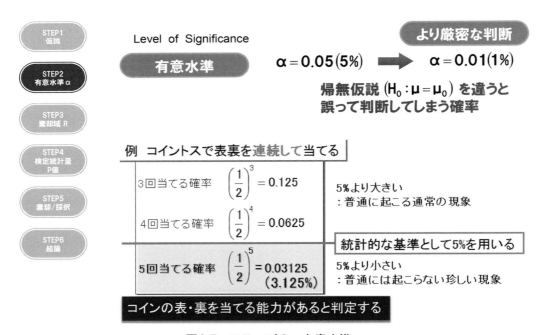

図9-7　ステップ２　有意水準α

有意水準は、等しいものを、違うと判断してしまう確率でもあり、"危険率"とも呼ばれています。より厳密な判断が必要とされる場合には、0.01が使われます。

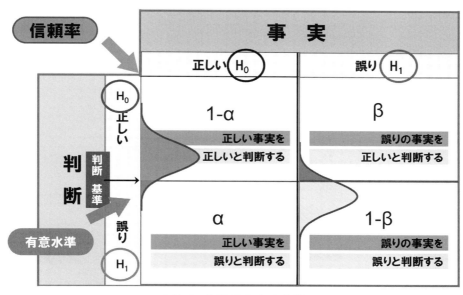

図9-8 信頼率と有意水準

　第3ステップでは、判断基準となる"棄却域R"を設定します。この棄却域を設定するために、検定の目的に応じた分布を使います。検定のためにデータから計算した値は"検定統計量"と呼ばれます。この検定統計量の受け皿となる検定統計量の分布にはZ分布、t分布、χ^2分布、F分布があり、それぞれ検定の目的に応じて使い分けます（検定の目的と分布の使い分けは後述の「4．仮説検定の全体像」で示します）。この棄却域とは、最終的に帰無仮説を棄却する領域のことを指し、この場合には両側に分けたので有意水準αの半分の値になります。

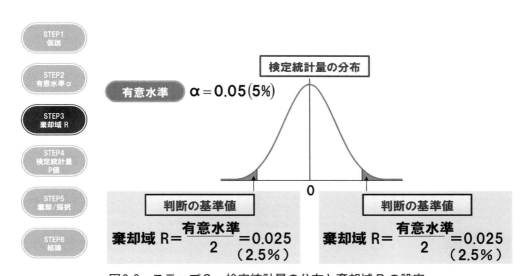

図9-9　ステップ3　検定統計量の分布と棄却域Rの設定

第4ステップでは、サンプルデータをもとに、"検定統計量"や検定統計量の分布における"有意確率P値"を計算します。"検定統計量"は、改善後の値が、どのような位置にあるのかを表す指標です。また"有意確率P値"は、"検定統計量"の位置が示す確率を表します。私達は棄却域Rに対して有意確率P値が大きいのか、小さいのかに注目します。

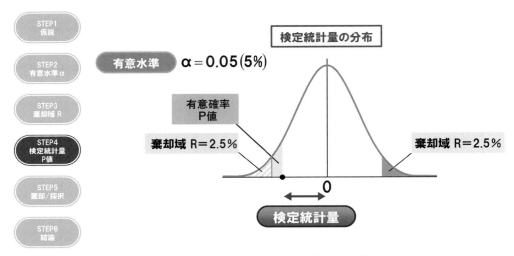

図9-10　ステップ4　検定統計量の計算

　第5ステップでは、"有意確率P値"と"棄却域R"との大小関係を比較し、どちらの仮説を採用するかを判定します。P値がRよりも小さくなった場合には、非常に確率の小さい現象が起きていることを意味しますので、それは私達の立てた仮説が間違っていたのだと考え、"変化していない"とする帰無仮説を棄却し、"変化した"とする対立仮説を採択します。つまりこのP値が小さいほど"平均値が変化した"と判断できる度合いが大きいことを

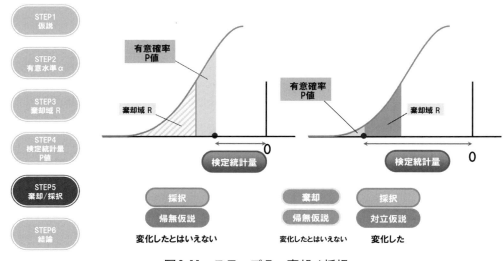

図9-11　ステップ5　棄却／採択

意味します。逆に、P値がR以上の値になった場合は、帰無仮説を棄却するのに十分な証拠が得られなかったことになり、帰無仮説を採択します。これは変化したとは言えない、という意味です。

　最後のステップ6では採択する仮説を判定できたら、状況に合わせた結論を導き出します。単にどちらの仮説を採択するかだけではなく、今後どのようなアクションを起こしたらよいのかという判断が必要です。これが"仮説検定"の考え方です。

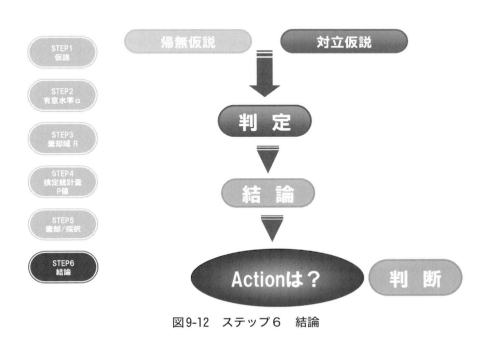

図9-12　ステップ6　結論

3．両側検定と片側検定

　両側検定と片側検定を理解しましょう。
　検定の棄却域を設定する方法には、検定統計量の分布の両側に棄却域を設定する"両側検定"と片側に設定をする"片側検定"があります。
　"両側検定"は、平均値が大きくなるか小さくなるかを問わず、変化したかどうかを判断するもので、検定統計量の分布の両側に判断基準としての棄却域を2.5％ずつ設定します（図9-13）。

　一方、"片側検定"は、平均値を大きくしたい、もしくは小さくしたいという意志を持って改善活動をした結果、技術的な背景から平均値が大きくなったのか、小さくなったのかを判断するもので、右側か左側のどちらかに判断基準としての棄却域5％を設定します。平均値が大きくなったのかどうかを判定する際には、分布の右側に棄却域を設定し"右側検定"を行います。小さくなったのかどうかを判定する際には"左側検定"を行います（図9-14）。

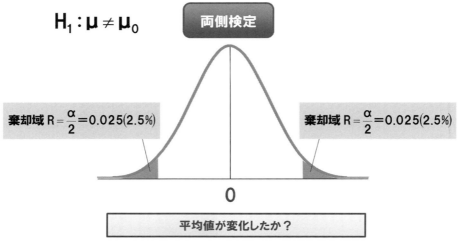

図9-13　両側検定

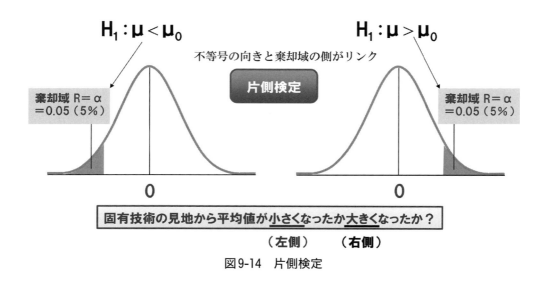

図9-14　片側検定

4．仮説検定の全体像

仮説検定にはその目的により4つの方法があり、かつ、平均値の検定では母標準偏差が既知の場合と未知の場合とがあるので厳密には5つの方法があります。

①母平均の検定（1サンプル）
　改善の効果によって、母集団が統計的に意味のある変化をしたのかどうかを、サンプルから得られた平均値で検定します。これには、"σ既知"、"σ未知"の2つの場合があります。
②母平均の差の検定（2サンプル）
　2つのサンプルの平均値を通して、2つの母集団が統計的に意味のある違いを示しているのかどうかを検定します。

③母分散の検定（1サンプル）

　改善の効果によって、母集団の標準偏差が、基準となる標準偏差に対して統計的に意味のある変化をしたかどうかを、サンプルを用いて検定します。

④母分散の差の検定（2サンプル）

　2つのサンプルの分散を用いて、2つの母集団が統計的に意味のある違いを示しているのかどうかを検定します。

　これらの方法には、それぞれの検定統計量の分布があり、それぞれの検定統計量の計算式があります。従って、私達は手元のデータから今何をしようとしているのかその目的を明確にして目的に沿った検定の道筋を選ぶ必要があります。

　この計量値の検定の全体像は統計解析を学んでいく階段の踊り場に相当するところでもありますので、繰り返しを厭わず全体像"MAP"の中で私達は今どこの位置にいるのかを見極めながら学習を進めることにします。

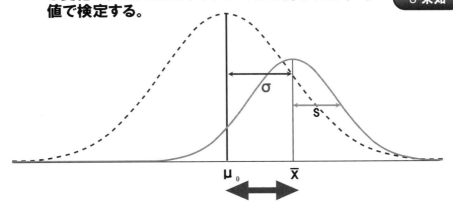

図9-15　①母平均の検定（1サンプル）

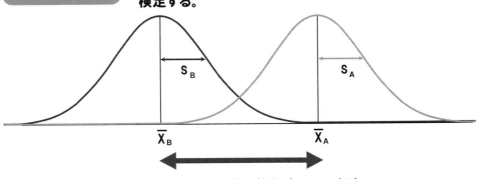

図9-16　②母平均の差の検定（2サンプル）

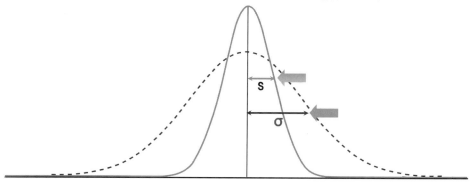

図9-17 ③母分散の検定（1サンプル）

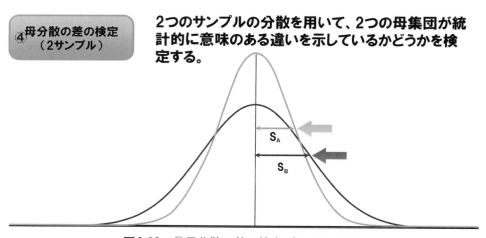

図9-18 ④母分散の差の検定（2サンプル）

　これらの検定の方法の全体像を示します。"検定ナビ"として迷った時の原点としてお使いください。

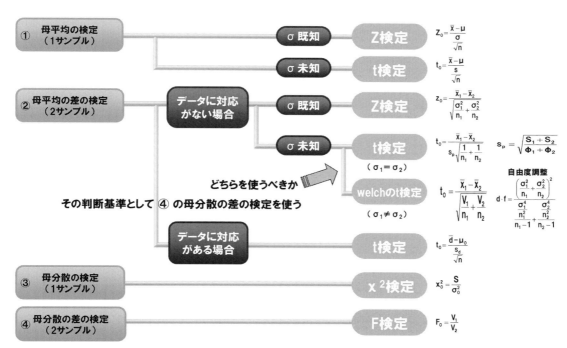

図9-19　計量値の検定の全体像 "MAP"

第10章　母平均の検定

第1節　母平均の検定（1サンプル）

1．平均の検定の全体像

平均値の検定には、①母平均の検定（1サンプル）σ既知の場合と、σ未知の場合、②平均値の差の検定（2サンプル）があります。

　①母平均の検定（1サンプル）
　　改善の効果によって、母集団が統計的に意味のある変化をしたのかどうかを、サンプルから得られた平均値で検定します。これには、"σ既知"、"σ未知"の2つの場合があります。
　②母平均の差の検定（2サンプル）
　　2つのサンプルの平均値を通して、2つの母集団が統計的に意味のある違いを示しているのかどうかを検定します。

この第1節では、①母平均の検定（1サンプル）σ既知の場合と、σ未知の場合を学習し、第2節で、②平均値の差の検定（2サンプル）を学習することにします。
では、①母平均の検定（1サンプル）σ既知の場合を学んでいきましょう。

2．母平均の検定（1サンプル）σ既知の場合

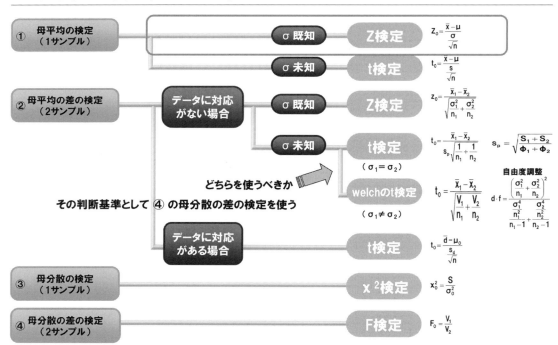

図10-1　母平均の検定（1サンプル）σ既知

母集団の標準偏差σが分かっている場合の母平均の検定（1サンプル）のステップを、例を通して学んでいきましょう【付属CD Ch-10-1】。

検定は、"仮説検定の6ステップ"に沿って行います。

新製品の梱包材の厚さは、これまで平均値16 mm、標準偏差0.5 mmで推移していました。海外生産の展開に備え、新たなサプライヤーを開拓しましたが、そのサプライヤーから受け取った試作品の厚さを調べてみると、図10-2のようなデータが得られました。さて、このサプライヤーに正式に発注してもよいかどうか、あなたならどう判断しますか？

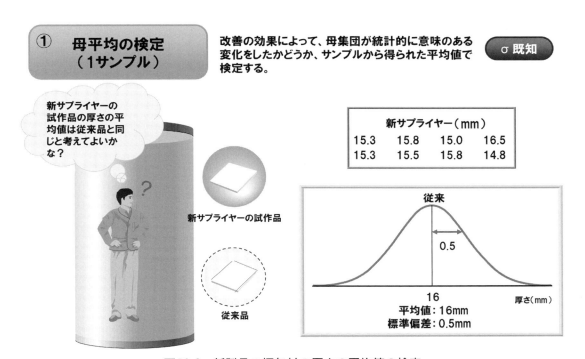

図10-2　新製品の梱包材の厚さの平均値の検定

この状況を図に表すと図10-2のようになります。従来の厚さに対し、新しいサプライヤーの試作品の厚さが変化していないかどうか、さっそくステップに沿って検定してみましょう。

➤まず初めにステップ1

仮説を立てましょう。

ここでは、新規サプライヤーの生産する梱包材の厚さの平均値が、従来の平均値と比較して異なっているかどうかを判断したいので、差がないとする帰無仮説、差があるとする対立仮説を立てます。

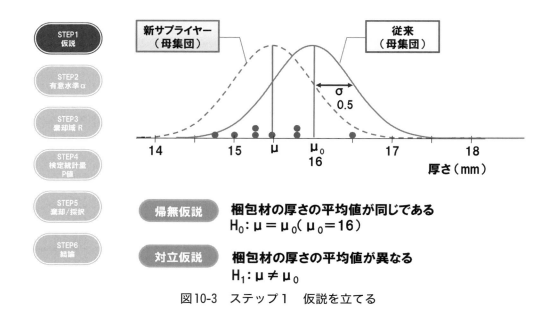

図10-3　ステップ1　仮説を立てる

➤ステップ2
有意水準を決めましょう。
有意水準αは、通常使われる値である0.05を使用します。

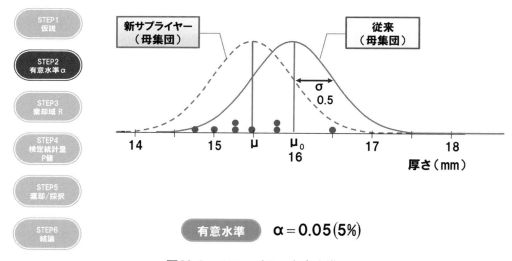

図10-4　ステップ2　有意水準α

➤ステップ3
棄却域を設定しましょう。
　平均値の検定（1サンプル）で、母集団の標準偏差が分かっているので、この検定統計量はZ分布に従います。ここでは、μとμ₀に違いがないかどうかを判断したいので、両側検定を行います。両側検定では、棄却域Rは有意水準αの半分になるため、Rは0.025です。

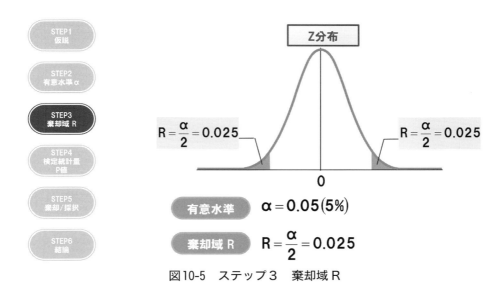

図10-5　ステップ3　棄却域 R

➢ステップ4

検定統計量、P値を計算してみましょう。

検定統計量はこの式で表されますので、条件に合わせて数値を代入していくと、−2.83になります。このときの有意確率P値は、0.0023です。

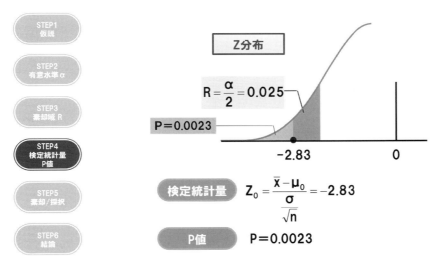

図10-6　ステップ4　検定統計量、P値

➢ステップ5

P値と棄却域Rを比較して、どちらの仮説を採択するかを判断しましょう。

P値が棄却域Rに比べて小さな値になりましたので、差はないとする帰無仮説を棄却し、差があるとする対立仮説を採択します。

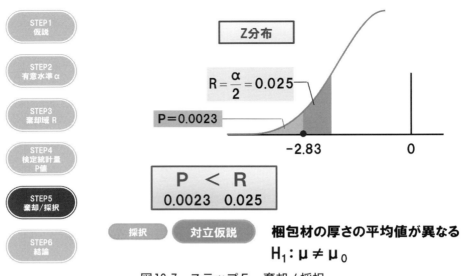

図10-7　ステップ5　棄却／採択

➢ 最後にステップ６

結論として、検定の結果この試作品の厚さの平均値は、従来品の平均値16mmとは明らかに異なると言えるので、新しいサプライヤーの生産した部品はそのまま採用できません。明らかにという意味は、P値が0.0023と0.01以下ですので1％の有意水準をもってしても違いがあるということで「明らかに」を加えます。なぜこのようなズレが生じているのか、生産プロセスを調査し、改善をする必要があります。

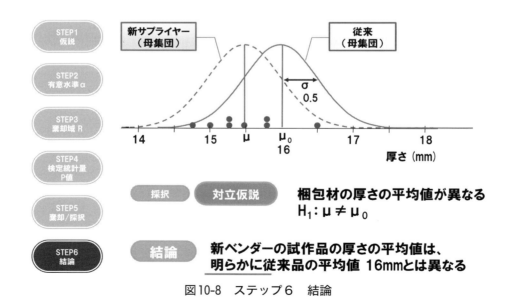

図10-8　ステップ6　結論

このように検定統計量、P値を求めることができ、明らかに差があると判断できますがExcelの"データ"⇒"データ分析"ではこの検定に対応していないので、手順通り検定統計

量を計算して判断します【付属 CD Ch-10-1】。

ここで演習問題です【付属 CD Ch-10-1】。

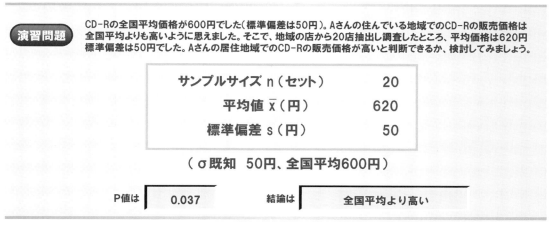

図10-9　演習問題　母平均の検定（1サンプル）σ既知

3. 母平均の検定（1サンプル）σ未知の場合

母集団の標準偏差σが分かっていない場合の"母平均の検定（1サンプル）"を、例を通して学んでいきましょう【付属 CD Ch-10-1】。

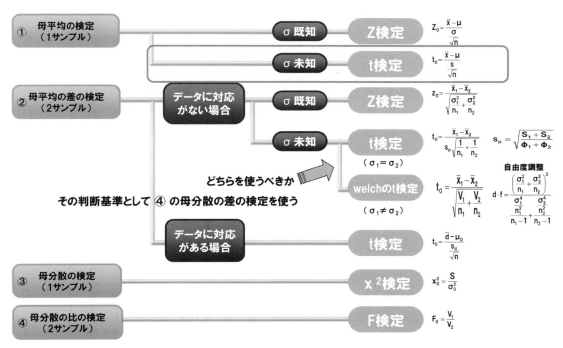

図10-10　母平均の検定（1サンプル）σ未知

ある会社の社員食堂は、1日に平均700人が利用しています。この食堂は最近レイアウトを変更し、それによって利用客数が増えているのかどうかを確認しようと、10日間の利用者のデータを取りました。さて、レイアウトの変更によって利用者数が増えたと言えるのでしょうか？

図10-11　母平均の検定（1サンプル）σ未知

➤まず初めにステップ1
仮説を立てましょう。

帰無仮説

食堂の平均利用者数は変わっていない
$H_0: \mu = \mu_0$

対立仮説

食堂の平均利用者数は増えた
$H_1: \mu > \mu_0$（片側検定）

図10-12　ステップ1　仮説を立てる

ここでは、食堂の平均利用者数がレイアウト変更によって変化したかどうかを判断しますので、変化がなかったとする帰無仮説、増えたとする対立仮説を立てます。最近10日間の利用者数が従来の利用者よりも増えたかどうかを判定したいので、片側検定を用います。

➢ステップ２
有意水準を決めましょう。
有意水準 α は、0.05を使用します。

図10-13　ステップ２　有意水準 α

➢ステップ３
棄却域を設定しましょう。

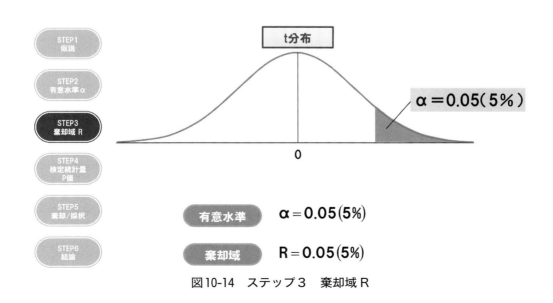

図10-14　ステップ３　棄却域 R

平均値の検定（1サンプル）で、母集団の標準偏差が分かっていませんので、サンプルから得られた標準偏差を利用するため、検定統計量は t 分布を用います。棄却域 R は、対立仮説の"増えている"ですので右側、片側検定です。有意水準と同じ0.05です。
　ここで t 分布のおさらいです。第4章で学び、第5章でも使ってきましたが、繰り返しをためらわずにおさらいします。

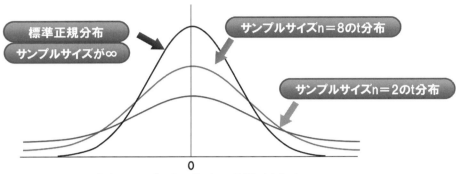

図10-15　t 分布のおさらい

➤ステップ4
　検定統計量、P値を計算してみましょう。検定統計量はこの式で表されますので、条件に合わせて数値を代入していくと、2.41になります。このときの有意確率P値は、0.0196です。

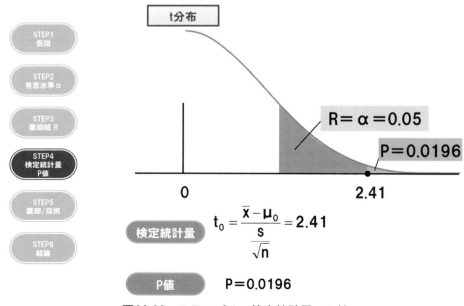

図10-16　ステップ4　検定統計量、P値

➢ステップ５

P値と棄却域Rを比較して、どちらの仮説を採択するかを判断しましょう。P値が棄却域Rに比べて小さな値になりましたので、変化がなかったとする帰無仮説を棄却し、増えたとする対立仮説を採択します。

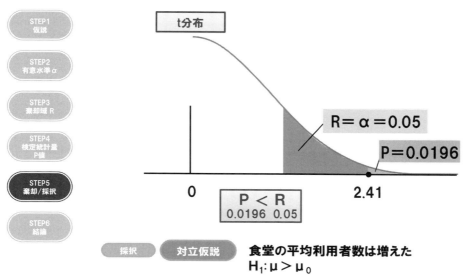

図10-17　ステップ５　棄却/採択

➢最後にステップ６

結論として、検定の結果、食堂の平均利用者数はレイアウト変更によって増えたと言うことができます。

図10-18　ステップ６　結論

ここで演習問題です【付属CD Ch-10-1】。

図10-19　演習問題　母平均の検定（1サンプル）σ未知

第2節　母平均の差の検定（2サンプル）

1．母平均の差の検定（2サンプル）

　ここでは、2つの母集団の平均値に違いがあるかどうかを、サンプルを通して検定する「母平均の差の検定（2サンプル）」について、例を通して学んでいきましょう。

　A社とB社から購入した部品の外径寸法について、両社の間に違いがあるかどうかを考えてみましょう。両社の部品外径寸法のサンプルデータを基に仮説検定を行うわけですが、2サンプルの場合に注意することは、まず、両社のデータのバラツキが違っているか、いないかでその先の目的である両社の部品外形寸法の違いがあるのかないのか仮説検定をするやり方が異なるので、まず先にバラツキの違いの有無に注目します。これは全体像"MAP"の中の4番目の「分散の差の検定」を使い手順に沿って進めます【付属CD Ch-10-2】。

```
まず、サンプル同士のバラツキに違いがあるか無いか
                    無い場合      平均値の差の検定 ‥‥ t 検定
                   (σ₁=σ₂)
   ‥‥ F 検定
                    ある場合      平均値の差の検定 ‥‥ ウェルチの t 検定
                   (σ₁≠σ₂)
```

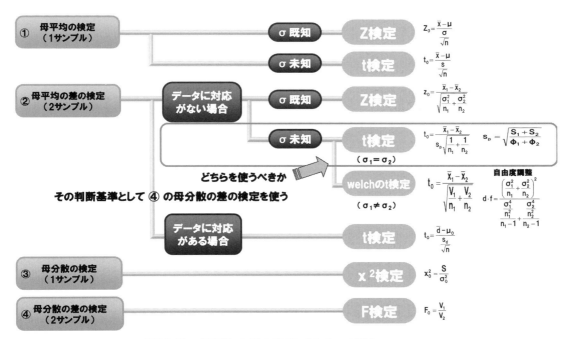

図10-20 母平均の差の検定（2サンプル） $\sigma_1 = \sigma_2$

これからやろうとしていることは、A社とB社から購入した部品の外径寸法の平均値について、両社の間に違いがあるかどうかを考えてみることです。

A社から購入した部品の外径（mm）
B社から購入した部品の外径（mm）はそれぞれ右表のとおり
この結果から
① A社とB社の部品の外径寸法に差があるといえるか
② 差があるとしたらどのくらい差があるといえるか推定しなさい。

外径 mm

A社	B社
12.4	11.9
12.3	12
11.8	11.8
12.1	12
12.2	12.3
12.1	11.7
11.9	12.2
12.5	11.9
12.4	12
	11.8

基本統計量

A		B	
平均	12.18889	平均	11.96
標準偏差	0.236878	標準偏差	0.183787
分散	0.056111	分散	0.033778
偏差平方和	0.448889	偏差平方和	0.304
標本数	9	標本数	10

図10-21 A社、B社間の部品の外径寸法の平均値に差があるか

2. まず、F検定

A社とB社から購入した部品の外径寸法のバラツキについて、両社の間に違いがあるかどうかを考えてみましょう。

➢ ステップ１

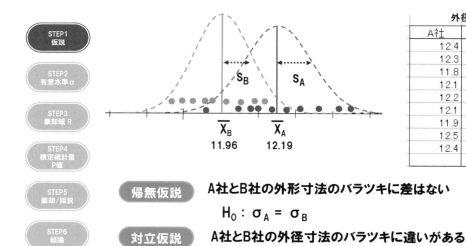

図10-22　ステップ１　仮説を立てる

➢ ステップ２

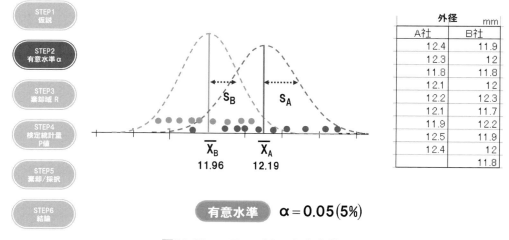

図10-23　ステップ２　有意水準α

➢ ステップ３　棄却域R

A、B社間の部品寸法のバラツキに違いがあるのではないかということで、大きいか小さいかを問題にしているわけではないので両側検定となります。

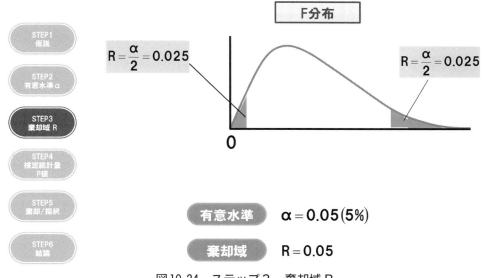

図10-24　ステップ3　棄却域 R

➢ステップ4　検定統計量、P値

A、B社間の部品寸法のバラツキに違いがあるのではないかということを議論しているので、"検定ナビ"全体像"MAP"（図10-20）の中の「④母分散の差の検定」を使います。

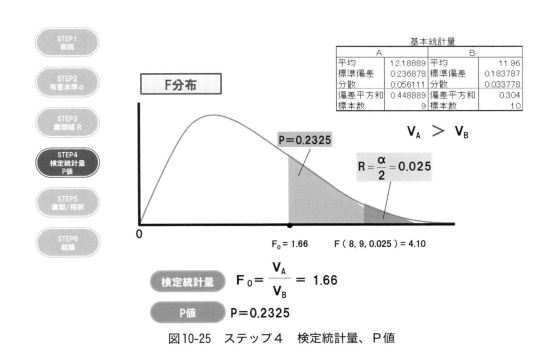

図10-25　ステップ4　検定統計量、P値

➢ステップ5　棄却/採択

P値が大きな値ですので帰無仮説が採択されます。

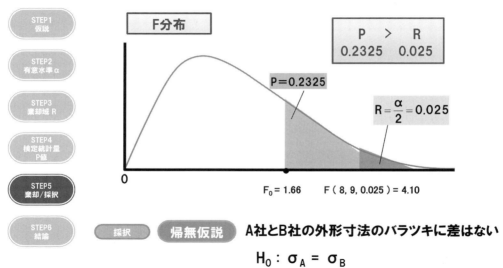

図10-26　ステップ5　棄却/採択

➢ステップ6　結論

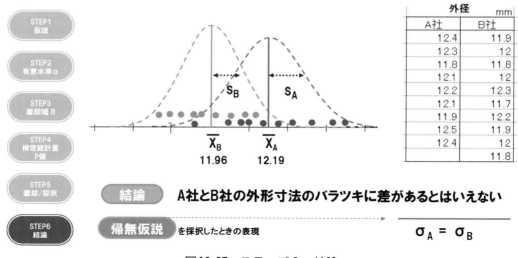

図10-27　ステップ6　結論

　全体像"MAP"の進め方で、まずバラツキに差があるのか否かを調べるためにF検定を行いました。結果はバラツキに差があるとは言えないということなので、本番である平均値の差の検定は $\sigma_A = \sigma_B$ の場合である"等分散が仮定できる" t 検定へと進みます。Excelの"データ"⇒"データ分析"⇒"F検定：2標本を使った分散の検定"で両社データのバラツキの違いを検定します。

　この場合、両社のデータ間にバラツキの違いがあるとは言えないという結果が得られたので、次に、等分散を仮定した平均値の差の検定へと進みます。

図10-28　Excel のデータ分析での F 検定

3．バラツキに違いがない場合の平均値の差の検定

では次に等分散を仮定した平均値の差の検定へと進みます。

➢ステップ1　仮説を立てる

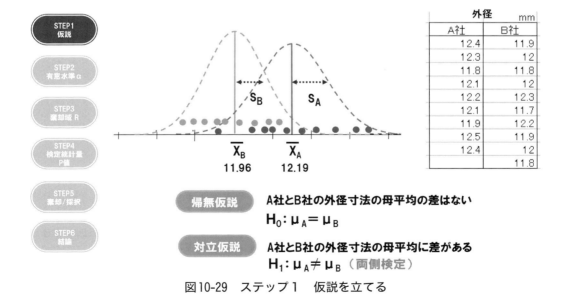

図10-29　ステップ1　仮説を立てる

➢ステップ２　有意水準α

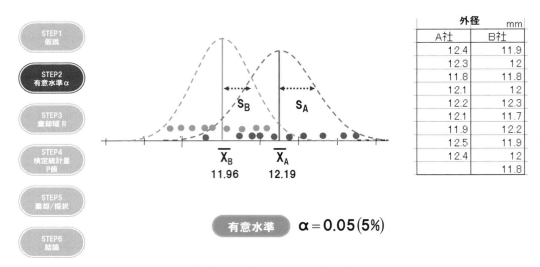

図10-30　ステップ２　有意水準α

➢ステップ３　棄却域R

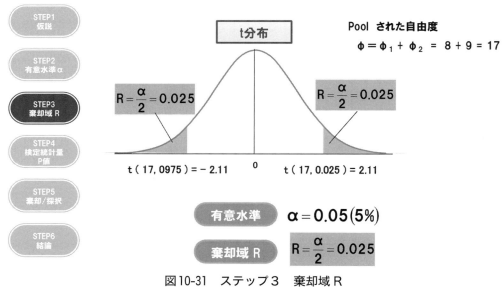

図10-31　ステップ３　棄却域R

　ここではプールされた自由度が出てきますが、全体像"MAP"に示したように、A、B両社の偏差平方和をプールし、それをプールされた自由度で割ってプールされた分散を求め、そこからプールされた標準偏差を求めています。

➢ステップ4　検定統計量、P値

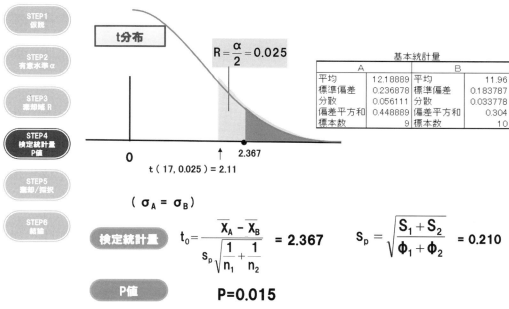

図10-32　ステップ4　検定統計量、P値

➢ステップ5　棄却/採択

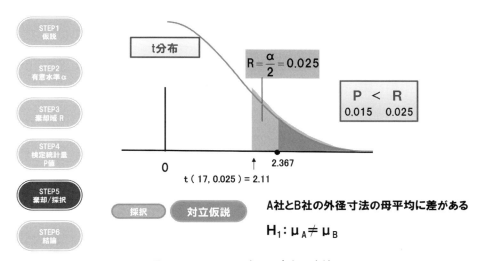

図10-33　ステップ5　棄却/採択

➤ステップ6　結論

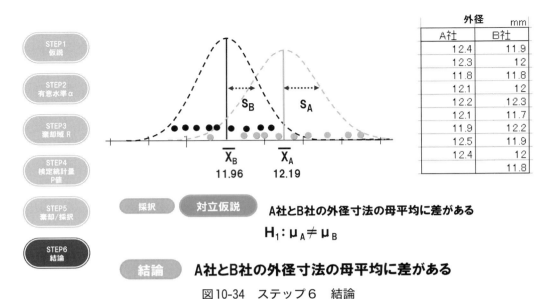

図10-34　ステップ6　結論

よって、両社の外径寸法の母平均に違いがあるとの結論が得られました。

この場合、仮説を立てる段階でA社の平均11.96、B社の平均12.19が分かっているから対立仮説に $\mu_A > \mu_B$ としてA社の方が大きいと結論付ける方策もあります。

Excelの"データ"⇒"データ分析"⇒"t検定：等分散を仮定した2標本による検定"を行うと図10-35のようになります。

図10-35　t検定：等分散を仮定した2標本による検定

結論としてＡ、Ｂ両社間の寸法の平均値に違いがあるということが分かりましたが、そのままで終わってはいけません。"違いはどのくらいですか？"という質問に答えなければなりません。ここで登場するのが第５章で学んだ統計的推定です。推定のおさらいとしての意味もありますが、実業の世界では検定と推定が一体として使われるという例です。

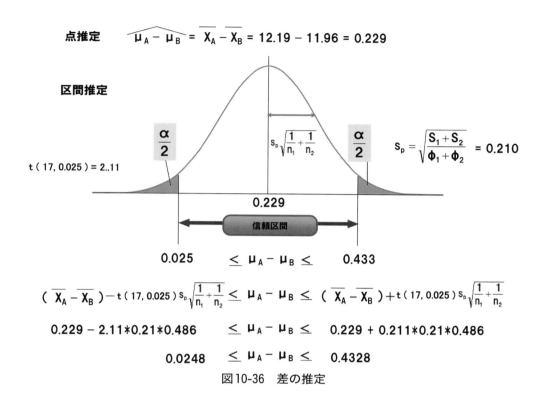

図10-36　差の推定

ここで演習問題です【付属CD Ch-10-2】。

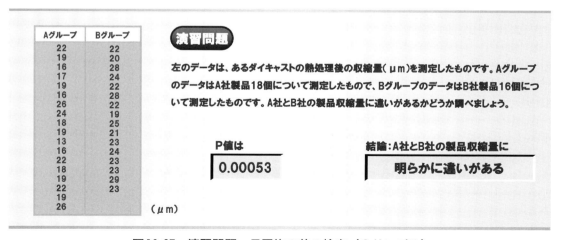

図10-37　演習問題　母平均の差の検定（２サンプル）

手順に則り、まずF検定を行います。

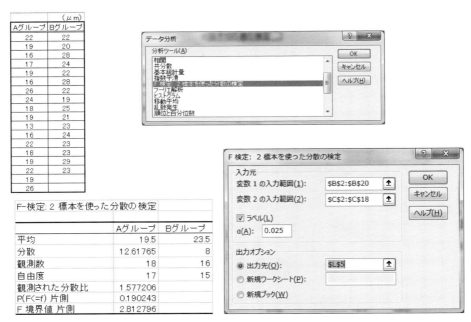

図10-38　まずF検定

次に、t検定を行います。

図10-39　次にt検定

4．バラツキに違いがある場合の母平均の差の検定

　ここまでは等分散を仮定した場合の母平均の差の検定をしましたが。今度は等分散が仮定できない場合を考えてみます。

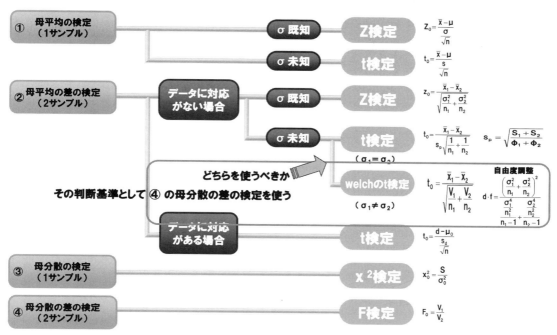

図10-40　バラツキに違いがある場合の母平均の差の検定

　マウント基板のはんだフィレットの高さを高くするために、はんだづけ条件を変更しました。改善前と改善後でそれぞれ30サンプルを抽出した結果、平均値、標準偏差は図10-41の

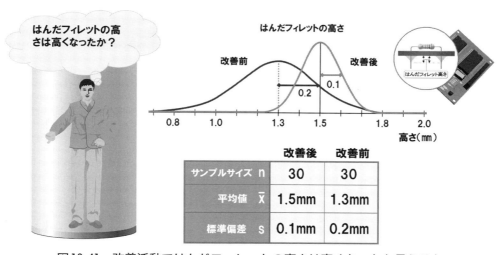

図10-41　改善活動ではんだフィレットの高さは高くなったと言えるか

ような値になることが分かりました。はたして、はんだづけ条件を変更した効果が表れていると考えてよいでしょうか？【付属CD Ch-10-2】

この問題に取り組む指針は以下のとおりです。

> まず、サンプル同士のバラツキに違いがあるか無いか
>
> ・・・F 検定
>
> 　　無い場合　　　平均値の差の検定　・・・・・t検定
> 　　（$\sigma_1 = \sigma_2$）
>
> 　　ある場合　　　平均値の差の検定　・・・・ウェルチの t 検定
> 　　（$\sigma_1 \neq \sigma_2$）

まず、改善前後の2つのデータに等分散が仮定できるか否かを見極めます。そのために、ステップ1～ステップ6までの手順でF検定を行います。

> ステップ1　仮説を立てる

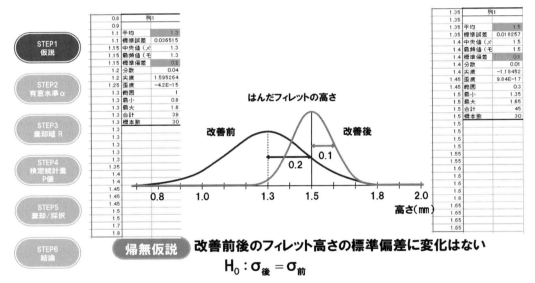

帰無仮説　改善前後のフィレット高さの標準偏差に変化はない
$H_0 : \sigma_{後} = \sigma_{前}$

対立仮説　改善後のフィレット高さの標準偏差は小さくなった
$H_1 : \sigma_{後} < \sigma_{前}$　（片側検定）

図10-42　ステップ1　仮説を立てる

➢ステップ２　有意水準α

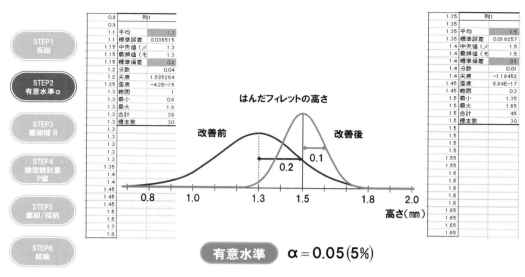

図10-43　ステップ２　有意水準α

➢ステップ３　棄却域R
対立仮説は、改善後のバラツキは小さくなったということなので、左側の片側検定です。

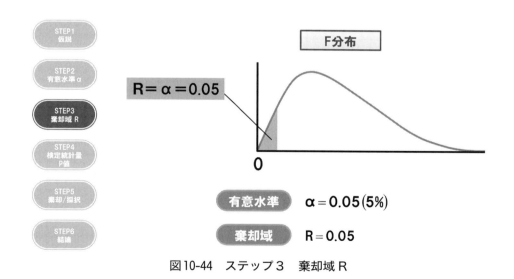

図10-44　ステップ３　棄却域R

➢ステップ4　検定統計量、P値

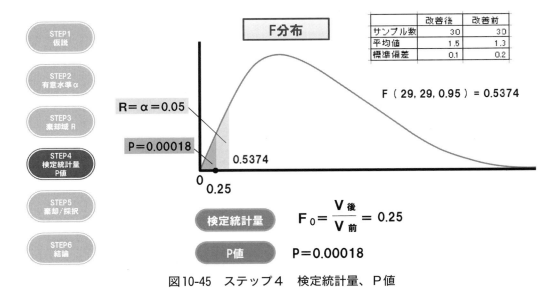

図10-45　ステップ4　検定統計量、P値

➢ステップ5　棄却/採択

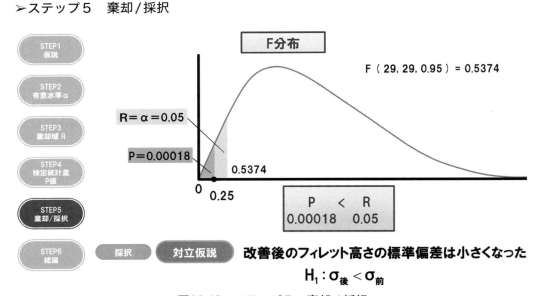

図10-46　ステップ5　棄却/採択

➢ステップ６　結論

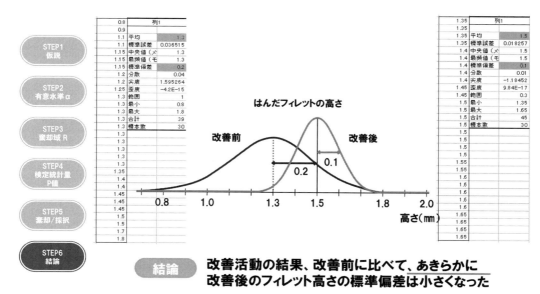

図10-47　ステップ６　結論

　Excelの"データ"⇒"データ分析"⇒"Ｆ検定：２標本を使った分散の検定"で明らかに分散は小さくなった、との結論を得ます【付属CD Ch-10-2】。

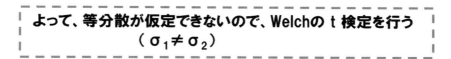

図10-48　Ｆ検定：２標本を使った分散の検定

では、分散が等しくないと仮定した場合の平均値の差の検定、t検定を行います。

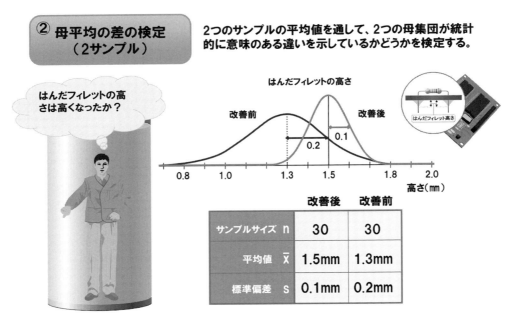

図10-49　分散が等しくないと仮定した2標本による平均値の差の検定

➤まず初めにステップ1

仮説を立てましょう。ここでは、フィレットの高さを高くするために改善活動を行いましたので、改善後の平均値が、改善前の平均値よりも高くなっているかどうかを判断します。変化がなかったとする帰無仮説、高くなったとする対立仮説を立てます。高くなったかどうかを判定したいので、片側検定を用います。

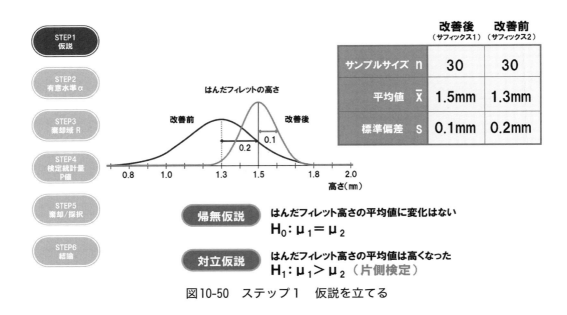

図10-50　ステップ1　仮説を立てる

➢ステップ2

有意水準を決めましょう。有意水準 α は、0.05を使用します。

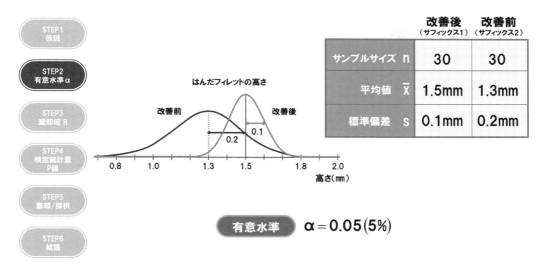

図10-51　ステップ2　有意水準 α

➢ステップ3

棄却域を設定しましょう。

母平均の差の検定（2サンプル）で、母集団の標準偏差が分かっていないので、この検定統計量は t 分布に従います。片側検定を用いますので、棄却域は有意水準と同じ0.05です。

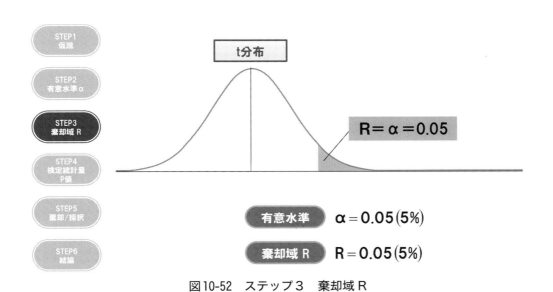

図10-52　ステップ3　棄却域R

➢ステップ4

検定統計量、P値を計算してみましょう。検定統計量は分散が等しくない場合ですので、Welchのt検定となります。これは難しい式が並んでいますが、t分布の自由度を調整しているものでWelchの功績によるものです。条件に合わせて計算すると4.89になります。このときの有意確率P値は0に近い小さな値です。

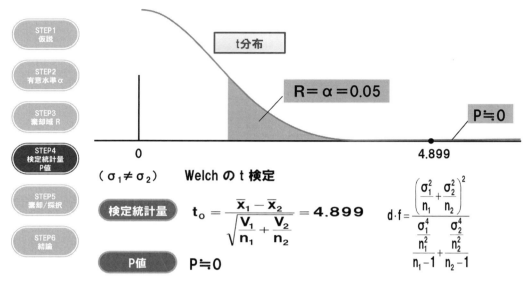

図10-53　ステップ4　検定統計量、P値

➢ステップ5

P値と棄却域Rを比較して、どちらの仮説を採択するかを判断しましょう。

P値が棄却域Rに比べて小さな値になりましたので、変化がなかったとする帰無仮説を棄却し、高くなったとする対立仮説を採択します。

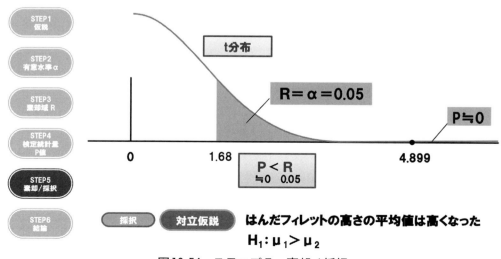

図10-54　ステップ5　棄却／採択

➤最後にステップ６

結論として、検定の結果、明らかにフィレットの高さの平均値が高くなったと言えるし、それははんだづけ条件を変更した効果が表れたためだと考えられます。

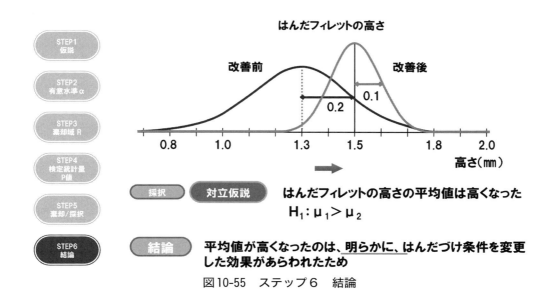

図10-55　ステップ６　結論

Excelでは図10-56のようになります。

図10-56　t検定：分散が等しくないと仮定した２標本の検定

5．対応のあるデータ、対応のないデータ

第９章から出てくる検定の全体像“MAP”、“検定ナビ”の中に書かれている「データに対応がある場合」、「データに対応がない場合」について説明します。

通常私達が扱う２サンプルのデータはデータに対応がない場合が一般的です。

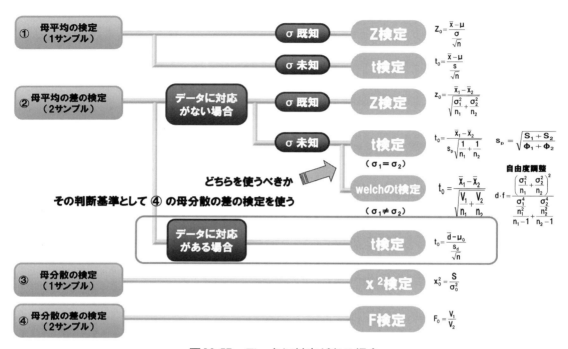

図10-57　データに対応がある場合

ある薬を投与して30分後に体温を測定したとき、投与前と投与後の体温に差があるかどうかを調べた。

10人をランダムに選び下表のデータを得た。考察しなさい。

投与後	投与前	差
37.9	38.5	−0.6
35.1	39.3	−4.2
37	37.1	−0.1
36.6	37.5	−0.9
38.6	39.6	−1
36	35.4	0.6
39.2	39.7	−0.5
34.9	34.5	0.4
36.2	36.5	−0.3
35.5	36.3	−0.8
	平均	−0.74
	標準偏差	1.326817

t_0= −1.76368

P= 0.111613

帰無仮説
：平均値の差は無い

δ_0= 0

t−検定：一対の標本による平均の検定ツール

	投与後	投与前
平均	36.7	37.44
分散	2.153333	3.273778
観測数	10	10
ピアソン相	0.690496	
仮説平均と	0	
自由度	9	
t	−1.76368	
P(T<=t) 片	0.055806	
t 境界値 片	1.833113	
P(T<=t) 両	0.111613	
t 境界値 両	2.262157	

薬の投与による、体温の平均値の差があるとは言えない

図10-58　データに対応がある場合の平均値の差の検定

"対応がある"というのは特別なことを意味しています。例えば同じサンプルに対して"薬"の服用前・服用後でのデータをとった場合など、サンプル同士に対応があると考える場合です（図10-58）【付属CD Ch-10-2】。

　以上第1節で平均値の検定（1サンプル）、第2節で平均値の差の検定（2サンプル）について学んできました。
　計量値の検定には、大きく分けると4つの種類があります。全体像を整理し、確認をしてみましょう。検定によっては、基準となる母集団の標準偏差 σ が既知か未知かで方法が変わってきます。"何をどう検定したいのか"を判断する場合には、この一覧表、検定ナビを参考にして、適切な検定方法を選んでください。

第11章　母分散の検定

第1節　母分散の検定（1サンプル）

1．母分散の検定（1サンプル）

　改善の効果によって、母集団の標準偏差が、基準となる標準偏差に対して統計的に意味のある変化をしたかどうかを見る「母分散の検定（1サンプル）」について例を通して学んでいきましょう。

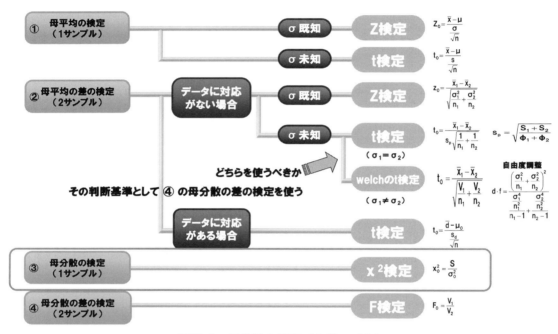

図11-1　母分散の検定（1サンプル）

　事例を通して学んでいきましょう。
　ある製品の重量のバラツキを小さくするために、改善チームで製造ラインの改善活動を行いました。改善前の標準偏差は30gでしたが、改善後に40サンプルを抽出した結果、図11-2のような値が得られました。改善チームの活動によって、重量のバラツキが小さくなったと判断してよいでしょうか？

➤まず初めにステップ1
　仮説を立てましょう。ここでは、改善後の重量の標準偏差が改善前の標準偏差よりも小さくなったかどうかを判断します。標準偏差に変化がなかったとする帰無仮説、標準偏差が小さくなったとする対立仮説を立てます。バラツキは通常、小さくなったかどうかを判断するので、標準偏差が検定対象の場合、対立仮説は左側の片側検定になります。

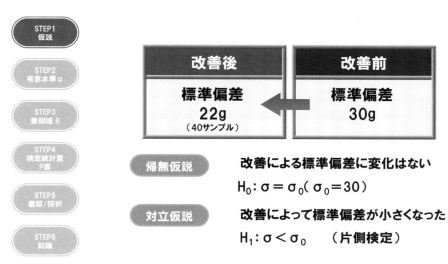

図11-2　ステップ1　仮説を立てる

➢ステップ2
有意水準を決めましょう。
有意水準 α は、0.05 を使用します。

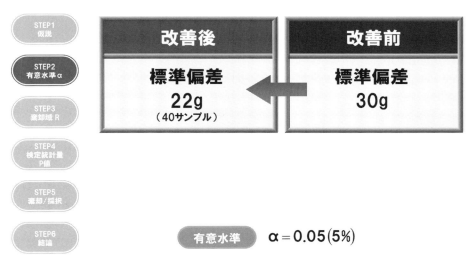

図11-3　ステップ2　有意水準 α

➢ステップ3
棄却域を設定しましょう。
　母分散の検定（1サンプル）なので、この検定統計量は χ^2 分布に従います。バラツキが小さくなったかどうかを検定するので、片側の左側検定を用います。従って、棄却域 R は有意水準と同じ 0.05 です。

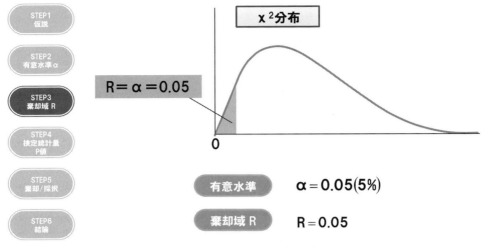

図11-4　ステップ3　棄却域R

➢ステップ4
　検定統計量、P値を計算してみましょう。検定統計量はこの式で表されますので、20.97になります。この時の有意確率P値は0.008です。

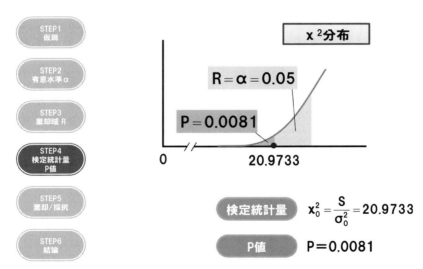

図11-5　ステップ4　検定統計量、P値

➢ステップ5
　P値と棄却域Rを比較して、どちらの仮説を採択するかを判断しましょう。
　P値が棄却域Rに比べて小さな値になりましたので、標準偏差に変化がなかったとする帰無仮説を棄却し、小さくなったとする対立仮説を採択します。

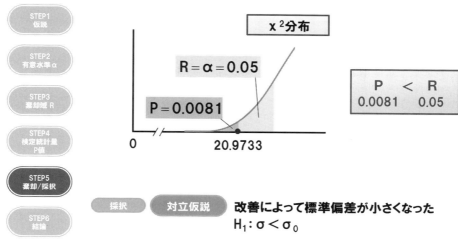

図11-6　ステップ5　棄却 / 採択

➤最後にステップ6

結論は、検定の結果、バラツキが小さくなったのは、改善チームの活動で製造ラインを変更したため、と判断できる、ということになります。

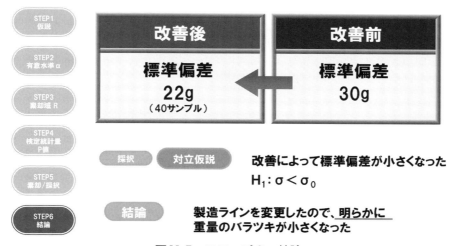

図11-7　ステップ6　結論

Excel の関数 "fx"⇒"統計"⇒"CHISQ.DIST" で検定統計量、P 値が求められます【付属CD Ch-11-1】。

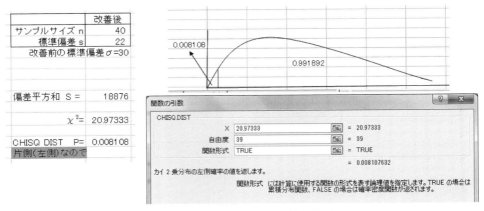

図11-8 CHISQ.DIST で P 値を求める

ここで演習問題です【付属 CD Ch-11-1】。

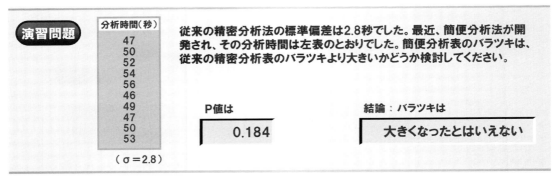

図11-9 演習問題 母分散の検定（1サンプル）

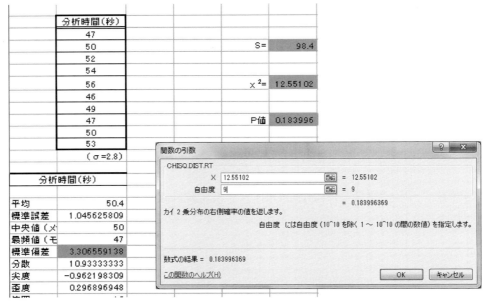

図11-10 CHISQ.DIST.RT で右側確率を求める

第2節 母分散の差の検定（2サンプル）

1. 母分散の差の検定（2サンプル）

ここでは、2つのサンプルの分散を用いて、2つの母集団に統計的な違いがあるかどうかを検定する、「母分散の差の検定（2サンプル）」を、例を通して学んでいきましょう。

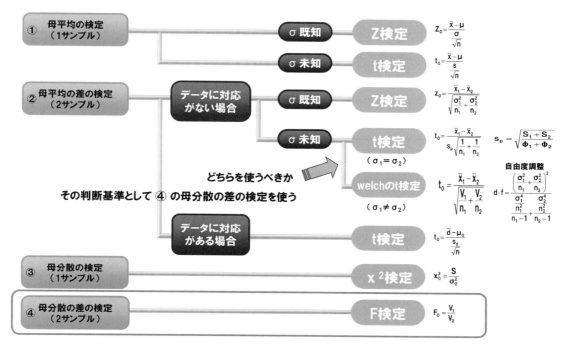

図11-11　母分散の差の検定（2サンプル）

顧客満足度を向上させるために、Customer Information Centerでプロジェクトを発足し、E-Mailでのお問い合わせに対する返信作成時間のバラツキを小さくする改善を行いました。改善前と改善後でそれぞれ30サンプルを抽出した結果、標準偏差は図11-12のような値であることが分かりました。改善活動の効果で、返信作成時間の標準偏差が小さくなったと考えてよいでしょうか？

➤まず初めにステップ1
仮説を立てましょう。

ここでは、改善後の返信作成時間の標準偏差が、改善前の標準偏差よりも小さくなったかどうかを判断します。標準偏差に変化がないとする帰無仮説と、標準偏差が小さくなったとする対立仮説を立てます。バラツキが小さくなったかどうかを検定するので、片側検定、左側を用います。

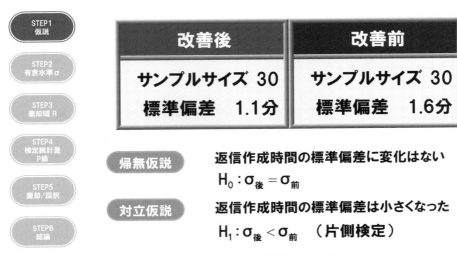

図11-12　ステップ1　仮説を立てる

➢ステップ2
有意水準を決めましょう。
有意水準αは、0.05を使用します。

図11-13　ステップ2　有意水準α

➢ステップ3
棄却域を設定しましょう。
　母分散の差の検定（2サンプル）では、検定統計量はF分布に従います。ここでは、標準偏差が小さくなったかどうかを判定する片側の左側検定ですので、棄却域Rは有意水準と同じ0.05です。

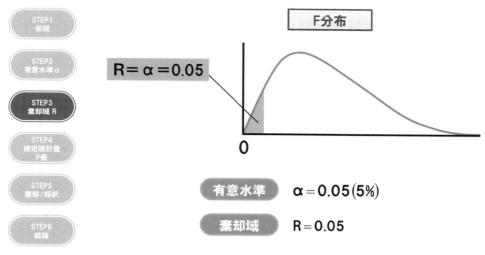

図11-14　ステップ3　棄却域R

➢ステップ4

検定統計量、P値を計算してみましょう。

検定統計量は図11-15の式で表されますので、条件に合わせて0.47になります。このときの有意確率P値は0.024です。

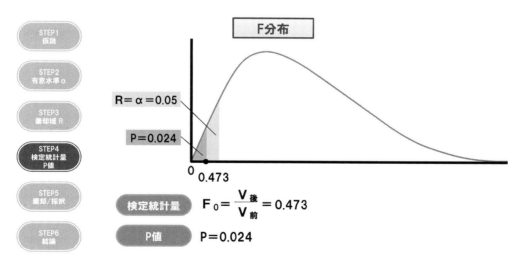

図11-15　ステップ4　検定統計量、P値

➢ステップ5

P値と棄却域Rを比較して、どちらの仮説を採択するかを判断しましょう。

P値が棄却域Rに比べて小さな値になりましたので、帰無仮説を棄却し、小さくなったとする対立仮説を採択します。

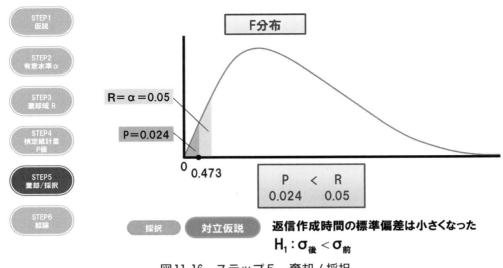

図11-16　ステップ5　棄却/採択

➢最後にステップ6

結論として、検定の結果、返信作成時間の標準偏差は小さくなったと言えます。これはプロジェクト活動の成果によるものだと考えられます。

図11-17　ステップ6　結論

通常、この種の問題はデータそのものがあるという前提で、Excelの"データ"⇒"データ分析"⇒"F検定：2つの標本を使った分散の検定"を使います。でも、この場合は生データはなく、標準偏差しか示されていないのでExcelのデータ分析のF検定機能をそのまま使うことはできず、手計算になります。但し、関数のF.DISTからP値を求めることはできます【付属CD Ch-11-2】。

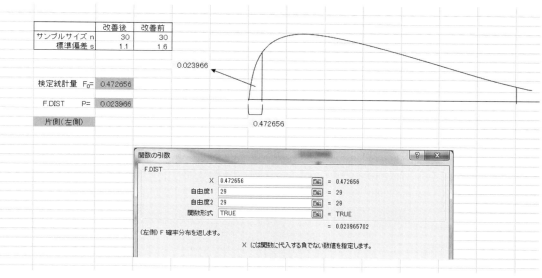

図11-18　Excel による計算

ここで演習問題です。

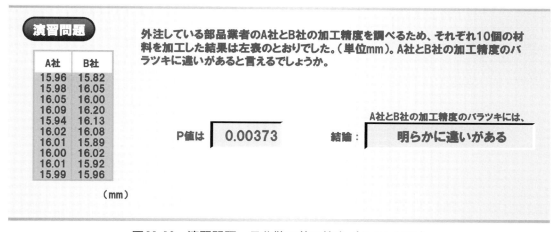

図11-19　演習問題　母分散の差の検定（2サンプル）

この場合は、生データですので、Excel の"データ"⇒"データ分析"⇒"F 検定：2標本を使った分散の検定"を使うことができます【付属 CD Ch-11-2】。

データ → データ分析 → F検定：2標本を使った分散の検定

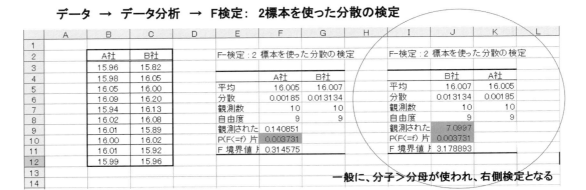

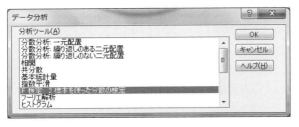

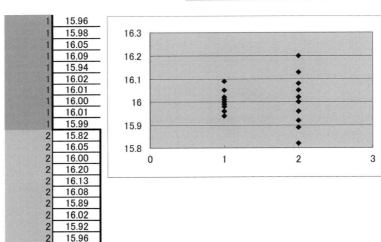

図11-20　F検定：2標本を使った分散の検定

第12章　検定・推定　現実的な問題

ここでは、今まで学習した検定と推定の知識を活かして、私達の身の回りにある現実的な問題にどのように対処するのか、例題を通して復習することにします。

まず、次のような4つの例題を考えてみましょう。

第1節　復習問題

例題1　母平均の検定　母標準偏差が分かっている場合

ある機械部品の製造工程からサンプルを9個取り、折れ強度を測定したところ、測定値の平均値は 31.5kg となった。 従来、この製造工程の折れ強度は 30.0kg であった。

① 現在のこの製造工程の折れ強度の母平均は 30.0kg といえるかどうか。

② いえない場合、その母平均はどの範囲にあるか　区間推定しなさい。

なお、折れ強度の母標準偏差は 1.2kg であることが分かっている。　σ既知

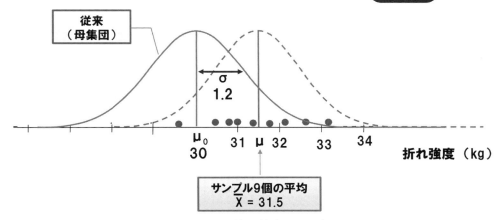

図12-1　母平均の検定　σ既知

例題2　母平均の検定　母標準偏差が分かっていない場合

今までにA社から納入された部品の引っ張り強さの平均値は 76.70kg/cm² であった。（kg/cm²）
最近、部品を強化する開発が進み試作品の引っ張り強さは次の通りである。

① 試作品の引っ張り強さは増したといえるかどうか検討しなさい。
② 増したとするとその範囲はどのくらいか区間推定しなさい。

74.5
81.2
79.8
82
76.3
75.7
80.2
77.6
77.9
82.8

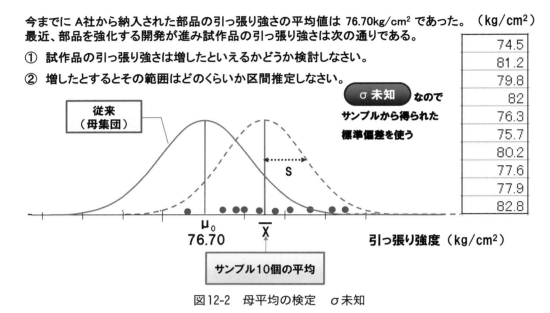

図12-2　母平均の検定　σ未知

例題3　母分散の検定

ある工場の分析室で薬品の成分を分析している。従来の分析誤差は標準偏差 0.053 であり、この薬品の分析誤差としては大きすぎることが調査の結果問題となった。そこで分析方法を検討した結果、誤差が小さくなると思われる方法が見つかった。早速その分析方法で実験した結果、次のようなデータを得た。

この結果から分析誤差が小さくなったといえるかどうか検討しなさい。
また小さくなったとしたら、新しい分析誤差（標準偏差）を推定しなさい。

0.44
0.36
0.38
0.41
0.4
0.35
0.38
0.4
0.42
0.39
0.37
0.44

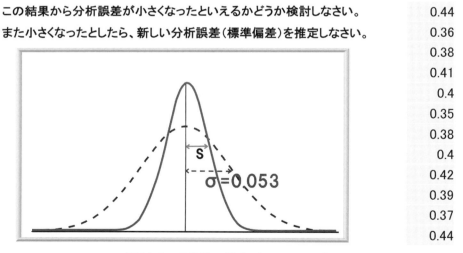

図12-3　母分散の検定（1サンプル）

例題4　母分散の差の検定

A材質で11個、B材質で11個　部品をつくり強度を測定した結果、次のデータを得た。
この結果からA材質とB材質では、強度のバラツキに違いがあるかどうか検討しなさい。

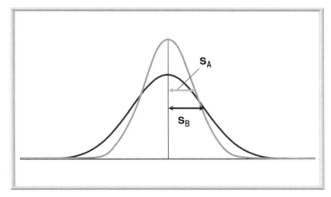

材質強度

A	B
42	43
44.4	41.8
41.8	40.5
43.2	42.2
41.7	42.6
42.5	40.8
43	41.3
41.1	43.1
40.9	41.4
43.6	43.7
42.1	43.3

図12-4　母分散の差の検定（2サンプル）

以上の復習問題に対し、例題1、例題2は第12章第2節-1で、例題3、例題4は第12章第2節-2に解答手順を示しておくので仮説の立て方、手順、計算等々この章でおさらいしてください。

第2節　復習問題の解答

1．平均値の検定・推定

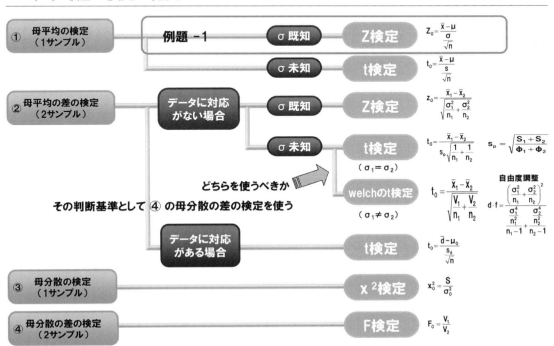

図12-5　平均値の検定　σ既知

例題1　母平均の検定　母標準偏差が分かっている場合【付属CD Ch-12】

ある機械部品の製造工程からサンプルを9個取り、折れ強度を測定したところ、測定値の平均値は31.5kgとなった。従来、この製造工程の折れ強度は30.0kgであった。

① 現在のこの製造工程の折れ強度の母平均は30.0kgといえるかどうか。

② いえない場合、その母平均はどの範囲にあるか　区間推定しなさい。

なお、折れ強度の母標準偏差は1.2kgであることが分かっている。

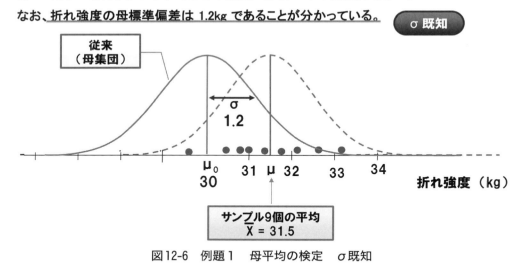

図12-6　例題1　母平均の検定　σ既知

➢ステップ1　仮説を立てる

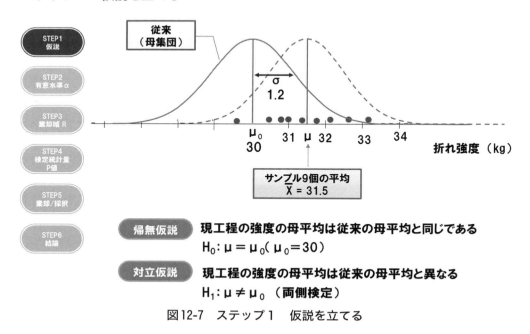

図12-7　ステップ1　仮説を立てる

➤ステップ2　有意水準α

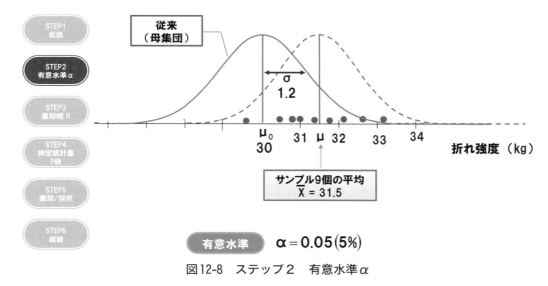

図12-8　ステップ2　有意水準α

➤ステップ3　棄却域R

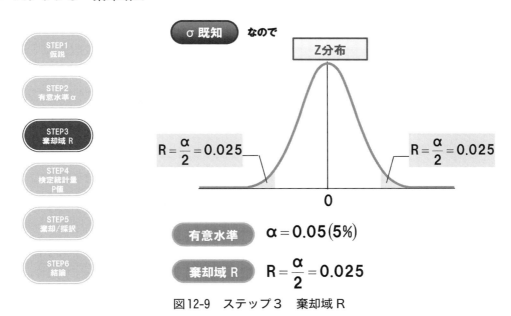

図12-9　ステップ3　棄却域R

➤ステップ４　検定統計量、P値

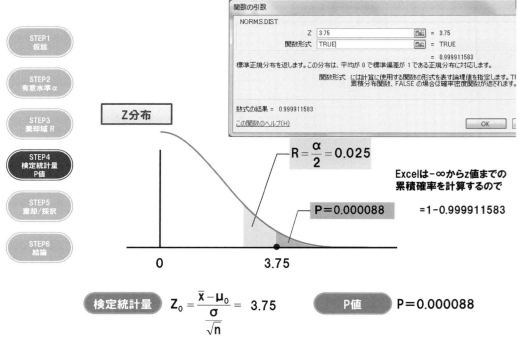

図12-10　ステップ４　検定統計量、P値

➤ステップ５　棄却／採択

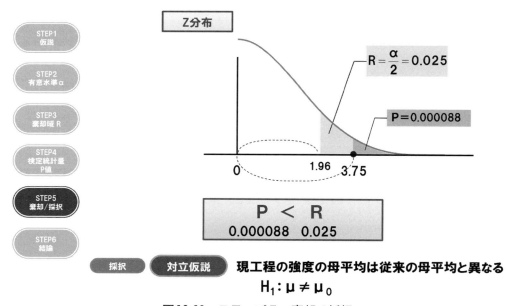

図12-11　ステップ５　棄却／採択

➤ステップ6　結論

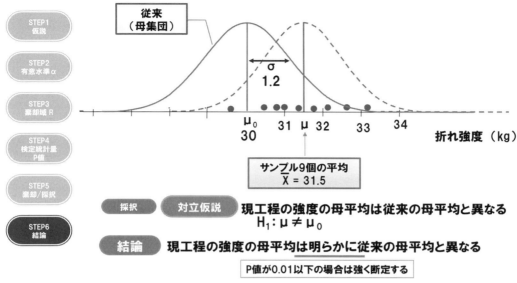

図12-12　ステップ6　結論

　現工程の強度の母平均は明らかに従来の母平均と異なるという結論が得られましたが、では、その強度の母平均はどのくらいの範囲にあるのでしょうか。

➤ステップ7
ここで区間推定を行います。

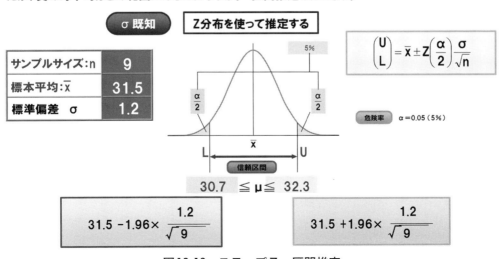

図12-13　ステップ7　区間推定

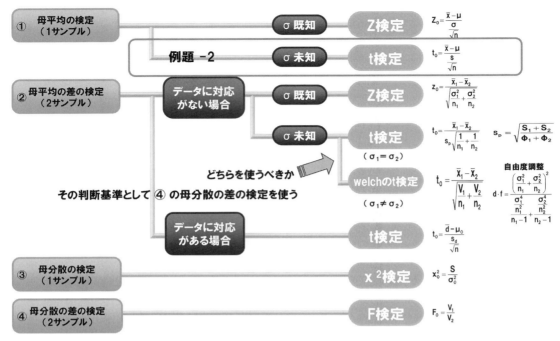

図12-14　平均値の検定　σの未知

例題2　母平均の検定　母標準偏差が分かっていない場合【付属CD Ch-12】

今までにA社から納入された部品の引っ張り強さの平均値は 76.70kg/cm² であった。（kg/cm²）
最近、部品を強化する開発が進み試作品の引っ張り強さは次の通りである。

① 試作品の引っ張り強さは増したといえるかどうか検討しなさい。
② 増したとするとその範囲はどのくらいか区間推定しなさい。

74.5
81.2
79.8
82
76.3
75.7
80.2
77.6
77.9
82.3

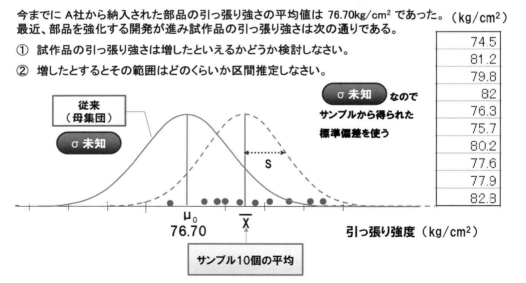

図12-15　例題2　母平均の検定　σ未知

➢ステップ1　仮説を立てる

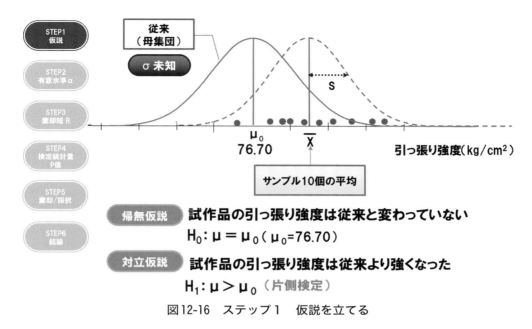

図12-16　ステップ1　仮説を立てる

➢ステップ2　有意水準α

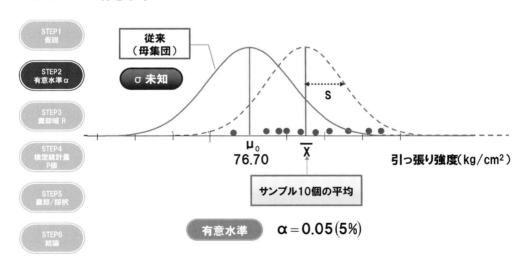

図12-17　ステップ2　有意水準α

➤ステップ３　棄却域 R

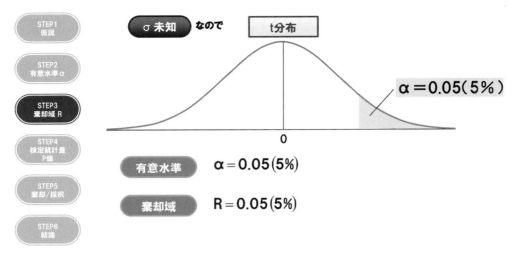

図12-18　ステップ３　棄却域 R

➤ステップ４　検定統計量、P値

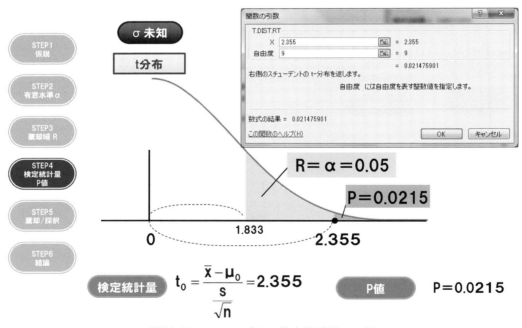

図12-19　ステップ４　検定統計量、P値

➤ステップ5　棄却/採択

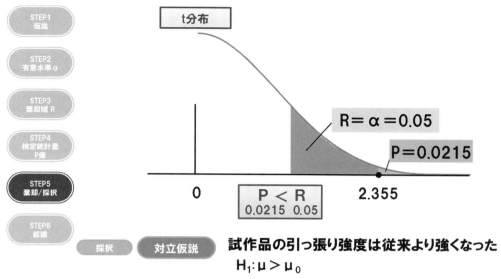

図12-20　ステップ5　棄却/採択

➤ステップ6　結論

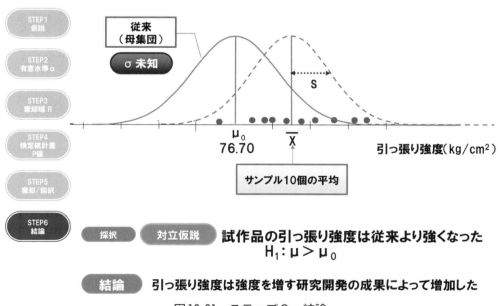

図12-21　ステップ6　結論

➢ステップ7　区間推定

仮説検定の結果、対立仮説が採択され、「試作品の引っ張り強度の母平均は従来の強度より増した」という結論が得られた。点推定では、母平均の推定値は　$\mu = \bar{x} = 78.80$ kg/cm²

だが、真の母平均はどの範囲にあるのだろうか。
区間推定をおこなう。

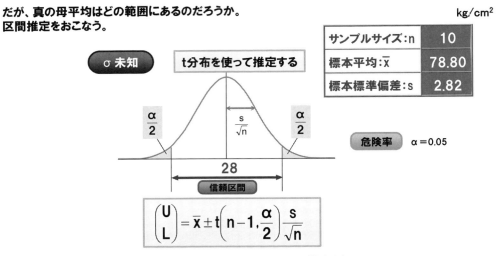

図12-22　ステップ7　区間推定(1)

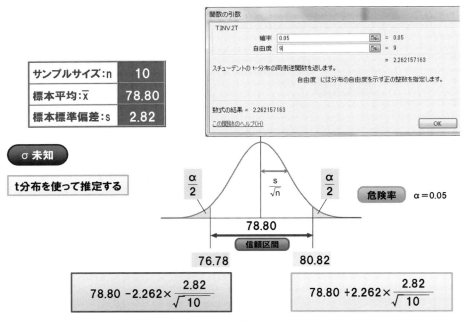

図12-23　ステップ7　区間推定(2)

2. 母分散の検定・推定　母分散の差の検定

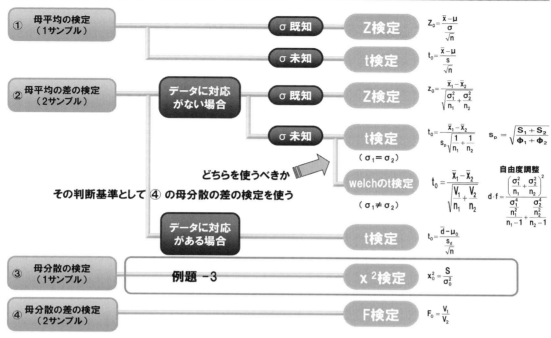

図12-24　母分散の検定

例題3　母分散の検定【付属CD Ch-12】

ある工場の分析室で薬品の成分を分析している。従来の分析誤差は標準偏差 0.053 であり、この薬品の分析誤差としては大きすぎることが調査の結果問題となった。そこで分析方法を検討した結果、誤差が小さくなると思われる方法が見つかった。早速その分析方法で実験した結果、次のようなデータを得た。

この結果から分析誤差が小さくなったといえるかどうか検討しなさい。

また小さくなったとしたら、新しい分析誤差（標準偏差）を推定しなさい。

0.44
0.36
0.38
0.41
0.4
0.35
0.38
0.4
0.42
0.39
0.37
0.44

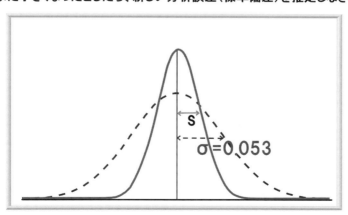

図12-25　例題3　母分散の検定（1サンプル）

➢ステップ1　仮説を立てる

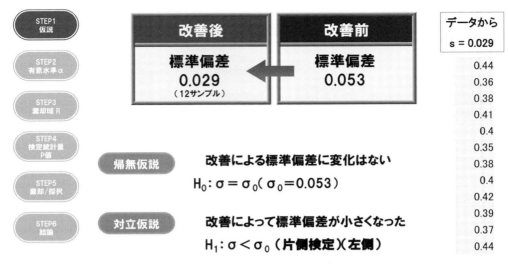

図12-26　ステップ1　仮説を立てる

➢ステップ2　有意水準α

図12-27　ステップ2　有意水準α

➢ステップ3　棄却域R

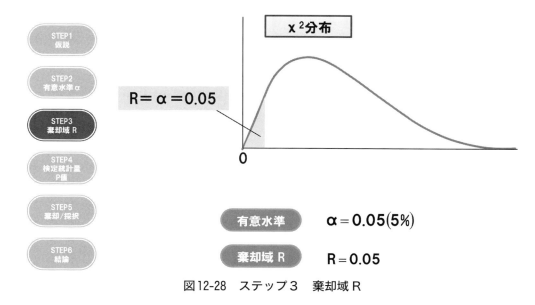

図12-28　ステップ3　棄却域R

➢ステップ4　検定統計量、P値

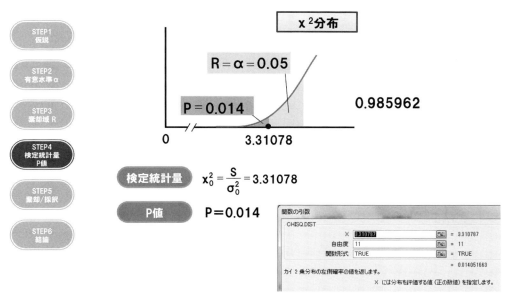

図12-29　ステップ4　検定統計量、P値

➢ステップ5　棄却/採択

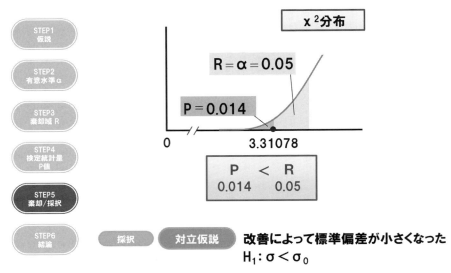

図12-30　ステップ5　棄却/採択

➢ステップ6　結論

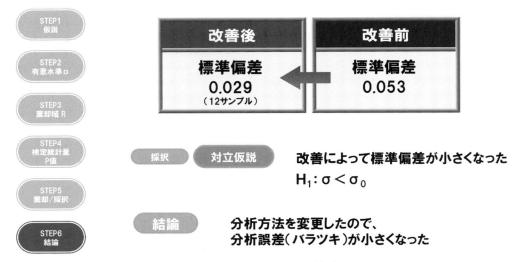

図12-31　ステップ6　結論

➢ステップ7　区間推定

新しい分析方法での分析データ12個から、この分析方法の分析誤差（バラツキ）母標準偏差を区間推定してみましょう。

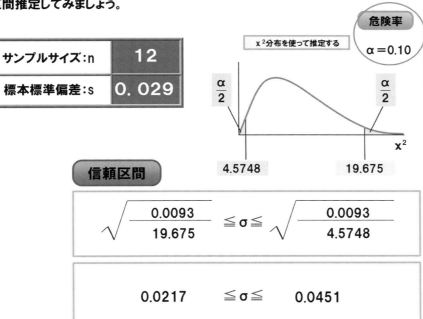

図12-32　ステップ7　区間推定(1)

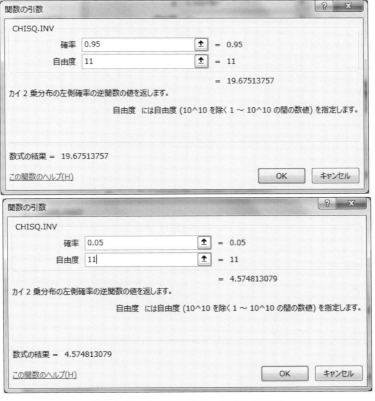

図12-33　ステップ7　区間推定(2)

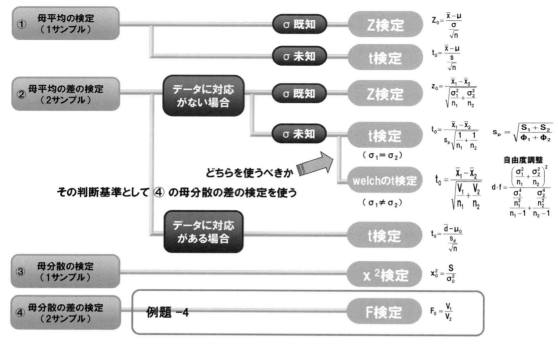

図12-34 母分散の差の検定

例題4　母分散の差の検定【付属CD Ch-12】

A材質で11個、B材質で11個　部品をつくり強度を測定した結果、次のデータを得た。
この結果からA材質とB材質では、強度のバラツキに違いがあるかどうか検討しなさい。

材質強度

A	B
42	43
44.4	41.8
41.8	40.5
43.2	42.2
41.7	42.6
42.5	40.8
43	41.3
41.1	43.1
40.9	41.4
43.6	43.7
42.1	43.3

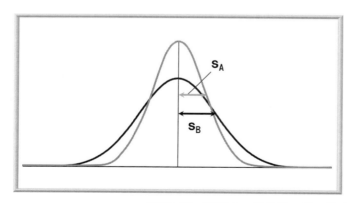

図12-35　例題4　母分散の差の検定

➢ ステップ 1　仮説を立てる

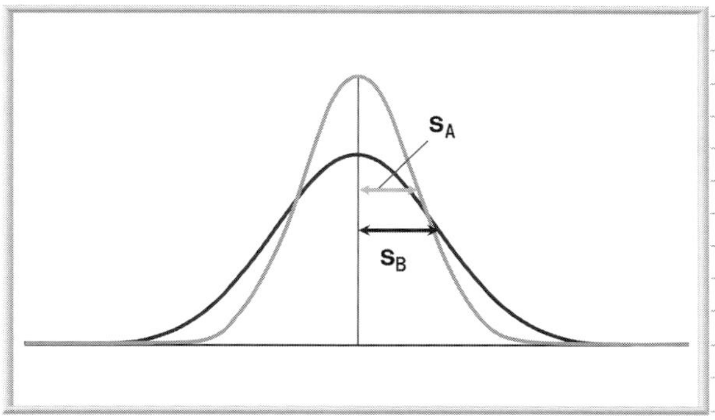

材質強度	
A	B
42	43
44.4	41.8
41.8	40.5
43.2	42.2
41.7	42.6
42.5	40.8
43	41.3
41.1	43.1
40.9	41.4
43.6	43.7
42.1	43.3

帰無仮説　A材質とB材質の強度のバラツキはない

$$H_0 : \sigma_A = \sigma_B$$

対立仮説　A材質とB材質の強度のバラツキに違いがある

$$H_1 : \sigma_A \neq \sigma_B \quad （両側検定）$$

図12-36　ステップ1　仮説を立てる

➢ ステップ 2　有意水準 α

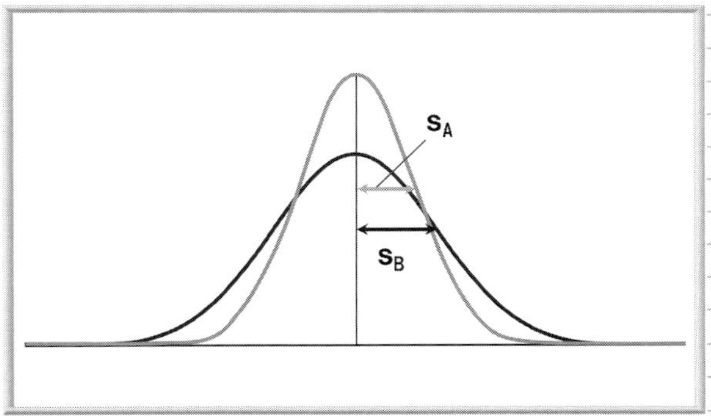

材質強度	
A	B
42	43
44.4	41.8
41.8	40.5
43.2	42.2
41.7	42.6
42.5	40.8
43	41.3
41.1	43.1
40.9	41.4
43.6	43.7
42.1	43.3

有意水準　$\alpha = 0.05 (5\%)$

図12-37　ステップ2　有意水準 α

➢ステップ3　棄却域R

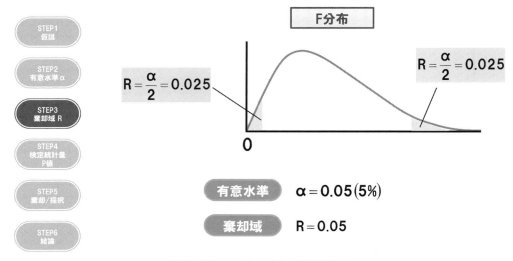

図12-38　ステップ3　棄却域R

➢ステップ4　検定統計量、P値

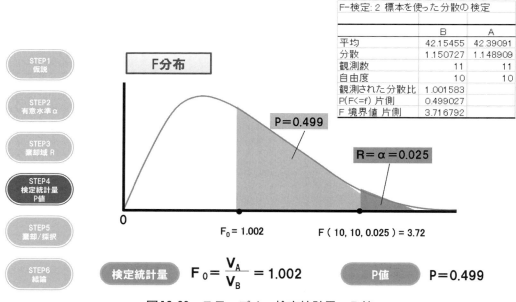

図12-39　ステップ4　検定統計量、P値

➢ ステップ5　棄却 / 採択

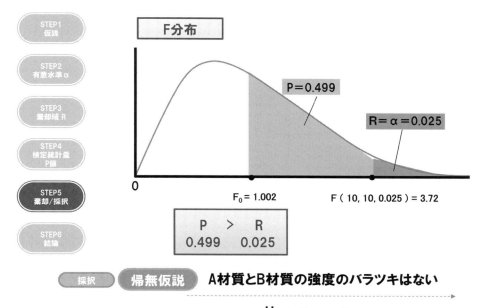

図12-40　ステップ5　棄却 / 採択

➢ ステップ6　結論

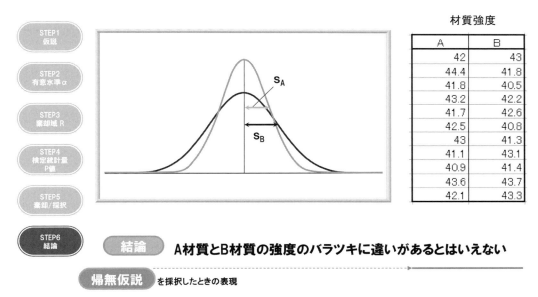

図12-41　ステップ6　結論

第13章 相関と単回帰

ここでは、2つの要因間の因果関係を知るために使うツール"散布図""単相関係数""回帰式"について学んでいきます。

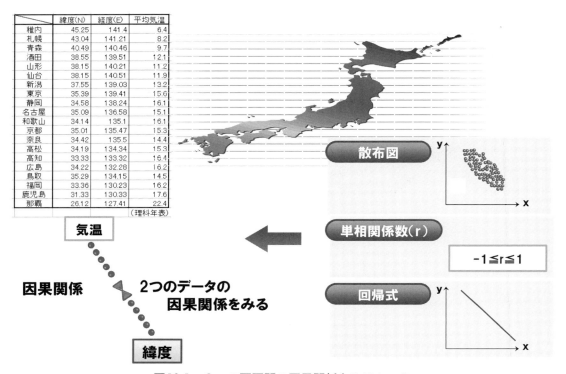

図13-1　2つの要因間の因果関係をみるツール

1. 散布図

図13-2に示したのは、小学校の理科の教科書に出てくる日本の代表的な都市名と緯度（N）、経度（E）、と平均気温を表した表です。さらに、その対になったデータをグラフ上にプロットした散布図です。併せて、これらの数値を両者の直線的な関係として表した指標、"単相関係数"rを相関行列として表しています。この値は必ず-1から1の間を取ります。

ここでは、要因間の因果関係をみる3つのツールのうち、"散布図"を実際にExcelで描いてみましょう。これはExcelの"データ"⇒"データ分析"⇒"相関"に対象となる範囲をインプットすると相関行列として表されます【付属CD Ch-13】。

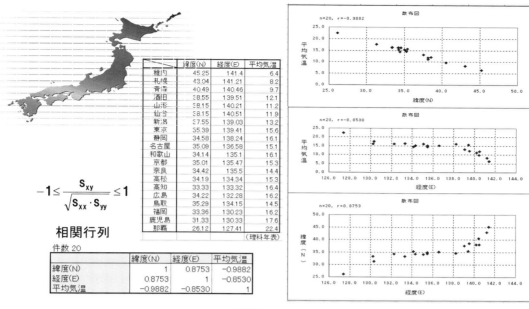

図13-2　散布図と相関行列

2．単相関係数

図13-2の相関行列は Excel の"データ"⇒"データ分析"⇒"相関"に対象となる範囲をインプットし相関行列として表したものです。単相関係数のしくみを理解しましょう。ここでは、単相関係数のしくみについて学んでいきます。

ここに、x軸とy軸をとり、データをプロットした散布図があります。
xとyそれぞれの平均値で線を引くと、ⅠからⅣの4つの象限ができます。

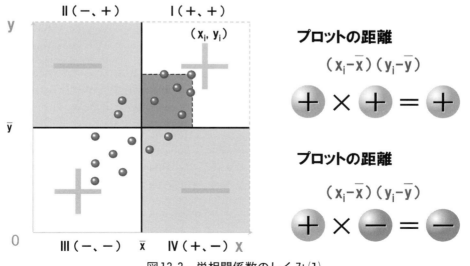

図13-3　単相関係数のしくみ(1)

まず第Ⅰ象限にあるこのプロットについて見てみましょう。
　この距離を掛け算すると面積が求められ、その符号はプラスになります。同じように、第Ⅱ、Ⅳ象限のプロットの面積を計算するとその符号はマイナスになります。全てのプロットについて、このように計算した面積を全て足したものを"偏差積和"と呼びます。そしてこの値がプラスかマイナスかを見ています。この値を使いやすいように、取り得る最大値で割り、−1から1の間の値に直したものが"単相関係数"です。従ってrの値は必ず$-1 \leq r \leq 1$の間を取ります。
　単を省いて"相関係数"という場合もありますので、以後併用します。

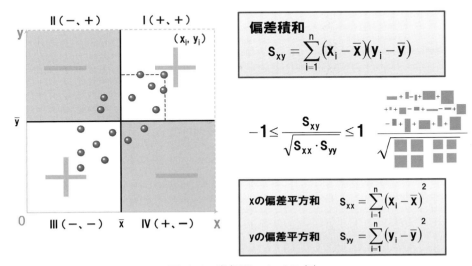

図13-4　単相関のしくみ(2)

　単相関係数の読み方とその注意点を理解しましょう。単相関係数とは、2つの変数間のバラツキ度合いをどれくらい直線で示すことができるかを表す指標です。ここでは、単相関係数の読み方について学んでいきます。

　図13-5は、いずれも単相関を表しています。rで表されているのが、単相関係数です。右肩上がりの直線①は単相関係数は1で、"完全な正の相関"を示しています。右肩下がりの直線②は単相関係数は−1で、"完全な負の相関"を示しています。③は、0.7又は0.8のレベルで"正の相関"を示しています。④は、単相関係数−0.7又は−0.8のレベルで、"負の相関"を示しています。⑤では、どこにも直線関係を当てはめることができないので単相関係数＝0で、"無相関"と言えます。⑥でも、直線的な相関関係がないので単相関係数は0です。単相関係数は、0.7以上で"相関あり"、0.9以上で"強い相関あり"と判断します。
　Excelでの相関行列の求め方を図13-6に示します。

　今までは、単相関係数の数字の読み方について学んできました。しかし、単相関係数を見るときは数字だけでなく、散布図と合わせて見る必要があります。ここではその必要性について理解しましょう。

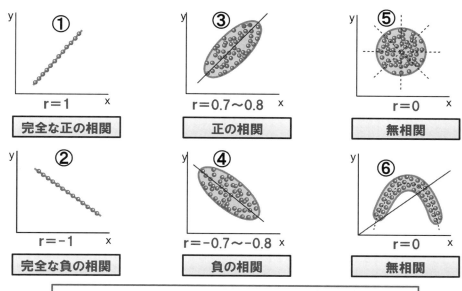

図13-5　単相関係数の読み方

図13-6　Excelでの相関行列の出し方

図13-7に、4つの散布図があります。皆さんはこれらの図を見てどんなことに気づきますか？　単相関係数は、いずれも0.816を示しています。しかしデータのバラツキ度合いはまったく違います。この例から分かるように、データを正しく判断するには、単相関係数は散布図と合わせて見る必要があります。皆さんもこのことを常に意識しておきましょう【付属CD Ch-13】。

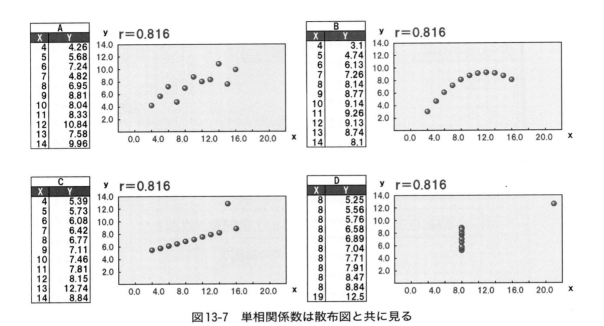

図13-7　単相関係数は散布図と共に見る

3．層別散布図

　層別散布図について学びます。
　データの層別が不十分で、性質の異なるデータが混在しているデータでも散布図、相関係数はそれらに忠実にその姿や数値を表示します。これはツールが悪いのではなく、私達が質の悪いデータを層別せずにドンブリで扱っているからです。これはデータ解析以前の問題です。ですから、層別してデータを区別したら散布図も相関係数も意味を持ってきます【付属CD Ch-13】。

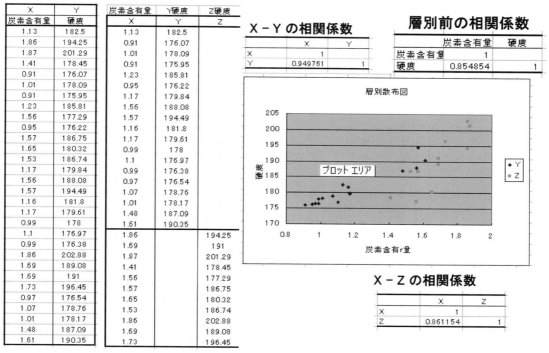

図13-8 層別散布図

4．擬似相関

因果関係と相関関係について学び、擬似相関とは何かを理解しましょう。

ここでは、因果関係と相関関係から、データを判断する方法を学びます。因果関係があり、相関関係がある場合が、ごく自然なケースです。因果関係がなく、相関関係がない場合も、自然なケースです。しかし、因果関係はあるが、相関関係がない場合もあります。特に、私達が気をつけなくてはいけないのは、因果関係がないのに、相関関係がある場合です。このようなケースを"擬似相関"と呼びます。

実際に、例を使って"擬似相関"についてくわしく見ていきましょう。ここに、朝食と学力の深い関係に関する文部科学省の調査結果があります（図13-10）。興味深いのは「朝食とる子は成績が良い」というくだりです。確かに、示されたグラフからも朝食をとる子は5教科すべてで成績も良いのです

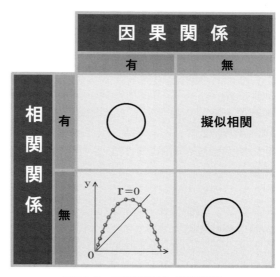

図13-9 因果関係と相関関係

から相関係数も高い値を示すことでしょう。朝食を欠かさずとれば、成績が良くなるということでしょうか。果たしてそう判断して良いのでしょうか？　皆さんはどう思いますか？

そんなことありませんよね。この背景には第3の因子として「家庭環境」があり、家庭環境が良いから朝食も欠かさずとれるということなのですが、大切なのは家庭環境が良いから学習時間をとることができ、結果成績が良くなるということです。

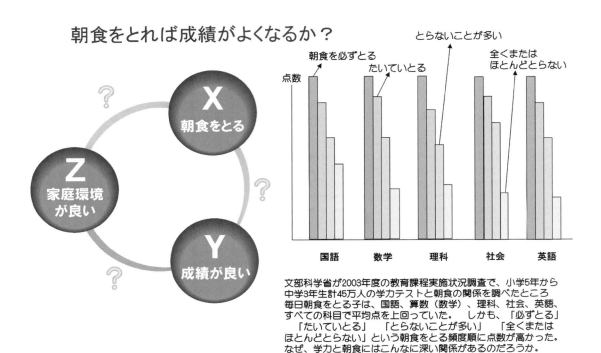

図13-10　擬似相関の事例

このように、統計的には相関関係があっても因果関係がない場合を"擬似相関"と言います。では、本当に朝食を欠かさずとるということと成績には統計的な相関関係があるのでしょうか？　そこで使うのが、この"偏相関係数"です。家庭環境という第3の因子Zとの関係を除いた朝食をとるXと成績Yの偏相関係数を、この式を使って求めます（図13-11）（X = 1, Y = 2, Z = 3）。朝食をとる子は成績が良いという話題では定性的な話で具体的な要因間の相関係数が明示されていませんので、偏相関係数を計算することができず定性的な判断に終わってしまいます。

そこで、冒頭で使った例（図13-2）を見てみると、緯度（N）と平均気温の相関係数は高い値で意味を持ちますが経度（E）と平均気温の相関係数も高い値になっています。これって本当でしょうか（図13-11右）。偏相関係数を計算してみると、Xを除いたYとZの偏相関係数は、0.16と低い値になりました（図13-12）。

この計算はExcelで数学の逆行列を使って求めることができます（図13-13）【付属CD Ch-13】。

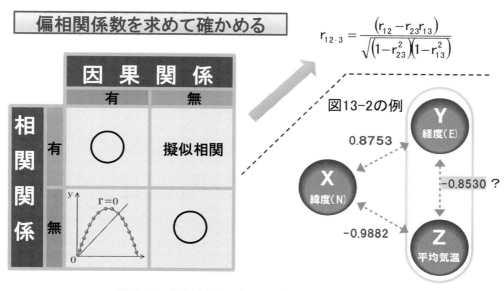

図13-11 擬似相関かどうかを偏相関係数で調べる

	緯度(N)	経度(E)	平均気温
稚内	45.25	141.4	6.4
札幌	43.04	141.21	8.2
青森	40.49	140.46	9.7
酒田	38.55	139.51	12.1
山形	38.15	140.21	11.2
仙台	38.15	140.51	11.9
新潟	37.55	139.03	13.2
東京	35.39	139.41	15.6
静岡	34.58	138.24	16.1
名古屋	35.09	136.58	15.1
和歌山	34.14	135.1	16.1
京都	35.01	135.47	15.3
奈良	34.42	135.5	14.4
高松	34.19	134.34	15.3
高知	33.33	133.32	16.4
広島	34.22	132.28	16.2
鳥取	35.29	134.15	14.5
福岡	33.36	130.23	16.2
鹿児島	31.33	130.33	17.6
那覇	26.12	127.41	22.4

(理科年表)

相関行列

	緯度(N)	経度(E)	平均気温
緯度(N)	1	0.875265	−0.98821
経度(E)	0.875265	1	−0.85298
平均気温	−0.98821	−0.85298	1

逆行列

	緯度(N)	経度(E)	平均気温
緯度(N)	50.99752	−6.05479	45.23144
経度(E)	−6.05479	4.389619	−2.23912
平均気温	45.23144	−2.23912	43.78805

偏相関係数

	緯度(N)	経度(E)	平均気温
緯度(N)		0.404679	−0.95717
経度(E)			0.161505
平均気温			

図13-12 Excelで偏相関係数を求める

図13-13　逆行列を使った偏相関係数の計算

　Xによって相関関係があるように見えていた関係は、Xを取り除いて考えてみると、統計的にもYとZに相関関係がないことが証明できました。

　ここで演習問題です。
　昔からよく言われてきた「コウノトリが赤ちゃんを連れてくる」もこの擬似相関の題材ですので演習してみてください【付属CD Ch-13】。

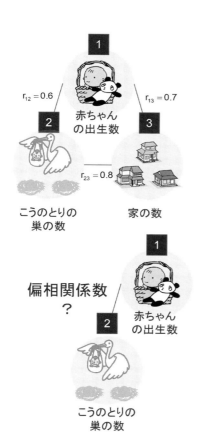

図13-14　演習問題　コウノトリが赤ちゃんを連れてくるって本当？

　このように、データを正しく判断するためには、単相関係数だけで判断するのではなく、物理的な意味も考え、因果関係を明らかにする必要があります。因果関係がない場合は、偏相関係数を確かめる必要があります。

5．単回帰

　"単回帰式"のしくみについて理解し、回帰直線の引き方を学んでいきましょう。
　"単回帰式"とは、散布図の中に示したプロットに対して当てはめられた直線を式にしたもので、どのプロットにとっても、不公平なく"残差"を小さくできる直線を"回帰直線"と呼びます。残差とは、予測した値と実際の値との隔たりのことです。その隔たりの値を全て足すと０になります。"回帰直線"は、"最小二乗法"を使って"残差平方和"が小さくなるような直線の係数を求めたものです（図13-16）。

　緯度（N）と平均気温の事例（図13-2）で散布図、単相関係数とやってきましたが、ようやく３番目の単回帰式に入ります（図13-16）。

　Excelの"データ"⇒"データ分析"⇒"回帰分析"で回帰式を求めます（図13-17）【付属CD Ch-13】。

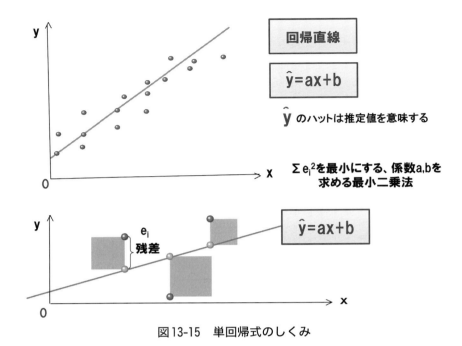

図13-15 単回帰式のしくみ

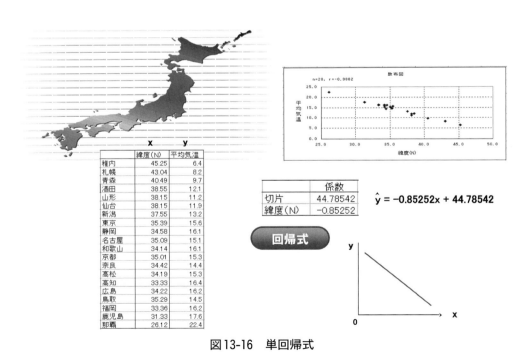

図13-16 単回帰式

図13-17　Excel のデータ分析での回帰分析

ここでは出力の係数を使い $\hat{y} = ax+b$ の回帰式をつくります。$\hat{y}$ はデータからの推定値という意味で確定値ではありません、そのため、モデル式という表現もあります。ここでは、モデル式を作るという話にとどめ、当てはまりの良さとか分散分析表の見方とかは、重複しますので後の章で学ぶ分散分析、重回帰分析に回します。

ここで演習問題です【付属 CD Ch-13】。

演習問題　添加物の量（x）と製品の収量（y）との関係を調べるために添加物の量と収量を測定しました。添加物の量（x）と製品の収量（y）の関係について考察してください。

測定	1	2	3	4	5	6	7	8	9	10
添加物の量（g）	1.4	2.0	2.6	2.6	2.7	3.2	3.7	4.0	4.1	4.1
製品の収量（g）	65	76	90	74	80	95	92	97	102	110

$$\hat{y} = 13.76\,x + 46.27$$

図13-18　演習問題　単回帰式

第14章　分散分析

1. 分散分析とは

分散分析とは何かを理解しましょう。

分散分析とは、多くの要因が結果に及ぼす影響の度合いを、バラツキという視点から分析する方法です。分散分析のことを ANOVA とも呼びます。

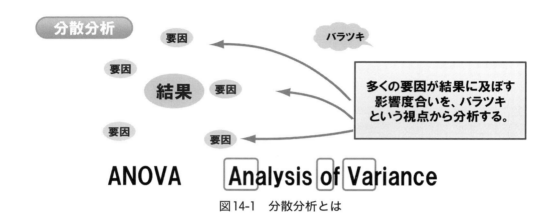

図14-1　分散分析とは

では、分散分析のしくみを理解するために、要因が1つの場合の簡単な例で考えてみましょう。

射出温度の変化が、プラスチックの引張強度に影響を与えるか、実験を行いました。射出温度のことを"因子"と呼びます。温度は80℃と120℃の2つで調べています。これを"2水準"と言います。データは3回繰り返して取っています。温度の変化によって、引張強度がどのように変化したかを表したのが、図14-2の散布図です。それぞれの温度での引張強

x＝射出温度	80℃	120℃
1回目	50	51
2回目	46	49
3回目	48	53

y＝プラスチックの引張強度（N/m²）

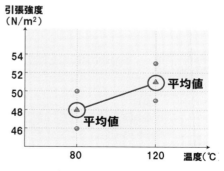

射出温度の変化が
引張強度に影響を与えているかな？

図14-2　ある事例

度の平均値は、図14-2のようになりました。皆さんは、射出温度の変化が引張強度に影響を与えていると考えますか？

2．分散分析のしくみ

このような場合、分散分析では「引張強度の変化は、温度を変えたことによるものか、同じ実験を繰り返したことによる誤差によって起こったものなのか」という考え方をします。因子、すなわち射出温度を変えたことによって引張強度が変わったことを"因子の効果"と呼びます。同じ射出温度の実験を繰り返したために生じた引張強度の変化を"誤差の効果"と呼びます。分散分析では、データのバラツキを、まず偏差平方和で表し、因子の効果と誤差の効果に分解します。

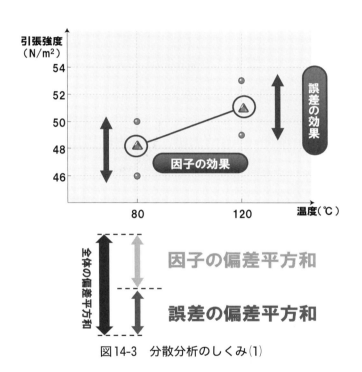

図14-3　分散分析のしくみ(1)

では、どのように分解するかを見てみましょう。まず、全体の偏差平方和を、因子の偏差平方和と誤差の偏差平方和に分解します。射出温度を変えたことによる引張強度のバラツキが大きい場合と小さい場合は、それぞれ図14-4のように表すことができます。誤差の偏差平方和に比べて因子の偏差平方和が大きい場合は、因子の効果があると考えられます。

次に、誤差の効果に比べて因子の効果がどのくらい影響を与えているのかを調べるために、それぞれの偏差平方和を分散で表して比較します。分散に置き換えるのは、偏差平方和そのものではデータの数に左右されるので同じ条件で比較できるようにするためです。比較する方法は、分散の差の検定である"F検定"を使います（図14-5）。

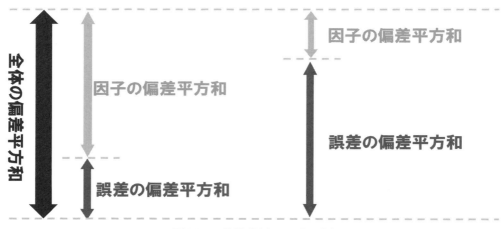

図14-4　分散分析のしくみ(2)

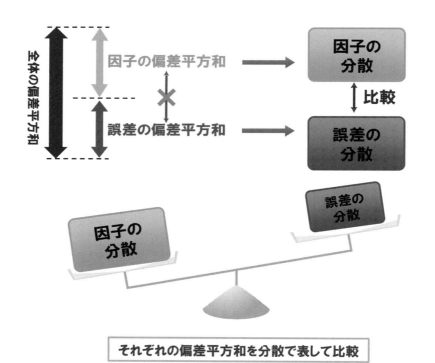

図14-5　分散分析のしくみ(3)

3．分散分析のステップ

　分散分析の結論を導くステップを理解しましょう。
　誤差の効果に比べて因子の効果がどのくらい影響を与えているのかを調べるために、分散を計算し、分散の差の検定を行います。

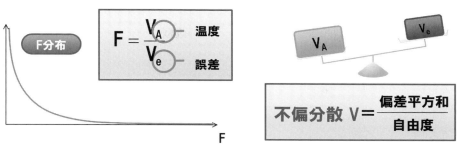

図14-6　分散分析のしくみ(4)

では、この例をもとに分散の差の検定の手順を見てみましょう。

この場合の検定統計量は、射出温度の分散を誤差の分散で割った値で、この値がF分布に従います。分散Vは、偏差平方和を"(データ数)−1"、つまり自由度で割った値で、"不偏分散"と呼ばれています。

➢まず、ステップ1

仮説を立てます。ここでは、射出温度、すなわち因子の効果が誤差の効果に比べて差がないとする"帰無仮説"と、因子の効果が誤差の効果に比べて大きいとする"対立仮説"を立てます。

x＝射出温度	80℃	120℃
1回目	50	51
2回目	46	49
3回目	48	53

y＝プラスチックの引張強度(N/m²)

帰無仮説　因子の効果が誤差の効果に比べて差がない
$H_0: \sigma_A^2 = \sigma_e^2$

対立仮説　因子の効果が誤差の効果に比べて大きい
$H_1: \sigma_A^2 > \sigma_e^2$

図14-7　ステップ1　仮説を立てる

➢ステップ2

有意水準αを決めます。有意水準αは、0.05を使用します。

図14-8　ステップ2　有意水準α

➢ステップ3
棄却域を設定します。分散分析では、不偏分散の比を比較する"分散の差の検定"を用いますので、F検定を行います。検定統計量はF分布に従います。棄却域Rは、対立仮説が誤差の効果に比べて温度の効果の方が大きいということなので、片側検定、それも右側検定で棄却域の大きさは有意水準と同じ0.05です。

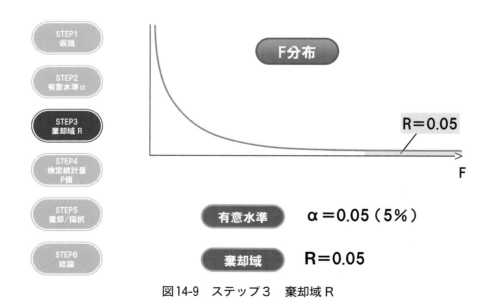

図14-9　ステップ3　棄却域R

➢ステップ4
Excelを使って検定統計量とP値を計算します。0.14です。

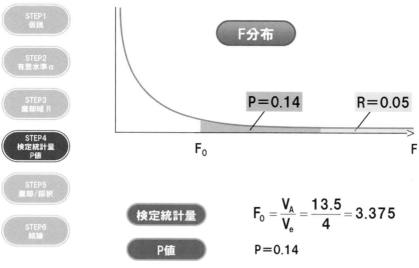

図14-10　ステップ4　検定統計量、P値

➤ステップ5
　P値と棄却域Rを比較して、どちらの仮説を採択するかを判断します。
　分散分析では、P値が棄却域Rよりも小さくなる場合には、因子の効果が大きいとする"対立仮説"を採択します。ここでは、P値が0.14と、棄却域Rよりも大きくなっていますので、"帰無仮説"を採択します。

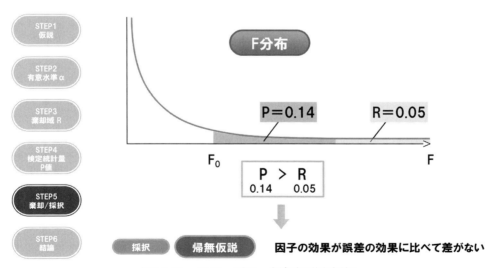

図14-11　ステップ5　帰無仮説を採択

➤最後にステップ6
　条件から結論を導きます。"帰無仮説"を採択しますので、温度の効果があるとは言えない、と判断します。

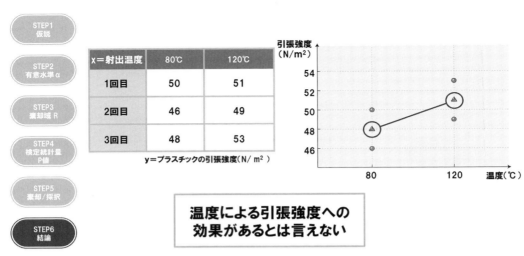

図14-12　ステップ6　結論

　Excelの"データ"⇒"データ分析"⇒"分散分析：一元配置"で分析したのが図14-13です。この中で重要なのは、"分散分析表"です。全体の自由度が5なのは、全体のデータ数が6で、そこから1を引いたからです。因子と誤差の偏差平方和は、足すと全体の偏差平方和になります。誤差の不偏分散に対して因子の不偏分散がどのくらい大きいかを見るのが"分散

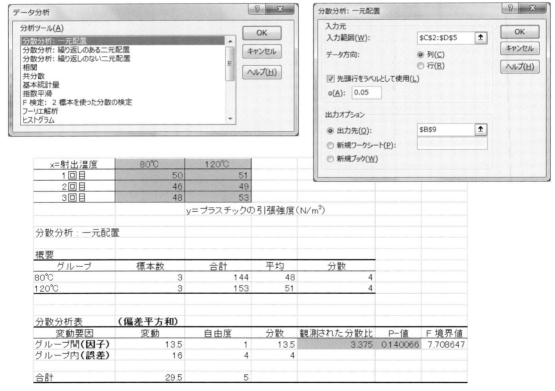

図14-13　Excelによる分析

比"です。分散比は、F_0の長さに相当します。

P値は、F分布のグラフの、右側の部分の面積です。これは、ステップ4でP値を求めていますし、ステップ5でP値が0.05より大きいので、帰無仮説を採択します【付属CD Ch-14】。

ここで演習問題です【付属CD Ch-14】。

演習問題 下記のデータを使って、集客人数に対する印刷手段の効果を検定し、P値と結論を導き出してください。

印刷手段	1回目	2回目	3回目
モノトーン	50	46	48
カラー	54	52	58

P値は 0.0341
結論は カラーは集客に効果がある

図14-14　演習問題　一元配置

4. 二元配置のしくみ

今までは因子が1つの場合の一元配置の考え方を学んできました。ここでは因子が2つの場合の二元配置の分析方法を学んでいきます。

因子が2つの場合、どのように分散分析を行っていくか例を通して見ていきましょう。図14-15の表は、射出温度と圧力の2つの因子で、それぞれ2水準の引張強度のデータです。それぞれの条件でデータを1回しかとっていないので、"繰返しがない場合"となります。

データを1回しかとってない
=「繰返しがない場合」

		圧力		
		10kgf/cm²	20kgf/cm²	（平均）
射出温度	80℃	50	54	52
	120℃	48	42	45
（平均）		49	48	48.5

Y＝プラスチックの引張強度(N/m²)　（総平均）

引張強度 ＝ 総平均 ＋ 温度の効果 ＋ 圧力の効果 ＋ 誤差

図14-15　因子が2つで繰返しがない場合の例

まずは、このように各データの平均を出します。

分散分析では、手元に得た引張強度のデータは、「総平均と、射出温度による効果と、圧力による効果と、誤差」によってできていると考えます。

分析していく時は、途中、第4ステップでちょっと複雑になっていますが、基本的に先に学んだ6ステップに沿って進めていきます。

➢ステップ1

仮説を立てます。ここでは射出温度の効果と圧力の効果は誤差の効果に比べて差がないとする帰無仮説と、射出温度の効果と圧力の効果は誤差の効果に比べて大きいとする対立仮説を立てます。

図14-16　ステップ1　仮説を立てる

➢ステップ2

有意水準αを決めます。有意水準αは0.05を使用します。

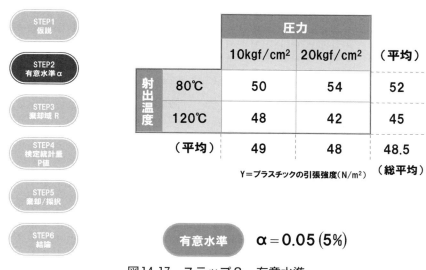

図14-17　ステップ2　有意水準

➢ステップ3

棄却域を設定します。

ステップ1の対立仮説で因子の効果が誤差の効果より大きいということですので、棄却域Rは右側にとります。棄却域Rの大きさは片側検定ですので、有意水準αと同じ0.05です。

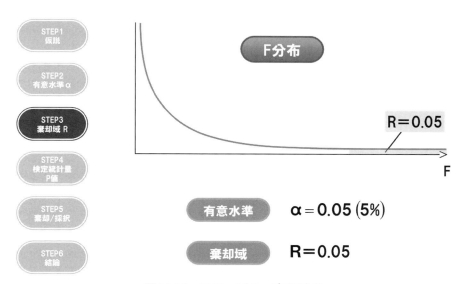

図14-18　ステップ3　棄却域R

➢ステップ4

検定統計量とP値を計算します。

ここではステップ4の中で、4つの段階を踏んで進めていきます。では、計算の考え方を順を追って理解していきましょう。

➢ステップ4-1

データを分解します。射出温度の効果は、行の平均から総平均を引いたものです。圧力の効果は、列の平均から総平均を引いたものです。誤差は、各値から、総平均と行の効果と列の効果を引いたものです。従って、引張強度50のデータは、「総平均48.5、温度の効果3.5、圧力の効果0.5、誤差−2.5」に分解できました。

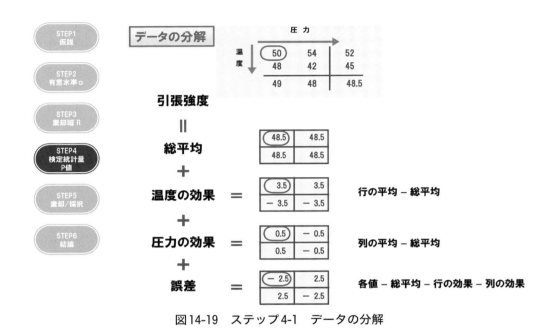

図14-19　ステップ4-1　データの分解

➢ステップ4-2

因子と誤差の偏差平方和を計算します。ステップ1で求めた値を使って、このように計算します。全変動の最初の数字1.5は引張強度50から、総平均48.5を引いたものです。温度の効果の最初の数字3.5は温度の平均52から総平均48.5を引いたもので、2番目の−3.5は下段の温度の平均45から総平均48.5を引いたものです。以下、同様です。

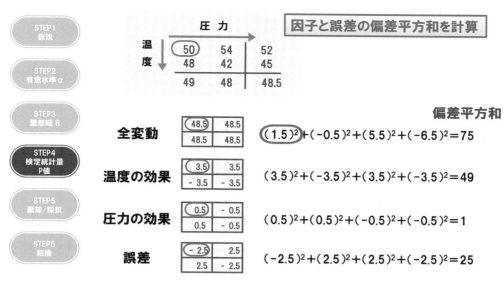

図14-20 ステップ4-2 因子と誤差の偏差平方和を計算する

➢ステップ4-3

それぞれの不偏分散に置き換えます。射出温度の効果と圧力の効果の自由度は、「2水準－1」、つまり1となります。誤差の自由度は、射出温度の効果「2水準－1」×圧力の効果「2水準－1」、つまり1×1で1となります。そして、ステップ4-2で求めた値を自由度で割ります。

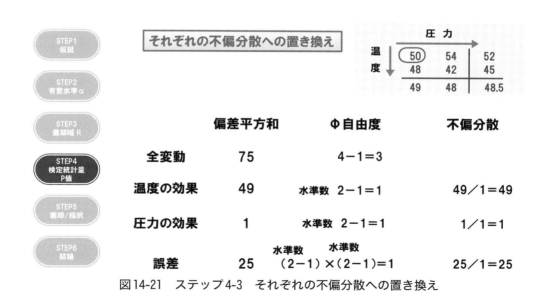

図14-21 ステップ4-3 それぞれの不偏分散への置き換え

➢ステップ4-4

F検定を行います。

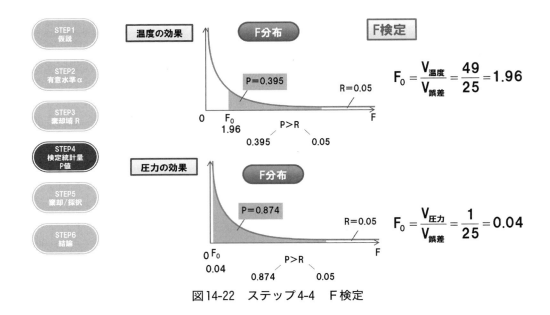

図14-22　ステップ4-4　F検定

➢ステップ5
P値と棄却域Rを比較して、どちらの仮説を採択するかを判断します。

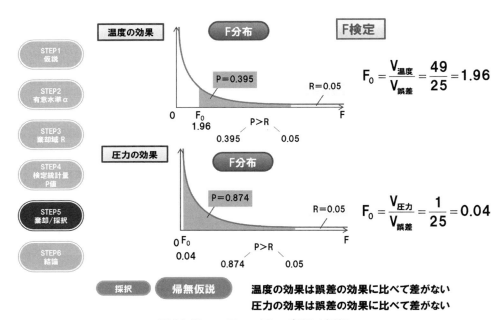

図14-23　ステップ5　棄却／採択

➢ステップ6
結論を出します。

STEP6 結論　射出温度、圧力ともに引張強度に効果があるとはいえない

図14-24　ステップ6　結論

この6つのステップが、分散分析の考え方です。Excelの"データ"⇒"データ分析"⇒"分散分析：繰り返しのない二元配置"での分析を進めます【付属CD Ch-14】。

図14-25　Excelでの分析結果

表示された結果の中の、"平均値"と"分散分析表"に注目してください。分析していくときの6つのステップに"分散分析表"の各項目が当てはまります。

ステップ4-1、4-2、全体の偏差平方和を因子と誤差の偏差平方和に分解します。ステップ4-3、それぞれを不偏分散に置き換えます。ステップ4-4、F検定を行います。この分散比の値から、P値が導き出されました。ステップ5、両方の因子のP値は棄却域R＝0.05より大きいので、"帰無仮説"を採択します。ステップ6、つまり、射出温度と圧力、どちらの因子も引張強度に影響を与えているとは言えないという結論が出ました。

ここで演習問題です【付属CD Ch-14】。

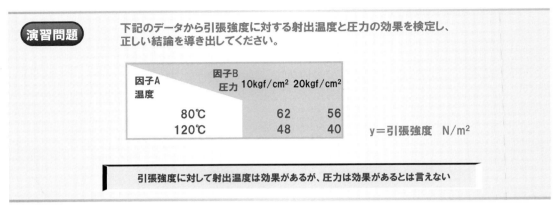

図14-26　演習問題　二元配置

5．繰り返しのある二元配置

2因子で、同じ条件下で何回か繰り返して実験を行い、データを取る場合を考えます。

温度／圧力	100psi	200psi
80	50	54
	55	45
	47	53
120	48	42
	47	46
	52	43

強度	温度	圧力
50	80	100
55	80	100
47	80	100
54	80	200
45	80	200
53	80	200
48	120	100
47	120	100
52	120	100
42	120	200
46	120	200
43	120	200

図14-27　繰り返しのある二元配置

　この場合の分析はExcelの"データ"⇒"データ分析"⇒"分散分析：繰り返しのある二元配置"で行い、分析結果は図14-28のとおりです【付属CD Ch-14】。

　ここから何を読み取るのか。
　分散分析表の標本は温度を、列は圧力を意味しますが、注目する点はP値が0.05より大きく、普段と何も変わっていないとする帰無仮説が支持されています。併せて、新しい用語で"交互作用"が出てきましたが、これは主因子の効果とは別に、因子同士が協働して新しい効果を発揮するという意味です。でもこの場合交互作用の効果もP値は大きく、効いているとは言えないという判断になります。交互作用については本書ではここまでにとどめ、上級の「実験計画法」で更に詳細に学ばれることをお勧めします。分散分析のしくみのまとめとして、分散分析表の構成についてその全体像を示します（図14-29）。

分散分析：繰り返しのある二元配置

概要	100psi	200psi	合計
標本数	3	3	6
合計	152	152	304
平均	50.66667	50.66667	50.66667
分散	16.33333	24.33333	16.26667
標本数	3	3	6
合計	147	131	278
平均	49	43.66667	46.33333
分散	7	4.333333	13.06667
合計			
標本数	6	6	
合計	299	283	
平均	49.83333	47.16667	
分散	10.16667	26.16667	

分散分析表

変動要因	変動	自由度	分散	観測された分散比	P-値	F 境界値
標本	56.33333	1	56.33333	4.333333333	0.07093	5.31766
列	21.33333	1	21.33333	1.641025641	0.23607	5.31766
交互作用	21.33333	1	21.33333	1.641025641	0.23607	5.31766
繰り返し誤差	104	8	13			
合計	203	11				

図14-28　繰り返しのある二元配置　分析結果

実験の繰返しが無い場合　　**a:因子(A)の水準数　b:因子(B)の水準数**

要因	偏差平方和	自由度	不偏分散	分散比	P値
因子(A)	S_A	$df_A = a-1$	$V_A = S_A/df_A$	$F_A = V_A/V_e$	$P(F_A)$
因子(B)	S_B	$df_B = b-1$	$V_B = S_B/df_B$	$F_B = V_B/V_e$	$P(F_B)$
誤差	S_e	$df_e = (a-1)(b-1)$	$V_e = S_e/df_e$		
合計	S_T	$df_T = ab-1$			

実験の繰返しがある場合　　**n:繰り返し回数**

要因	偏差平方和	自由度	不偏分散	分散比	P値
因子(A)	S_A	$df_A = a-1$	$V_A = S_A/df_A$	$F_A = V_A/V_e$	$P(F_A)$
因子(B)	S_B	$df_B = b-1$	$V_B = S_B/df_B$	$F_B = V_B/V_e$	$P(F_B)$
交互作用(AB)	S_{AB}	$df_{AB} = (a-1)(b-1)$	$V_{AB} = S_{AB}/df_{AB}$	$F_{AB} = V_{AB}/V_e$	$P(F_{AB})$
誤差	S_e	$dfe = (n-1)ab$	$V_e = S_e/df_e$		
合計	S_T	$dfT = nab-1$			

図14-29　分散分析表の構成

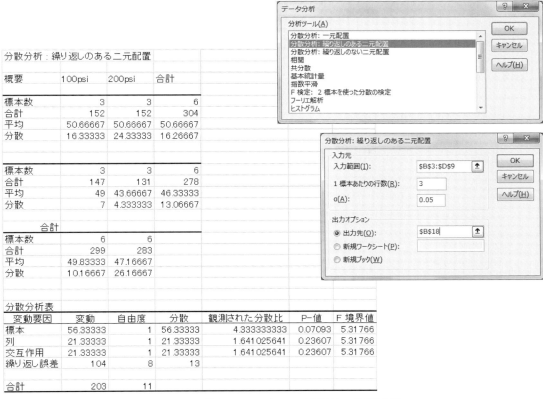

第15章　重回帰分析

第1節　重回帰分析

1．重回帰分析とは

重回帰分析とは、複数の要因と結果の因果関係を数式で表すパワフルなツールです。
1つの要因と結果の因果関係を表す方法としては、単回帰分析があります。

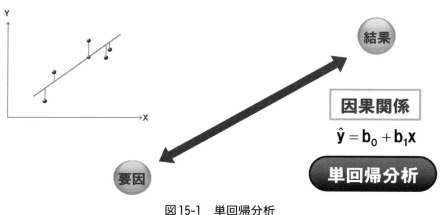

図15-1　単回帰分析

しかし、社会現象、物理現象などは、多くの要因が複雑に絡み合っています。そこで、これらを統計的に解析し、多くの要因の中から統計的に意味のあるものだけを残して、モデル式を求める"重回帰分析"が必要となるのです。

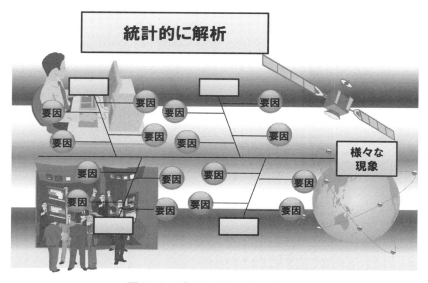

図15-2　重回帰分析の必要性(1)

ここで大切なことは、因果関係です。全部の要因が目的変数 y に影響を与えているかもしれませんが、重回帰分析では、統計的に意味のある要因でモデル式を構成します。

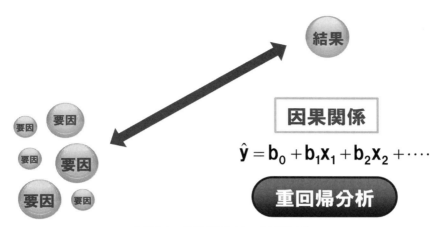

図15-3　重回帰分析の必要性(2)

　ここで大切なことは、因果関係です。全部の要因が目的変数 y に影響を与えているかもしれませんが、重回帰分析では、統計的に意味のある要因でモデル式を構成します。モデル式があれば、どの要因の影響力が大きいかが分かります。

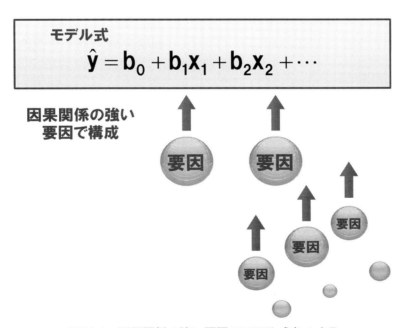

図15-4　因果関係の強い要因でモデル式をつくる

　また、モデル式があれば、要因の結果もしくは予測結果があれば、目的とする結果（目的変数）の予測ができます。

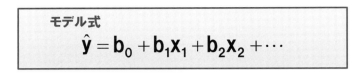

図15-5　モデル式により結果を予測できる

2. 重回帰分析のしくみ

では、重回帰分析のしくみを理解するために、簡単な例を見てみましょう。

重回帰分析を行うには、まずデータを集めることが必要です。図15-6が集めたデータです。広さと築年数という2つの要因を"説明変数"、価格を"目的変数"と呼びます。扱うデータは、目的変数が連続データ、説明変数も基本的に連続データとなります。

		説明変数		目的変数
No.	x_1 広さ（m²）		x_2 築年数（年）	y 価格（千万円）
1	51		16	3
2	38		4	3.2
3	57		16	3.3
4	51		11	3.9
5	53		4	4.4
6	77		22	4.5
7	63		5	4.5
8	69		5	5.4
9	72		2	5.4
10	73		1	6

図15-6　簡単な例

そして、この2つの説明変数が、価格という目的変数にどのように影響を与えているかをモデル式で表します。このケースでのモデル式は図15-7のようになります。もし、ある家を購入しようと考えている場合、その家の広さと築年数のデータをモデル式に当てはめれば、目的変数である価格が導き出されます。つまり、価格を予想できることになります。

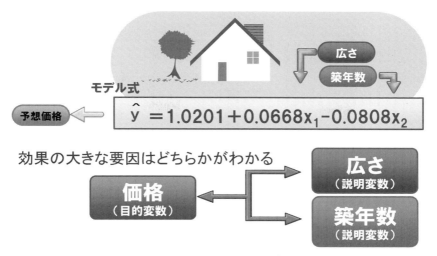

図15-7　モデル式とその効果

　予想した価格と実際の価格を比較すれば、この家の価格は高いのか安いのかも分かります。また、広さと築年数のどちらが価格に大きい影響を与えているのかも分かります。このように、重回帰分析を用いてモデル式を求めることで、結果である目的変数が予測でき、各要因がどのような影響を与えているのかも分かるのです。

　次に重回帰分析のしくみを統計的に理解しましょう。
　単回帰分析では、"残差"が最小となる直線の式を求めます。では、重回帰分析ではどうなるでしょうか。要因が2つ、つまり説明変数が2つの例で説明します。実際の値yと、予測した$\hat{y}$の差が"残差"です。そして、残差が最小になるようなモデル式の係数を求めます。求める式は、平面の式となります。残差が最小となるような係数を求めるためには、最小二乗法を使います。

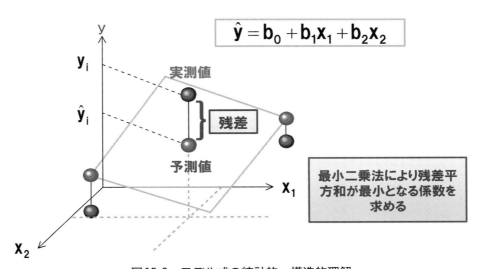

図15-8　モデル式の統計的、構造的理解

3．重回帰分析を始める前に

ここでは、同じ意味の説明変数を纏める方法を学びます。

重回帰分析を行う前には、同じような意味を持つ変数が重複していないかを調べることが必要です。では、この例の場合はどうでしょうか【付属CD Ch-15-1】。

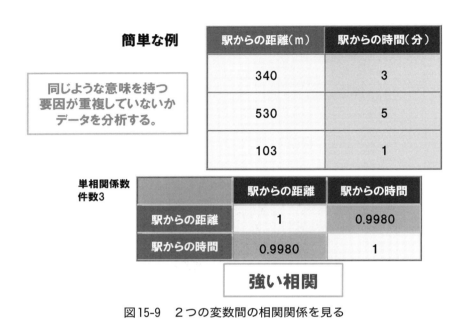

図15-9　2つの変数間の相関関係を見る

この2つの変数の単相関係数を求めてみると、図15-9のようになります。「駅からの距

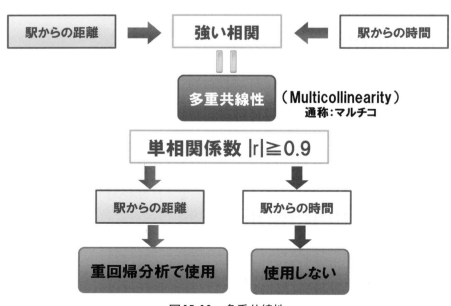

図15-10　多重共線性

離」と「駅からの時間」の関係は、相関が強いことが分かります。このように、変数間に強い相関があることを、多重共線性、マルチコリニアリティと言います。多重共線性がある場合、通常は分析がうまくできません。一般に、単相関係数が0.9以上になる場合は、どちらかの因子だけを使って重回帰分析を行います。

では、この例の場合はどうでしょうか【付属CD Ch-15-1】。

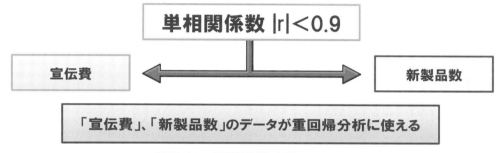

図15-11　単相関係数を調べる

Excelの"データ"⇒"データ分析"⇒"相関"で単相関係数を求めます（既に第13章で学習済み）。単相関係数が小さいことが分かりましたので、このデータを使って重回帰分析を進めます。重回帰分析を行う前にまず説明変数同士の単相関係数を見てみましょう。0.9未満ですのでこの2つの説明変数を使って重回帰分析を行います。

4．重回帰分析の実行

では、実際にExcelで重回帰分析を行ってみましょう【付属CD Ch-15-1】。
Excelの"データ"⇒"データ分析"⇒"回帰分析"を選択し実行します（図15-12）。

出力の概要には、"回帰統計""分散分析表"が名無しですが"回帰分析表"が表示されます。この回帰分析表にある"係数"とは回帰分析における"偏回帰係数"のことで、モデル式を作るための係数です。この係数が意味のある係数なのかを示すのがP値です。この意味のある係数を求めることが、重回帰分析の目的です。この2つの変数は、モデル式を構成するために、統計的に意味のある変数だと分かり、モデル式が構成されました。

$$\hat{y} = 8.7389 + 6.7851 \times 宣伝費（百万円） + 6.3766 \times 新製品数（個）$$

次に、各変数の"係数"と"単相関"の符号に注目してください。

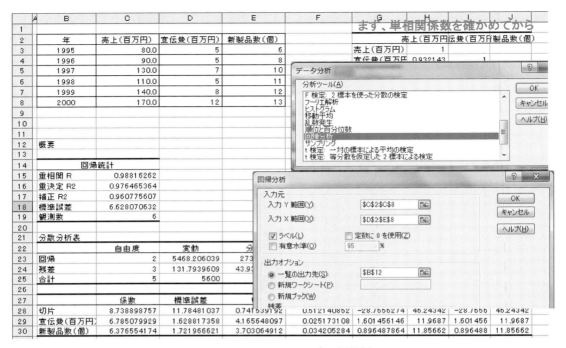

図15-12　Excel での重回帰分析

正しい場合には符号が同じになります。

分析するデータによっては、単相関の符号はプラスであるのに、重回帰分析結果の係数の符号はマイナスということもあります。その場合、現実の相関関係はプラスなのに私達の作ろうとしているモデル式の係数がマイナスというのは、モデル式がおかしいという考えで、その変数は分析の対象からはずします。

5．分析結果の精度を評価する指標

Excel で求めたモデル式がどれくらい元データに当てはまっているのかは、これらの項目で評価します。

まずは"重決定 R2"を見て下さい。これは一般に"決定係数""寄与率"とも呼ばれ、R^2 を意味しています（図15-13）。その意味は、データに対する、モデル式の当てはまりの良さの指標です。

判断基準は、図15-14のようになっています。

そして、重決定 R2 の数値が意味のあるものかどうかを、サンプル数と絡めて調べていきます。具体的には、決定係数の検定をします。その結果は分散分析表となって表され、回帰による変動が有意と出ていますので、この決定係数は意味があることになります（図15-15）。

次に補正 R2 ですが、これは一般に自由度修正済、もしくは調整済決定係数と呼ばれています。目的変数に関係のない変数が説明変数として含まれている場合、補正 R2 の値は小さくなります。補正 R2 の値は重決定 R2 に近いほど良く、判断基準としては、変数の数に対

図15-13　分析結果の評価

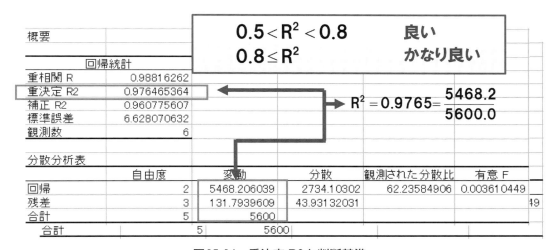

図15-14　重決定 R2 と判断基準

図15-15　重決定 R2 の評価

して、補正 R2 が一番大きい値を示す変数の時のモデル式を当てはまりが良いと判断します【付属 CD Ch-15-1】。

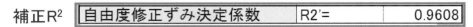

図15-16　補正 R2

次に"重相関 R"を見ます。一般に重相関係数といわれ、記号「R」で表し、単相関係数の「r」と区別します。これは、実際のデータである"実績値"に対して、モデル式で予測した"理論値"がどのくらい当てはまっているかを表しています。これは、実績値と理論値の単相関を見ていることになり、重相関 R の値は、0.7 以上が「相関がある」、0.9 以上が「強い相関がある」と判断します。また、結果として、重相関 R の二乗の値と、重決定 R2 は数値が一致します。

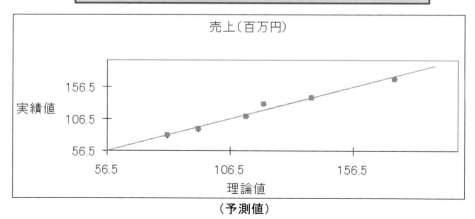

図15-17　重相関 R

次は"標準誤差"を見ます。標準誤差には2種類あります。ひとつは、重回帰分析で求めた係数（偏回帰係数）の分布の標準偏差を示すもので、説明変数に意味があるかどうかを判断する時に使います。もうひとつは予測値の標準偏差を表すものです。予測値の区間推定に使います。標準誤差の値は、小さい方が良いと判断します。

概要						
回帰統計						
重相関 R	0.98816262					
重決定 R2	0.976465364					
補正 R2	0.960775607					
標準誤差	6.628070632					
観測数	6					
分散分析表						
	自由度	変動	分散	観測された分散比	有意 F	
回帰	2	5468.206039	2734.10302	62.23584906	0.003610449	
残差	3	131.7939609	43.93132031			
合計	5	5600				
	係数	標準誤差	t	P-値	下限 95%	上限 95%
切片	8.738898757	11.78481037	0.741539192	0.512140852	-28.7656274	46.24342
宣伝費(百万円)	6.785079929	1.628817358	4.165648097	0.02517308	1.601456146	11.9687
新製品数(個)	6.376554174	1.721966621	3.703064912	0.034205284	0.896487864	11.85662

共に値は小さい方が良い

予測値の分布の標準偏差 = $\sqrt{43.9313}$

偏回帰係数の分布の標準偏差

図15-18　標準誤差

当てはまりの良さの指標にはこれらの他に、"ダービン＝ワトソン比"、"赤池の AIC"（赤池の情報規準）等がありますがここでは割愛します。

ここで演習問題です【付属 CD Ch-15-1】。

演習問題　表は中古マンションの価格データをまとめたものです。目的変数である価格(y)は説明変数である広さ(x_1)と築年数(x_2)の影響を受けます。この3つの変数の関係をあらわすモデル式を作ってください。

中古マンションのデータ

No.	x_1:広さ(m^2)	x_2:築年数(年)	y:価格(千万円)
1	51	16	3
2	38	4	3.2
3	57	16	3.3
4	51	11	3.9
5	53	4	4.4
6	77	22	4.5
7	63	5	4.5
8	69	5	5.4
9	72	2	5.4
10	73	1	6

$\hat{y} = 1.0201 + 0.0668x_1 - 0.0808x_2$

図15-19　演習問題　重回帰分析

第2節　重回帰分析　演習

1．現実的な場面での重回帰分析

　重回帰分析とは、目的変数に対して"影響を与えている要因"と"影響を与えていない要因"を区別し、"影響を与えている要因"でモデル式を作ることでした。しかし、現実に私達の周りにあるデータ、あるいは集めたデータは教科書通りにすんなりと解析できる場面はそうそう多くはありません。多くの場合、何かしら困る場面に出くわしますので、ここでは典型的な事例を挙げて、応用力を学習していきます。

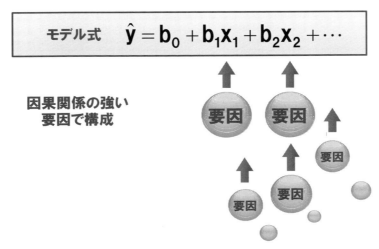

図15-20　重回帰分析

　図15-21は、年度別の売上高と、宣伝費、新製品数、セールスマンの人数のデータを纏めた表です。
　このデータを例に、重回帰分析を行ってみましょう（図15-22）【付属CD Ch-15-2】。

　相関行列を求めた結果、図15-21のように要因間での相関が0.9以上のものがないことが分かりました。重回帰分析を行い、"売上高"のモデル式を作ってみましょう。この係数を求めるのが、重回帰分析の目的です。
　ここで、"係数"と"単相関"の符号に注目してください。単相関の符号はマイナスであるのに、重回帰分析の係数の符号はプラスになっています。本来は負の相関関係があるのに、モデル式では正の相関関係があるかのような値になっていますので、矛盾していることになります。多重共線性だけでなく、このような矛盾を除きながら重回帰分析を進めていきます。そこで、この変数をはずして、もう一度重回帰分析を行う必要があります。図15-22はこの人数の変数を外して再度重回帰分析を行った結果です。

　今回は係数と単相関係数の符号が同じになっていますので、矛盾はありません。2つの説明変数のP値が0.05以下になっていますので、統計的に有意であることを示しています。この2つの変数でモデル式が作れることが分かります。売上高のモデル式はこのように求めら

年	売上高(百万円)	宣伝費(百万円)	新製品数(個)	人数(人)
1995	80.0	5	6	4
1996	90.0	5	8	3
1997	130.0	7	10	4
1998	110.0	5	11	3
1999	140.0	8	12	4
2000	170.0	12	13	3

相関行列

	売上高(百万円)	宣伝費(百万円)	新製品数(個)	人数(人)
売上高(百万円)	1			
宣伝費(百万円)	0.932143217	1		
新製品数(個)	0.916698497	0.751160094	1	
人数(人)	−0.109108945	−0.132453236	−0.28005602	1

多重共線性はない

図15-21　人数（人）が入った3変数のデータ

全ての説明変数を含んだ

	係数
切片	−20.1369863
宣伝費(百万円)	6.536203523
新製品数(個)	6.98630137
人数(人)	7.005870841

相関行列

	売上高(百万円)
売上高(百万円)	1
宣伝費(百万円)	0.932143217
新製品数(個)	0.916698497
人数(人)	−0.109108945

矛盾が生じる

「人数」をはずした

概要

回帰統計	
重相関 R	0.98816262
重決定 R2	0.976465364
補正 R2	0.960775607
標準誤差	6.628070632
観測数	6

分散分析表

	自由度	変動	分散	観測された分散	有意 F
回帰	2	5468.206039	2734.10302	62.23584906	0.00361
残差	3	131.7939609	43.93132031		
合計	5	5600			

	係数	標準誤差	t	P-値	下限 95%	上限 95%
切片	8.738898757	11.78481037	0.741539192	0.512140852	−28.7656	46.24342496
宣伝費(百万円)	6.785079929	1.628817358	4.165648097	0.02517308	1.601456	11.96870371
新製品数(個)	6.376554174	1.721966621	3.703064912	0.034205284	0.896488	11.85662048

図15-22　単相関係数と重回帰分析の係数の符号が異なる場合

れます。このモデル式の当てはまり度合いを見るために、"重決定R2"を見てみましょう。値は0.9765となり、当てはまりがかなり良いことを表しています。この値を検定します。"分散分析表"にある"回帰による変動"が有意と出ていますので、"重決定R2"は意味のある値だといえます。

	係数
切片	8.738898757
宣伝費(百万円)	6.785079929
新製品数(個)	6.37655417.4

売上高(百万円)＝8.7389＋6.7851×宣伝費(百万円)＋6.3766×新製品数(個)

決定係数（重決定R2）とその検定結果

回帰統計	
重相関 R	0.98816262
重決定 R2	0.976465364
補正 R2	0.960775607
標準誤差	6.628070632
観測数	6

分散分析表

	自由度	変動	分散	観測された分散比	有意 F
回帰	2	5468.206039	2734.10302	62.23584906	0.00361
残差	3	131.7939609	43.93132031		
合計	5	5600			

図15-23　分析結果の評価

次に、"重相関係数"の値に着目します。
実績値と理論値の関係をグラフに表したもので、当てはまりの度合いがよく分かります。

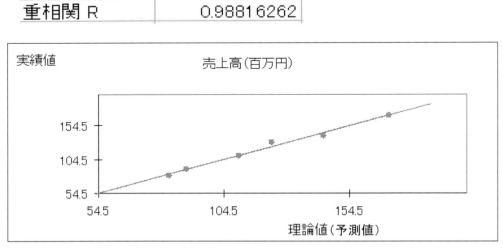

図15-24　重相関係数

ここで演習問題です【付属 CD Ch-15-2】。

表は中古マンションの価格データをまとめたものです。目的変数である価格（y）は説明変数である広さ（x_1）、築年数（x_2）、通勤時間（x_3）、通学時間（x_4）の影響を受けます。中古マンションの価格に影響を与える要因を重回帰分析してみましょう。

中古マンションのデータ

物件	x_1 広さ(m^2)	x_2 築年数(年)	x_3 通勤時間(時間)	x_4 通学時間(分)	y 価格(千万円)
1	51	16	1.5	14	3
2	38	4	1.4	16	3.2
3	57	16	1.6	14	3.3
4	51	11	1.4	15	3.9
5	53	4	1.7	17	4.4
6	77	22	1.7	10	4.5
7	63	5	1.3	14	4.5
8	69	5	1.4	16	5.4
9	72	2	1.5	14	5.4
10	73	1	1.8	20	6

$$\hat{y} = 1.0201 + 0.0668x_1 - 0.0808x_2$$

図15-25　演習問題　重回帰分析

2．標準偏回帰係数の意味

　ここでは、説明変数の真の影響の大きさを測る指標である"標準偏回帰係数"について、例を通して学んでいきます。

　図15-26の2つの表は、年度別の売上高と、宣伝費、新製品数のデータを纏めたものです。宣伝費の欄を見てください。データは同じなのですが、記入している単位が違います。この違いは、モデル式にどのような影響を与えるのでしょうか？

年	売上高(百万円)	宣伝費(百万円)	新製品数(個)
1995	80.0	5	6
1996	90.0	5	8
1997	130.0	7	10
1998	110.0	5	11
1999	140.0	8	12
2000	170.0	12	13

年	売上高(百万円)	宣伝費(円)	新製品数(個)
1995	80.0	5000000	6
1996	90.0	5000000	8
1997	130.0	7000000	10
1998	110.0	5000000	11
1999	140.0	8000000	12
2000	170.0	12000000	13

図15-26　説明変数の単位が異なるデータ

　このそれぞれのデータで、重回帰分析を行います。
　まず、単位を"百万円"としていたデータから求められた"重回帰式"の表です。そし

て、単位を"円"としていたデータから求められた"重回帰式"の表です。それぞれから求められたモデル式は、図15-27のようになります。

宣伝費の単位を"百万円"とした場合

売上高(百万円)＝8.7389＋6.7851×宣伝費(百万円)＋6.3766×新製品数(個)

宣伝費の単位を"円"とした場合

売上高(百万円)＝8.7389＋0.0000…×宣伝費(円)＋6.3766×新製品数(個)

図15-27　説明変数の単位が異なるデータの重回帰分析結果

この式を比べてみてください。では、どの項目が目的変数に与える影響が大きいのかを見るためには、どうしたらよいのでしょうか？

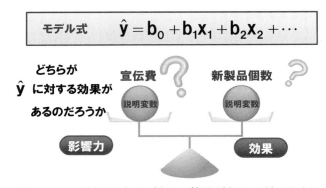

図15-28　どちらが $\hat{y}$ に対して効果があるのだろうか

それには、まず、それぞれの値を標準化したデータに直すことです（図15-29）【付属CD Ch-15-2】。

そして、このデータでモデル式を作れば、どの要因が影響力が大きいのかが分かります。これが"標準偏回帰係数"です（図15-30）。

偏回帰係数は、データの単位が変わったことによってその大きさが変わりますが、標準偏回帰係数は、変わらないことが分かります。従って、どの変数の影響が大きいかを見るためには、標準偏回帰係数の大小を比較すれば良いのです。この場合は、宣伝費の影響が大きいことが分かります。

図15-29 標準化されたデータ

宣伝費の単位を"百万円"とした場合

	係数	標準誤差	t	P-値
切片	8.738898757	11.78481037	0.741539192	0.512140852
宣伝費(百万円)	6.785079929	1.628817358	4.165648097	0.025173108
新製品数(個)	6.376554174	1.721966621	3.703064912	0.034205284

宣伝費の単位を"円"とした場合

	係数	標準誤差	t	P-値
切片	8.738898757	11.78481037	0.741539192	0.512140852
宣伝費(円)	6.78508E-06	1.62882E-06	4.165648097	0.025173108
新製品数(個)	6.376554174	1.721966621	3.703064912	0.034205284

標準化されたデータで分析した場合

標準偏回帰係数

	係数	標準誤差	t	P-値
切片	-2.06843E-17	0.080854183	-2.55823E-16	1
宣伝費(百万円)	0.558923993	0.134174558	4.165648097	0.025173108
新製品数(個)	0.496857098	0.134174558	3.703064912	0.034205284

図15-30

3．ホテルの各種サービスに対するアンケート結果の分析

図15-31はある都市にある154のホテルのサービスに関する顧客のアンケート結果を一覧表にしたものです。この場合、個々のサービス内容に対する顧客の評価と併せて総合評価も聞いていますので、目的変数が総合評価、各種サービス内容が説明変数となります。そして、このアンケート調査の目的は、ホテルの総合評価を高めるにはどのようなサービスが影響しているのかを把握することにあります【付属CD Ch-15-2】。

ホテル名	総合評価	フロント係	客室係	客室設備	客室環境	夕食の量	夕食の味	朝食の量	朝食の味	浴場設備	立地条件	宿泊料金	館内設備
1	80	75	72	77	78	70	75	69	82	74	56	92	82	80
2	89	89	89	93	91	79	78	86	84	77	91	79	83
3	87	81	82	91	89	74	74	84	80	66	89	83	84
4	84	86	83	82	83	72	76	81	77	57	89	80	81
5	82	76	80	80	79	77	75	82	81	61	78	81	76
6	84	81	76	86	87	72	72			58	94	81	78
7	86	88	86	83	83	77	76			62	89	84	85
8	80	77	73	75	74	70	70	79	74	53	79	83	75
9	74	78	72	68	67	69	69	74	70	57	88	75	69
10	83	84	82	83	83	74	75	75	75	58	83	81	79
11	89	83	86	93	90	81	80	89	87	78	89	82	85
12	75	77	71	71	69	70	77	72	58	75	71	71
13	90	90	88	89	86	78	81	90	89	61	87	91	87
14	89	90	91	90	89	83	83	87	86	75	94	84	88
15	73	75	72	64	66	66	68	79	73	54	80	74	65

お客様に喜ばれるための重要なサービスは何か？

図15-31　アンケート調査結果データ

従って、このデータを重回帰分析して、各種サービスと総合評価との関係をモデル式で表し、その中から顧客が重要視しているサービスは何なのかを見出すことにあります。

データを目の前にしてしまうと、いきなり重回帰分析をしてしまいたくなる気持ちも分かりますが、その前にやることがあります。それは、まず変数間の相関関係を把握し、非常に密接な意味を持つ変数同士が紛れ込んでいないかということを調べることです。そのために相関行列を調べます。

図15-32　目的変数と説明変数

相関行列

	総合評価	フロント係	客室係	客室設備	客室環境	夕食の量	夕食の味	朝食の量	朝食の味	浴場設備	立地条件	宿泊料金	館内設備
総合評価	1												
フロント係	0.834486	1											
客室係	0.887333	0.880072	1										
客室設備	0.936201	0.74895	0.850386	1									
客室環境	0.943394	0.764142	0.862749	0.962313	1								
夕食の量	0.509084	0.412783	0.589185	0.513593	0.51104	1							
夕食の味	0.512046	0.471172	0.620596	0.488827	0.51437	0.873562	1						
朝食の量	0.612016	0.569365	0.636628	0.507201	0.56237	0.55018	0.584949	1					
朝食の味	0.696278	0.689829	0.751638	0.602257	0.647477	0.532076	0.613913	0.91078	1				
浴場設備	0.416368	0.371443	0.476898	0.420653	0.434579	0.463798	0.468772	0.270657	0.315806	1			
立地条件	0.345643	0.332191	0.336599	0.263218	0.29257	0.183974	0.263047	0.319482	0.345567	0.103404	1		
宿泊料金	0.612943	0.460502	0.497992	0.507426	0.510673	0.246249	0.246727	0.439822	0.468436	0.119146	0.269183	1	
館内設備	0.931173	0.785967	0.865148	0.876719	0.891306	0.539447	0.555626	0.628417	0.699156	0.411984	0.390596	0.673406	1

図15-33　相関行列

この中で、二つ単相関係数が0.9を超える項目があります。一つは客室設備と客室環境の0.962、二つ目は朝食の量と朝食の味の0.910です。このような場合はどうするのか。そのような場合は、多重共線性のある二つの変数のうち、目的変数との相関係数の大きい項目を残

し小さい項目を除外します。この事例の場合は客室環境を残し、客室設備を除外します。朝食の量は除外し朝食の味を残します。

|r|≧0.9 の説明変数

相関行列	総合評価	客室設備	朝食の量
総合評価	1		
フロント係	0.834486		
客室係	0.887333		
客室設備	0.936201	1	
客室環境	0.943394	0.962313	
夕食の量	0.509084	0.513593	
夕食の味	0.512046	0.488827	
朝食の量	0.612016	0.507201	1
朝食の味	0.696278	0.602257	0.91078
浴場設備	0.416368	0.420653	0.270657
立地条件	0.345643	0.263218	0.319482
宿泊料金	0.612943	0.507426	0.439822
館内設備	0.931173	0.876719	0.628417

図15-34　多重共線性のある説明変数を絞る

その結果、アンケートデータから客室設備と朝食の量の2変数を除外して、初めて重回帰分析を行います（1回目としましょう）。ここでも、まず相関行列をつくり多重共線性がないことを確認してから重回帰分析へと進みます（図15-35）。

夕食の味に着目してください。総合評価との相関関係はプラスの符号なのに、分析結果のモデル式の係数がマイナスとなっています。これは相関行列でのプラスの関係は現実にあるのに対し、今私達が作っているモデル式の係数がマイナスということ

1回目の重回帰分析

−

	係数
切片	9.064299
フロント係	0.226045
客室係	0.008929
客室環境	0.367287
夕食の量	0.043259
夕食の味	−0.05702
朝食の味	0.022646
浴場設備	0.003613
立地条件	0.010009
宿泊料金	0.089746
館内設備	0.210818

＋

相関行列	総合評価
総合評価	1
フロント係	0.834486
客室係	0.887333
客室環境	0.943394
夕食の量	0.509084
夕食の味	0.512046
朝食の味	0.696278
浴場設備	0.416368
立地条件	0.345643
宿泊料金	0.612943
館内設備	0.931173

図15-35　符号チェック

とは矛盾しますので私達の解析に問題があるとの考えでこの変数夕食の味を除外します【付属CD Ch-15-2】。

夕食の味を除外して、変数の数は9になっています。2回目の重回帰分析へと進みます。すると、変数の中でもP値が0.05を超える変数と、0.05以下の変数とに分かれました。有意な変数4つは残して、P値の大きい5つの変数は除外します。3回目の重回帰分析を4つの変数で行います【付属CD Ch-15-2】。

	係数	標準誤差	t	P-値	
切片	9.388147	2.655183	3.535782	0.000547	
フロント係	0.226838	0.051644	4.392368	2.16E-05	○
客室係	0.002826	0.057106	0.04949	0.960597	
客室環境	0.372878	0.034146	10.92006	1.34E-20	○ 採用
夕食の量	0.001107	0.02015	0.055075	0.956155	
朝食の味	0.008715	0.029363	0.296806	0.767042	
浴場設備	0.000774	0.014624	0.052952	0.957843	
立地条件	0.00587	0.019599	0.299523	0.764973	
宿泊料金	0.095272	0.031326	3.041319	0.002799	○
館内設備	0.207432	0.05172	4.010679	9.69E-05	○

削除

図15-36　モデル式のための変数の選択

3回目の重回帰分析の結果です（図15-37）【付属CD Ch-15-2】。4つに変数すべてのP値が有意、"統計的に意味がある"となっていますので、この4つの変数でモデル式を作ります。ここまでの手順を経て、多くの要因の中から実際に目的変数に対して影響力の大きい説明変数だけを選び出すことができました。これらの要因でモデル式を作ります。モデル式は図15-37のようになります。

概要

回帰統計

重相関 R	0.972581
重決定 R2	0.945914
補正 R2	0.944462
標準誤差	1.693895
観測数	154

総合評価＝9.8167
　　　　＋0.2334×［フロント係］
　　　　＋0.3724×［客室環境］
　　　　＋0.0947×［宿泊料金］
　　　　＋0.2156×［館内設備］

分散分析表

	自由度	変動	分散	観測された分散比	有意 F
回帰	4	7476.977	1869.244	651.4678425	2.94E-93
残差	149	427.5229	2.869281		
合計	153	7904.5			

	係数	標準誤差	t	P-値	下限 95%	上限 95%
切片	9.816667	2.240739	4.380996	2.21608E-05	5.388938	14.2444
フロント係	0.233383	0.037871	6.162571	6.37116E-09	0.158549	0.308217
客室環境	0.372446	0.031345	11.88216	2.51815E-23	0.310508	0.434384
宿泊料金	0.094702	0.029798	3.178174	0.001802432	0.035822	0.153583
館内設備	0.215594	0.046918	4.595097	9.14955E-06	0.122883	0.308305

図15-37　モデル式の生成

次に、この3回の分析で得たモデル式の当てはまりの良さを調べます。このモデル式の"当てはまりの良さ"を表す"決定係数"すなわち"重決定R2"は"0.9459"で、かなり高い値なので高い評価です。ついでに"補正R2"もほぼ同じような値になっていますが、これは変数の数が4に対してサンプル数が154と大きな値だからです。"分散分析表"の"回帰による変動"も有意と出ていますので、この決定係数は意味があることになります。

重相関　R　0.972581

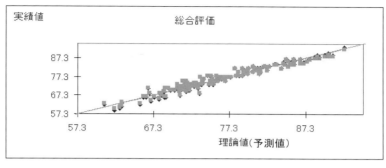

図15-38

　予測値と実績値との相関を示す"重相関R"からも当てはまりの良いモデル式であると言えます。

　また、要因の影響力の大きさを比較するためには、"標準偏回帰係数"の大きさを見ます。そのためには、データを標準化しておく必要がありますが、このデータは全て100点満点中○○点という方式なので係数そのものが偏回帰係数の意味を持っています。従って、"総合評価"に与える影響力は、"客室環境"がもっとも大きいことが分かります。このことから、アンケート調査結果のデータから、お客様の"総合評価"の決め手となる4つの要因を抽出することができました。

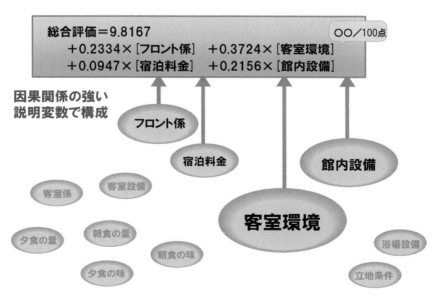

図15-39　重回帰分析から導き出された貴重な情報（Intelligence）

　ここで演習問題です【付属CD Ch-15-2】。

演習問題　このデータは中古住宅価格と、その要因を示したものです。重回帰分析を行ってください。

サンプル名	宅地面積(m^2)	建物面積(m^2)	築後年数(年)	電車時間(分)	バス時間(分)	徒歩時間(分)	中古価格(千万円)
1	98.4	74.2	4.8	5	15	6	24.8
2	379.8	163.7	9.3	12	0	12	59.5
3	58.6	50.5	13	16	15	2	7
4	61.5	58	12.8	16	12	1	7.5
5	99.6	66.4	14	16	13	5	9.8
6	76.2	66.2	6	16	23	1	13.5
7	115.7	59.6	14.7	16	10	4	14.9
8	165	98.6	13.6	16	14	2	27
9	215.2	87.4	13.3	16	10	7	27
10	157.8	116.9	6.7	16	13	6	28
11	212.9	96.9	3.1	16	10	5	28.5
12	137.8	82.8	10.3	19	0	20	23
13	87.2	75.1	11.6	23	5	8	12.9
14	139.6				10	3	18
15	172.6				15	5	23.7
16	151.9				0	4	29.8
17	179.5				5	2	17.8
18	50				0	3	5.5
19	105				4	11	8.7
20	132				0	6	10.3
21	174				0	18	14.5
22	176				0	10	17.6
23	168.7				5	2	16.8

	係数
切片	7.748869
宅地面積(m2)	0.072935
建物面積(m2)	0.177118
電車時間(分)	−0.44592
バス時間(分)	−0.37297

図15-40　演習問題　重回帰分析

相関行列を調べてから重回帰分析に進みます【付属CD Ch-15-2】。
相関係数と分析結果の係数とに符号の違いが見られます。

相関行列

	宅地面積(m2	建物面積(m2	築後年数(年	電車時間(分	バス時間(分	徒歩時間(分	中古価格(千万円)
宅地面積(r	1						
建物面積(r	0.843419	1					
築後年数(年	−0.30341	−0.42023	1				
電車時間(分	−0.07423	−0.27664	0.124133	1			
バス時間(分	−0.31851	−0.05704	−0.11855	−0.6418	1		
徒歩時間(分	0.336808	0.291113	−0.02003	0.138155	−0.56219	1	
中古価格(千	0.878306	0.896135	−0.39584	−0.40042	−0.12508	0.248661	1

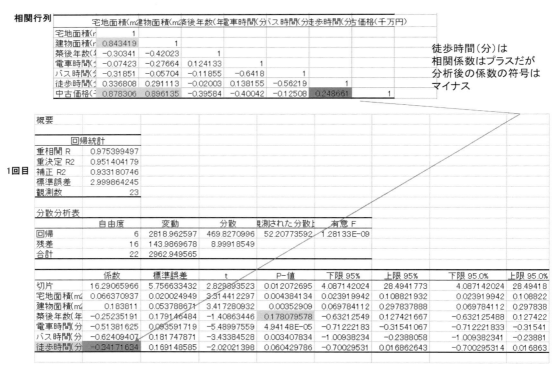

徒歩時間（分）は
相関係数はプラスだが
分析後の係数の符号は
マイナス

1回目

概要

回帰統計	
重相関 R	0.975399497
重決定 R2	0.951404179
補正 R2	0.933180746
標準誤差	2.999864245
観測数	23

分散分析表

	自由度	変動	分散	観測された分散比	有意 F
回帰	6	2818.962597	469.8270996	52.20773592	1.28133E-09
残差	16	143.9869678	8.99918549		
合計	22	2962.949565			

	係数	標準誤差	t	P−値	下限 95%	上限 95%	下限 95.0%	上限 95.0%
切片	16.29065966	5.756633432	2.829893523	0.012072695	4.087142024	28.4941773	4.087142024	28.49418
宅地面積(m2	0.066370937	0.020024949	3.314412297	0.00438413 4	0.023919942	0.108821932	0.023919942	0.108822
建物面積(m2	0.183811	0.053788671	3.417280932	0.00352909	0.069784112	0.297837888	0.069784112	0.297838
築後年数(年	−0.25235191	0.179146484	−1.40863446	0.178079578	−0.63212549	0.127421667	−0.632125488	0.127422
電車時間(分	−0.51381625	0.093591719	−5.48997559	4.94148E−05	−0.71222183	−0.31541067	−0.712221833	−0.31541
バス時間(分	−0.62409407	0.181747871	−3.43384528	0.003407834	−1.00938234	−0.2388058	−1.009382341	−0.23881
徒歩時間(分	−0.34171634	0.169148585	−2.02021398	0.060429786	−0.70029531	0.016862643	−0.700295314	0.016863

図15-41　モデル式への道筋（1）

徒歩時間（分）を除外して２回目の分析【付属 CD Ch-15-2】。
Ｐ値の大きい築後年数を除外して３回目の分析。

2回目

	係数	標準誤差	t	P-値	下限 95%	上限 95%	下限 95.0%	上限 95.0%
切片	12.47544	5.910357	2.110776	0.049907	0.005678	24.94521	0.005678	24.94521
宅地面積(	0.073543	0.021419	3.433452	0.00317	0.028352	0.118734	0.028352	0.118734
建物面積(	0.157149	0.056673	2.772885	0.013027	0.037578	0.276719	0.037578	0.276719
築後年数(	-0.25347	0.194705	-1.30182	0.210344	-0.66426	0.157322	-0.66426	0.157322
電車時間(	-0.46326	0.098017	-4.72633	0.000195	-0.67006	-0.25646	-0.67006	-0.25646
バス時間(	-0.41065	0.160729	-2.55495	0.0205	-0.74976	-0.07155	-0.74976	-0.07155

3回目

回帰統計	
重相関 R	0.965882
重決定 R2	0.932928
補正 R2	0.918023
標準誤差	3.322737
観測数	23

分散分析表

	自由度	変動	分散	測された分散	有意 F
回帰	4	2764.219	691.0548	62.59225	2.58E-10
残差	18	198.7305	11.04058		
合計	22	2962.95			

	係数	標準誤差	t	P-値	下限 95%	上限 95%	下限 95.0%	上限 95.0%
切片	7.748869	4.752832	1.630369	0.120397	-2.23646	17.7342	-2.23646	17.7342
宅地面積(	0.072935	0.021824	3.342018	0.003628	0.027085	0.118785	0.027085	0.118785
建物面積(	0.177118	0.055601	3.185532	0.005123	0.060305	0.293931	0.060305	0.293931
電車時間(	-0.44592	0.098964	-4.50588	0.000273	-0.65383	-0.238	-0.65383	-0.238
バス時間(	-0.37297	0.161123	-2.31482	0.032634	-0.71147	-0.03446	-0.71147	-0.03446

図15-42　モデル式への道筋(2)

第3節　カテゴリーデータのダミー変換

1．説明変数にカテゴリーデータが含まれる場合

　目的変数に因果関係があると思われる説明変数の中には必ずしも数量データだけではなくカテゴリーデータと呼ばれる質的変数が含まれている場合があります。このような場合、どのようにした重回帰分析を行っていけばよいのか悩むところです。通りに面した住宅斡旋業者の窓にはこの種の紙が窓一面に張られていますが、工場の生産現場でも性能などの数量データだけでなく、１号機、２号機といった質的変数が含まれている場合があります。
　では、どのようにして重回帰分析へと持ち込むのでしょうか。

　一例として次の例を見てみましょう【付属 CD Ch-15-3】。
　図15-43の場合、建物構造として木造か軽量鉄骨か、駐車設備として車庫かカーポートか無しかという属性表現を、それぞれ該当する項目で「該当する」を１の表現で、「該当しない」を０の表現で表し重回帰分析に持ち込めるよう準備をします。

中古住宅価格

サンプル名	宅地面積m	建物面積m	築後年数y	電車時間m	バス時間m	徒歩時間m	建物構造	駐車設備	中古価格
1	98.4	74.2	4.8	5	15	6	木造	カーポート	24.8
2	379.8	163.7	9.3	12	0	12	木造	車庫	59.5
3	58.6	50.5	13	16	15	2	木造	カーポート	7
4	61.5	58	12.8	16	12	1	木造	カーポート	7.5
5	99.6	66.4	14	16	13	5	木造	無し	9.8
6	76.2	66.2	6	16	23	1	木造	無し	13.5
7	115.7	59.6	14.7	16	10	4	木造	無し	14.9
8	165	98.6	13.6	16	14	2	木造	カーポート	27
9	215.2	87.4	13.3	16	10	7	木造	車庫	27
10	157.8	116.9	6.7	16	13	6	木造	車庫	28
11	212.9	96.9	3.1	16	10	5	木造	カーポート	28.5
12	137.8	82.8	10.3	19	0	20	木造	車庫	23
13	87.2	75.1	11.6	23	5	8	木造	カーポート	12.9
14	139.6	77.9	10.5	23	10	3	軽量鉄骨	車庫	18
15	172.6	125	3.8	23	15	5	軽量鉄骨	無し	23.7
16	151.9	85.6	5.4	28	0	4	軽量鉄骨	車庫	29.8
17	179.5	70.1	4.5	32	5	2	軽量鉄骨	カーポート	17.8
18	50	48.7	14.6	37	0	3	木造	無し	5.5
19	105	66.5	13.7	37	4	11	木造	車庫	8.7
20	132	51.9	13	37	0	6	木造	カーポート	10.3
21	174	82.3	10.3	37	0	18	木造	車庫	14.5
22	176	86.1	4.4	37	0	10	木造	車庫	17.6
23	168.7	80.8	12.8	41	5	2	軽量鉄骨	車庫	16.8

図15-43　カテゴリーデータのダミー変換例

（「多変量解析実務講座」実務教育研究所　1997年）

　もとより、重回帰分析では目的変数は数量データでなければいけないし、説明変数も数量データでなくてはなりません。仮に属性を表すカテゴリーデータが入っていたらそれはそのままにしておかないでカテゴリーデータを"ダミー変換"してから重回帰分析に進むのです。

重回帰分析のおさらい

重回帰分析は目的変数と説明変数との関係を調べ、モデル式で表すことにより

1. 説明変数の目的変数に対する重要度
2. 予測

を明らかにするツール

重回帰分析で適用できるデータ（目的変数は数量データでなくてはならない）

説明変数は数量データ

カテゴリーデータ　⇒　ダミー変数に変換する

● 変換の方法

図15-44　ダミー変換の例

2．ダミー変換のしくみ

図15-45の住宅面積を x_1、駐車設備を c_2、価格を y で表す簡単な事例でダミー変換の考え方と手順を説明します。まず、住宅面積 x_1 と価格 y との関係について散布図と単回帰分析を行った結果、単相関係数＝0.9、決定係数 $R^2 = 0.813$ ではありますが、標準誤差が18.634と大きく面積だけで価格を予測するのは実用にならないでしょう。

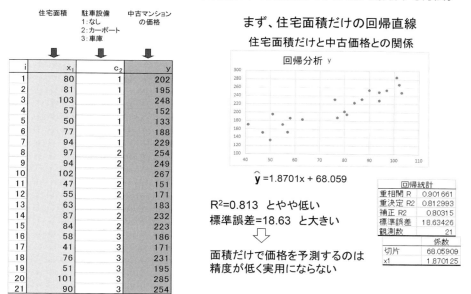

図15-45　ダミー変換する理由

そこで、次に駐車設備 c_2 を駐車設備なし（$c_2=1$）、カーポート（$c_2=2$）、車庫あり（$c_2=3$）として散布図を描くと共に回帰分析を行った結果が図15-46です。

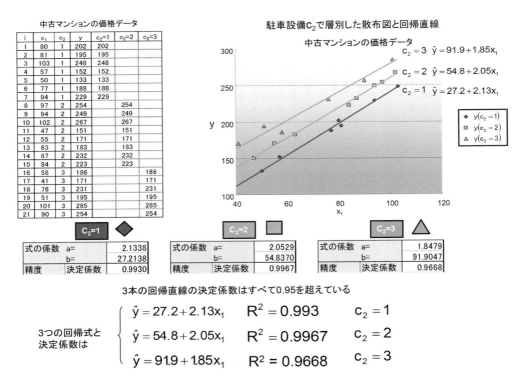

$$\begin{cases} \hat{y} = 27.2 + 2.13x_1 & R^2 = 0.993 & c_2 = 1 \\ \hat{y} = 54.8 + 2.05x_1 & R^2 = 0.9967 & c_2 = 2 \\ \hat{y} = 91.9 + 1.85x_1 & R^2 = 0.9668 & c_2 = 3 \end{cases}$$

ここでc_2のカテゴリー毎に回帰式を当てはめたため、勾配b_1は一致していない

図15-46　駐車設備c_2を層別して加味した回帰直線

散布図から分かるように観測点と回帰直線の距離（残差）が小さくなっており、3つの回帰係数は異なるものの、決定係数は0.95を超えています。回帰係数が異なり、勾配が違っていますが、勾配を共通にし駐車設備によって切片が異なるような予測式を考えていきます。

今までc₂のカテゴリー毎に回帰式を当てはめたため、勾配b₁は一致していない。
共通の勾配を求めるために、勾配が共通である3本の回帰式を次のように表す。

$$\hat{y} = b_{0.1} + b_1 x_1 \quad (c_2 = 1)$$
$$\hat{y} = b_{0.2} + b_1 x_1 \quad (c_2 = 2)$$
$$\hat{y} = b_{0.3} + b_1 x_1 \quad (c_2 = 3)$$

3つの切片（$b_{0.1}$、$b_{0.2}$、$b_{0.3}$）と1つの勾配b_1の4つのパラメーターで表されている。

これを別のパラメータで表すことを考える。

$c_2=1$（駐車場なし）のカテゴリーを基準として、$c_2=1$の回帰式を

$$\hat{y} = b_0 + b_1 x_1 \quad (c_2 = 1) \quad で表す。$$

カーポートがあると$b_{2.2}$だけ、車庫があると$b_{2.3}$だけ価格が高くなるので、

$$\hat{y} = b_0 + b_1 x_1 + b_{2.2} \quad (c_2 = 2)$$
$$\hat{y} = b_0 + b_1 x_1 + b_{2.3} \quad (c_2 = 3)$$

この式も4つのパラメーター
- b_1はx_1の影響を
- $b_{2.2}$、$b_{2.3}$はc_2の影響を表すパラメーター

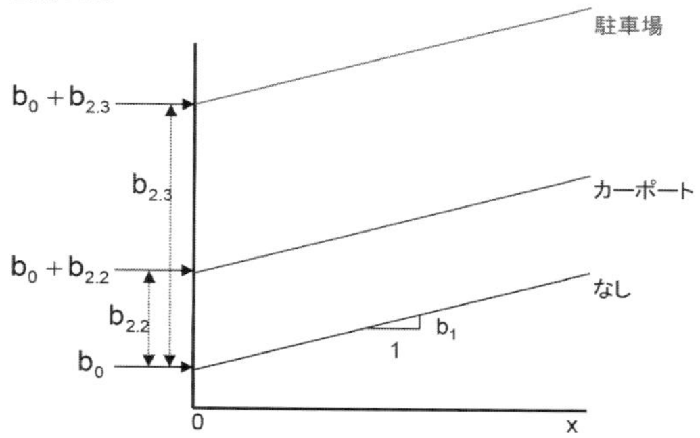

図15-47　勾配が共通な回帰式を求める

次に、勾配が共通な回帰式に駐車設備なし、カーポート、車庫ありに応じた切片を付与する回帰式にし、必要な切片を選択できるようにします。

この4つのパラメーターをデータから推定するためには前ページの3つの式を統一的に表さなくてはならない。

即ち、どの式にも4つのパラメーターを含める。

パラメーターが必要な式にはパラメーターの1を掛け、不必要な式には0を掛ければよい。

$$\hat{y} = b_0 + b_1 x_1 + b_{2.2} \cdot 0 + b_{2.3} \cdot 0 \quad (c_2 = 1)$$
$$\hat{y} = b_0 + b_1 x_1 + b_{2.2} \cdot 1 + b_{2.3} \cdot 0 \quad (c_2 = 2)$$
$$\hat{y} = b_0 + b_1 x_1 + b_{2.2} \cdot 0 + b_{2.3} \cdot 1 \quad (c_2 = 3)$$

回帰係数 $b_{2.2}$, $b_{2.3}$ の後の 0、1に相当する変数を $x_{2.2}$, $x_{2.3}$ で表すと、これらの式は

$$\hat{y} = b_0 + b_1 x_1 + b_{2.2} \cdot x_{2.2} + b_{2.3} \cdot x_{2.3} \quad と、統一的に表わせる。$$

質的変数のカテゴリー番号は、序数（$1_{st.}$, 2_{nd}, $3_{rd.}$）であって、そのまま回帰分析には適用できない。

c_2から導かれた $x_{2.2}$, $x_{2.3}$ は、0、1の値を持ち、これは量的変数として回帰分析に適用できるので、

質的変数から誘導された解析用変数といえる。……　ダミー変数

ダミー変数は（カテゴリー数 -1）個作られる

c_2	$x_{2.2}$	$x_{2.3}$
1	0	0
2	1	0
3	0	1

図15-48　ダミー変数

この結果、ダミー変換されたデータとなり、重回帰分析へと進めるのです【付属CD Ch-15-3】。

サンプル名	宅地面積m	建物面積m	築後年数y	電車時間m	バス時間m	徒歩時間m	建物構造	駐車設備1	駐車設備2	中古価格
1	98.4	74.2	4.8	5	15	6	1	0	1	24.8
2	379.8	163.7	9.3	12	0	12	1	1	0	59.5
3	58.6	50.5	13	16	15	2	1	0	1	7
4	61.5	58	12.8	16	12	1	1	0	1	7.5
5	99.6	66.4	14	16	13	5	1	0	0	9.8
6	76.2	66.2	6	16	23	1	1	0	0	13.5
7	115.7	59.6	14.7	16	10	4	1	0	0	14.9
8	165	98.6	13.6	16	14	2	1	0	1	27
9	215.2	87.4	13.3	16	10	7	1	1	0	27
10	157.8	116.9	6.7	16	13	6	1	1	0	28
11	212.9	96.9	3.1	16	10	5	1	0	0	28.5
12	137.8	82.8	10.3	19	0	20	1	1	0	23
13	87.2	75.1	11.6	23	5	8	1	0	1	12.9
14	139.6	77.9	10.5	23	10	3	0	0	0	18
15	172.6	125	3.8	23	15	5	0	0	0	23.7
16	151.9	85.6	5.4	28	0	4	0	1	0	29.8
17	179.5	70.1	4.5	32	5	2	0	0	0	17.8
18	50	48.7	14.6	37	0	3	1	0	0	5.5
19	105	66.5	13.7	37	4	11	1	1	0	8.7
20	132	51.9	13	37	0	6	1	0	1	10.3
21	174	82.3	10.3	37	0	18	1	1	0	14.5
22	176	86.1	4.4	37	0	10	1	1	0	17.6
23	168.7	80.8	12.8	41	5	2	0	1	0	16.8

1;木造　0;軽量鉄骨　　1;車庫　1;カーポート　0;無し

図15-49　カテゴリーデータがダミー変換されたデータ

駐車設備なしは0,0を意味し切片の出発点ともなるものなのでデータの列の中から除外されます。

3．重回帰分析の実行

このデータで重回帰分析へと進みます（図15-50）【付属CD Ch-15-3】。

このダミー変換の先には、多変量解析の中の"数量化Ⅰ類"という分野があり、目的変数は数量データですが説明変数がすべてカテゴリーデータばかりです。従って、重回帰分析と対比して捉えられますが、これはほんの入り口に過ぎず、その先には多変量解析という広い世界があります。本書では取り上げませんが、「高い山に登ってみて、更に高い山が見えてくる」の喩えどおり、ここまで到達された方々の今後の目標として多変量解析をお勧めします。その意味で、その全体像を示します（図15-51）。

概要

回帰統計	
重相関 R	0.965882
重決定 R2	0.932928
補正 R2	0.918023
標準誤差	3.322737
観測数	23

分散分析表

	自由度	変動	分散	測された分散	有意 F
回帰	4	2764.219	691.0548	62.59225	2.58E-10
残差	18	198.7305	11.04058		
合計	22	2962.95			

	係数	標準誤差	t	P-値	下限 95%	上限 95%	下限 95.0%	上限 95.0%
切片	7.748869	4.752832	1.630369	0.120397	-2.23646	17.7342	-2.23646	17.7342
宅地面積m	0.072935	0.021824	3.342018	0.003628	0.027085	0.118785	0.027085	0.118785
建物面積m	0.177118	0.055601	3.185532	0.005123	0.060305	0.293931	0.060305	0.293931
電車時間m	-0.44592	0.098964	-4.50588	0.000273	-0.65383	-0.238	-0.65383	-0.238
バス時間m	-0.37297	0.161123	-2.31482	0.032634	-0.71147	-0.03446	-0.71147	-0.03446

$\hat{y}$ = 7.748869 + 0.072935宅地面積 + 0.177118建物面積 - 0.44592電車時間 - 0.37297バス時間

図15-50　分析結果（付属 CD Ch-15-3参照）

4．多変量解析の全体像

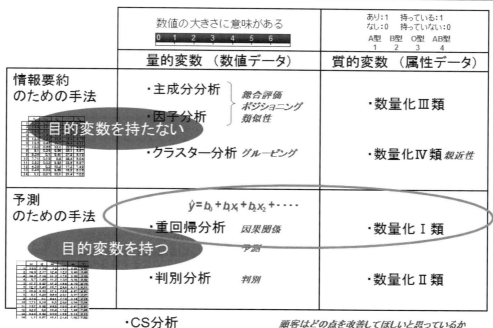

図15-51　多変量解析の全体像

第2部 信頼性編

統計的データ解析
という側面からの信頼性

第16章 信頼性の基礎

1．信頼性の位置付け

　信頼性は信頼性工学とも言われ、品質管理と同様に管理技術に位置付けられます。固有技術そのものの側面を信頼性工学と定義されている人達もおられますが、ここで扱う信頼性工学は「信頼性工学への統計的アプローチ」とでもいいますか、統計解析という側面から信頼性工学の一分野を、しかも多くの固有技術の分野に共通する管理技術として捉えていきますので、ここでは「信頼性工学」と「信頼性」という用語を併用していきます。本書で学習する内容は、主として統計解析の分野ですが一部故障物理の中のストレス・ストレングスモデル、アレニュースモデルを取り上げます。

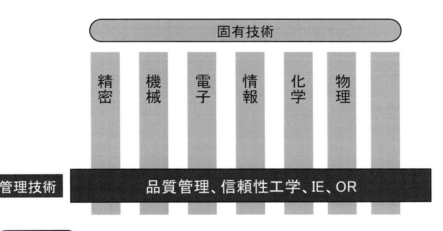

図16-1　信頼性工学の位置付け

　既に第1部第1章1、2で管理技術については話題に挙げましたが、重複を恐れず改めて管理技術について考えてみますと、管理技術というものは技術者として習熟していくにつれてその必要性に迫られ、または気づいていく性質のものです。各固有技術に対する信頼性の側面はその典型的な見識であると言えます。

2．品質管理と信頼性の尺度

　広義の「品質」には狭義の品質と信頼性が含まれています。狭義の品質、たとえば製品の

出来栄えを品質と定義するならば、それは生産プロセス内での不良品の有無を意味しており、それは不良率、ppm で表されます。これは信頼性でいう時間軸上の $t=0$ 時点の品質ということができます。一方、信頼性では当該製品の使用環境、使用状態、使用時間……を包括して $t=T$ 時点でその機能が発揮できているという品質を意味します。この場合、使用環境、使用状態、使用時間……は固有技術に深く依存するところですが、使用時間の統計解析という側面からはその時点で故障しないで生存している確率という意味の信頼度、時間当たりの不良率、時間当たりの ppm、特に 1000 時間当たりの ppm を Fit（Failure Unit）として定義しています。また、平均故障時間という意味で MTTF、MTBF を定義していますが、これらは全てとにかく(1)故障しないようにするための尺度です。

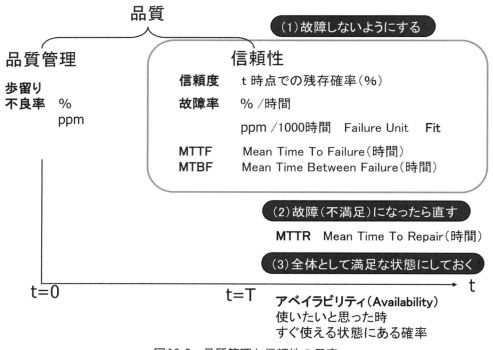

図16-2　品質管理と信頼性の尺度

　万が一故障した場合を考えたとき、(2)故障になったらすぐに直すという意味で MTTR、(3)故障しにくくてかつ故障してもすぐに直せるという意味のアベイラビリティ（Availability）といった尺度もありますが、本書では扱いません。この分野を研究するには保全性工学という分野に入る必要があります。

3．信頼度関数と故障率

　信頼度とは機器が t 時点まで故障しないで所望の機能を発揮し続ける確率を表します。時間ごとの故障の起こる強さを故障確率密度関数と呼び、$f(t)$ で表します。この時間軸に対する $f(t)$ の動き、形に伴い、累積された面積が $F(t)$、$R(t)$ となります。Reliability の R をとって、t 時点での生存確率を $R(t)$ で表します。一方、Failure の F をとって t 時点までの累積故障確率を $F(t)$ で表します。当然のことながら確率ですので、$F(t)+R(t)=1$ とい

うことになります。t時点での故障率は、t時点まで生存し残存している確率$R(t)$に対して、その瞬間極微小な時間Δtの間にどのくらい故障する確率密度があるかということを意味しています。故障率は一般に$\lambda(t)$で表され、$\lambda(t) = f(t)/R(t)$で表され、微分の公式を利用して変形していくと有名な信頼度関数が得られます（図16-4）。MTTF、MTBFについては故障確率密度関数の平均時間を意味しますが、これは後で詳しく学ぶことにします。

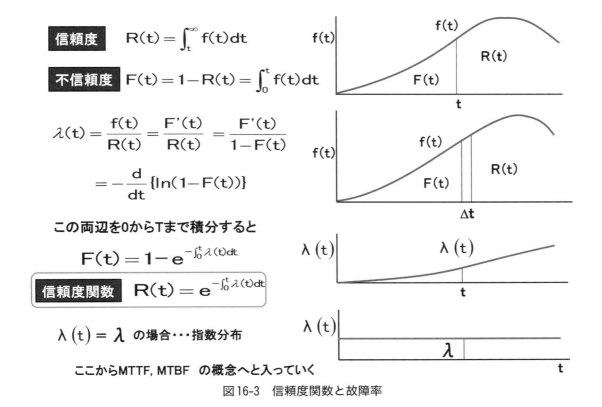

図16-3　信頼度関数と故障率

蛇足ながら、tをxに置き換えていますが別の数学的表現では次のようになります。

$$R_{(t)} = \int_t^\infty f(x)dx$$

$$F_{(t)} = 1 - R_{(t)} = \int_0^t f(x)dx$$

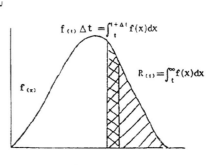

$$\lambda_{(t)} = \lim_{\Delta t \to 0} \frac{1}{\Delta t} P(t < X \leq t+\Delta t \mid t < X)$$

$$= \lim_{\Delta t \to 0} \frac{1}{\Delta t} \frac{P\{(t<X \leq t+\Delta t) \cap (t<X)\}}{P(t<X)}$$

$$= \lim_{\Delta t \to 0} \frac{1}{\Delta t} \frac{P(t<X \leq t+\Delta t)}{P(t<X)}$$

$$= \lim_{\Delta t \to 0} \frac{1}{\Delta t} \frac{\int_t^{t+\Delta t} f(x)dx}{\int_t^\infty f(x)dx}$$

$$= \frac{\lim_{\Delta t \to 0} \frac{1}{\Delta t} \int_t^{t+\Delta t} f(x)dx}{1 - F(t)} = \frac{f(t)}{R(t)}$$

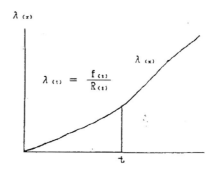

$F(t) = \int_0^t f(t)dt$ から $F'(t) = f(t)$

$$\lambda(t) = \frac{f(t)}{1-F(t)} = \frac{F'(t)}{1-F(t)}$$

$$\lambda(t) = -\frac{d}{dt}\{\log(1-F(t))\}$$

$$\int_0^T \lambda(t)dt = -\log(1-F(T))$$

$$F(T) = 1 - e^{-\int_0^T \lambda(t)dt}$$

$$R(T) = e^{-\int_0^T \lambda(t)dt}$$

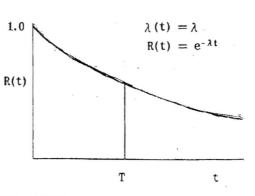

図16-4　もう一つの表現　故障率

4．一般的に信頼性で使われる確率分布

　特殊な場合を除いて、起こっている現象をうまく表現することができ、これらの分布に当てはめることによりうまく説明ができるという意味で一般的にはガンマ分布、指数分布、正規分布がよく用いられます。決して自然現象がこれらの分布に従っているわけではありません。更に、これら3つの分布を統合するかの如く、3つの分布の性質を1つの分布で説明できるのがワイブル分布です。

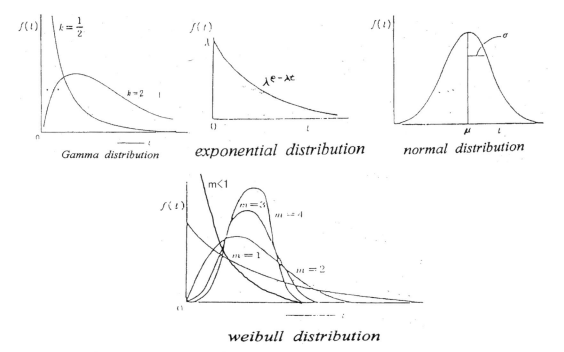

図16-5　一般的に信頼性で使われる確率分布

5．MTTF、MTBF

　この用語はよく使われよく耳にしますが、この用語を学ぶにあたってはその前に先ほど出てきた指数分布の性質について学んでおく必要があります。

　指数分布とは時間軸に対して故障率が一定（$\lambda(t)=\lambda$）で、故障確率密度関数は漸近的に減少、減衰率は一定の右肩下がりになる分布です。これは特に多くの部品の集合体である電子機器の時間軸に対する故障発生状態がランダムであるということを説明するのにとても都合の良い分布であり、信頼性というと指数分布がつきものになっています。

　個々の部品の故障確率密度には規則性があったとしても、その集合体としての機器の故障確率密度には規則性はなくランダムであるという性質であり、1950年代以降、信頼性の黎明期と言われる時期には多くの技術者達の研究論文が当時の日本電子通信学会信頼性部会を賑わせていました。多くの場合、信頼性では故障率が一定（$\lambda(t)=\lambda$）の状態を対象にしています。

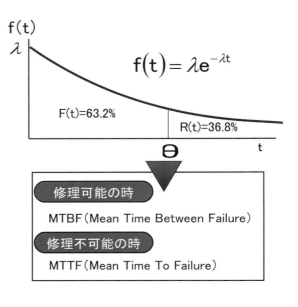

図16-6　指数分布

　MTTF（Mean Time To Failure）は文字通り故障までの平均時間で、これは電子部品のように故障したら修復ができず交換廃棄されるものを対象にする用語です。MTBF（Mean Time Between Failure）は故障しても修復が可能で、修理後また使用するといった機器を対象にした用語です。両者は混同されて使われている場合が多いですが、いずれにしても指数分布の平均時間 θ であり、それは故障率 λ とは $\theta = 1/\lambda$ の関係があります。しかも、指数分布の平均は算術平均で求めることができるという特徴があります。

　以上のことを理解した上で、MTTF、MTBF について詳しく見ていきます。
　MTTF は指数分布の性質から、その平均は算術平均で求められます。注意を要するのは、打ち切り時間データをどのように扱うのかということです。図16-7に示すように打ち切り時間まで故障しなかったデータも加え、総稼働時間として平均を求めてください。

MTTFとは、故障までの平均時間

JIS Z 8115では「修理しない機器、部品等の故障までの動作時間の平均値」

適用公式

$$MTTF = \frac{t_1 + t_2 + \cdots + t_r}{r}$$

t_i:各故障発生までの稼働時間
r:故障発生数

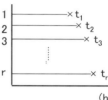

定時打切りの場合

$$MTTF = \frac{t_1 + t_2 + \cdots + t_r + (n-r) \times 打切りの時間}{r}$$

n:試料数

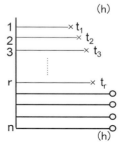

図16-7　MTTFの計算

次の例題、演習問題で確かめてください。

例題

ある部品100台から6台を抜取り、寿命試験を実施した。結果は次の様になりました。

番号	1	21	23	54	85	100
故障時間	120	145	160	70	100	140

$$MTTF = \frac{120 + 145 + 160 + 70 + 100 + 140}{6} = 122.5h$$

演習問題1

バルブが12個あり、それぞれ下記の時間で故障した。このバルブのMTTFを求めよ。

	1	2	3	4	5	6	7	8	9	10	11	12
故障時間	20	21	17	22	20	18	23	21	19	20	18	15

234/12=19.5 *10²　　　（故障時間×10² 時間）

演習問題2

モーター15台について3000時間の寿命試験を行ったところ、5台の故障が発生した。MTTFを求めよ。各故障までの時間は次の通りです。

(9580+30000)/5=7916

	1	2	3	4	5
故障時間	1100	1520	1810	2460	2690

図16-8　MTTFの例題　演習問題

次に、MTBFです。文字通り平均故障時間間隔ですので先のMTTFと異なり総稼働時間の平均ではなくて、故障と故障の間隔時間を問題にしています。

MTBFとは平均故障間隔

JIS Z 8115
「修理しながら使用する系、機器、部品等の相隣る故障間の動作時間の平均値」

適用公式

$$\text{MTBF} = \frac{t_1 + t_2 + \cdots + t_r}{r}$$

t_i：各故障発生までの稼働時間
r：故障発生数

図16-9　MTBF

例題と演習問題で確かめてください。

例　題

A製品とB製品を修理しながら、稼働時間を捉えてみたら次のようになった。各々のMTBFを求めなさい。

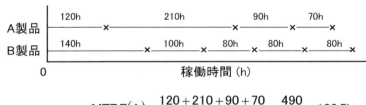

$$\text{MTBF(A)} = \frac{120 + 210 + 90 + 70}{4} = \frac{490}{4} = 122.5\text{h}$$

$$\text{MTBF(B)} = \frac{140 + 100 + 80 + 80 + 80}{5} = \frac{480}{5} = 96\text{h}$$

演習問題1

修理可能なある装置を連続稼動させた時、故障した点は次の通りです。MTBFを求めなさい。

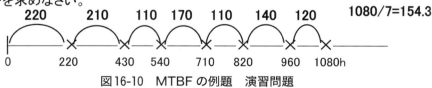

図16-10　MTBFの例題　演習問題

　ここはよく間違いを犯す落とし穴です。現場での記録データは故障した時間が多い。いきなり観測時間を合計してしまう場面を見てきました。求めたいのは平均時間間隔なので時間間隔を算出することが肝要です。
　まとめとして、故障確率密度が指数分布の場合を見てみると、MTTF（MTBF）時点での信頼度関数は$\lambda(t) = \lambda$になることから信頼度は36.8％になります。但し、私達は信頼度36.8％で満足できるはずもなく、私達の関心は信頼度90％になる時の時間、もしくは信頼

度99％を保っている時の時間に関心があります。そこで特別に信頼度が90％の時間を B10 (ビーテン) ライフと呼びます。

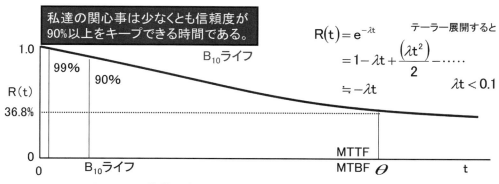

図16-11 指数分布での MTTF（MTBF）時点での信頼度

6．信頼度、MTTF（MTBF）、故障率のおさらい

ここでは、今まで学習した信頼度、MTTF（MTBF）、故障率の関係を復習し先に進みます。

演習問題1

コンデンサー20個の寿命試験を行い、下記のデータが得られた。コンデンサーの時間当たりの故障率を推定せよ。なお、故障分布は指数分布を示すことがわかっている。

サンプル番号	1	2	3	4	5	6	7	8	9	10
故障時間	30	15	10	25	15	25	28	31	16	32

	11	12	13	14	15	16	17	18	19	20
	29	18	27	19	27	28	30	31	28	10

$474 \times 10^4 / 20 = 237000$ 　　　$1/237000 = 4.22 \times 10^{-6}$ （故障時間×10^4時間）

演習問題2

携帯型電子機器を25台抜粋、加速動作試験を行ったところ、次のようなデータを得た。

サンプル	1	2	3	4	5	6	7	8	9	10	11	12
故障時間	219	265	265	263	228	260	318	222	229	360	225	228

13	14	15	16	17	18	19	20	21	22	23	24	25
442	227	257	488	278	314	443	225	370	362	219	310	312

加速試験とは試験時間を短縮する目的で、基準より厳しい条件で行う試験のことで、この試験の場合、定格条件の2倍のストレスで加速しており、ここでは実質的には10倍の故障率に相当していると仮定する。

実験データから加速係数を求めるワイブル解析は後の章で実施しますワイブル確率紙

- 問1 このデータはどの様な分布を示しているのか。
- 問2 この製品のMTTFおよび、故障率はどのくらいか
- 問3 この製品は市場では4000時間(試験時間として400時間に相当)持って欲しいと考えているが、どれくらい保証できるか。(信頼度はいくらか)。
- 問4 95%の信頼度で保証できる時間はいくらか
- 問5 MTTF時の信頼度はどれくらいか。

$$(e^1 = 2.7183,\ e^{1.36} = 3.896,\ \log e\, 0.95 = -0.0513)$$

演習問題2 解

① 指数分布 ⇒ 故障率一定

② MTTF = Σt/n = 7329/25 = 293.16

$\lambda = 1/293.16 = 0.0034$

試験条件下では 3.4/1000^H

通常使用条件下では 0.34/1000^H

MTTF = 2931.6

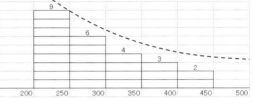

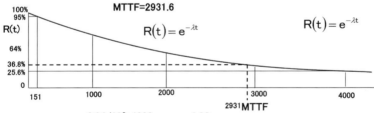

③ $R_{(1000)} = e^{-0.34/10^3 * 4000} = e^{-1.36} = 0.2566$

④ $0.95 = e^{-0.34/10^3 * t}$
$-0.0513 = -0.00034 * t$
$t = 150.9$

⑤ $R_{(MTTF)} = e^{-0.34/10^3 * 1/-0.34/10^3} = e^{-1} = 0.3678$

演習問題3 定時打ち切り

20個の電源コードについて、5000回の屈曲試験を行った所、9個の故障(断線)が発生した。故障までの屈曲回数は次の通りです。指数分布に従うことがわかっている場合、故障率を求めよ。

サンプル番号	1	2	3	4	5	6	7	8	9
屈曲回数	280	680	1030	1260	1340	1500	2480	3860	4700

72130/9 = 8014.4

1/8014.4 = 0.0001248

演習問題4 定数打ち切り

100個の電子部品を一定の条件の下で各100時間ずつ試験した所、このうち10個が次の時間で故障した。この部品のMTTFは何時間か。　9511/10=951

| 故障時間 | 1 | 6 | 10 | 20 | 50 | 70 | 80 | 85 | 90 | 99 |

7. 故障率曲線（Bath Tub Curve）

よく知られている故障率曲線ですが、欧米風の浴槽と似ていることから Bath Tub Curve と呼ばれています。注意する点は、横軸は時間軸ですが縦軸は故障率であるということです。従って、大別して故障率の減少期、一定期、増加期に分けることができ、それぞれ初期故障期、偶発故障期、摩耗故障期と呼ばれます。これらのそれぞれの期に発生する現象を先に学んだ3つの分布に当てはめると都合よく説明できますが、それらを包括してワイブル分布で当てはめられるという点でワイブル分布はパワーを発揮するのでワイブル氏の功績は大きいものがあります。

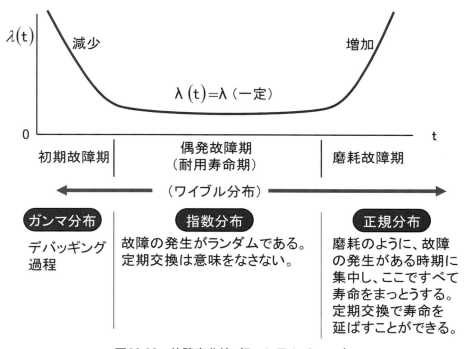

図16-12　故障率曲線（Bath Tub Curve）

8. 故障率の計算

ここでは、故障率の概念を超えて実際に故障率を求める手順を学習します。

故障率 { 平均故障率, 瞬間故障率 }　　平均故障率 = (その期間中の)総故障数 / 総稼働時間

一般に使われるのは「瞬間故障率」の方でJIS用語で故障率と名付けて定義しているのは瞬間故障率です。「ある時点まで作動してきた系、機器、部品などが引き続き単位期間中に故障を起こす割合。」

$$\lambda(t) = \frac{ft}{Nt} \times \frac{1}{\Delta t}$$

$\lambda(t)$：t 時間における故障率
ft：t 時間に続く Δt 時間の間に起きる故障数
Nt：t 時間においての残存数
Δt：t 時間に続く使用時間

故障率の単位として多く使われるのは％／10^3時間（= 10^{-5}時間）の単位です。信頼度が高くなって故障率が小さい部品、特に電気部品等では故障率の単位としてFit（= 10^{-9}時間）が使われます。その他、故障率の単位としては％／回数や％／距離などもあります。

指数分布のとき　$\hat{\lambda} = \dfrac{1}{MTTF}$

図16-13　故障率の計算

故障率には瞬間故障率と平均故障率の2つがあります。平均故障率はある期間通しての故障率で、死んだ子の年を数えているようなものであまり意味を持ちません。私達にとって関心があるのは時々刻々とまではいかなくても時期、時期ごとに変化する故障率である瞬間故障率です。

例題

10個のバルブが季節を追って故障していく様子。

平均故障率	瞬間故障率	故障の状況
$\dfrac{10個}{60ヶ月}$ = 16.7%／月	春　$\dfrac{4}{10 \times 3}$ = 13.3%／月	
	夏　$\dfrac{3}{6 \times 3}$ = 16.7%／月	
	秋　$\dfrac{2}{3 \times 3}$ = 22.2%／月	
	冬　$\dfrac{1}{1 \times 3}$ = 33.3%／月	

図16-14　瞬間故障率と平均故障率

➢故障率の計算①

生データから故障率計算の手順を学習します。まず、①で算出手順をその解と共に説明しますので、②、③はご自身でやってみてください。計算結果に自信を持つために②解、③解をこの章の終わりに載せておきます。

❶ ある部品 n＝20個のエージングテストを行った。このうち18個の故障があり、時間データは次の通り。瞬間故障率を求めよ

時間データ： 16, 18、19、20、25、30、40、50、65、80、90、
100、120、150、190、350、430、650、の18個

故障率計算シート									
観測番号（区間）	i								
観測時間	t_i								
稼動中の個数	n_i								
区間での故障数	$r_i = n_{i-1} - n_i$								
累積故障数	$\sum r_j = n - n_i$								
区間での(％/時間)故障確率密度	$f(t) = \dfrac{r_i}{n}\dfrac{1}{\Delta t}$								
(％)累積故障確率	$F(i) = \sum f_i \Delta t$								
(％)信頼度	$R(i) = 1 - F(i)$								
(％／時間)故障率	$\lambda(i) = \dfrac{r_i}{n_{i-1}}\dfrac{1}{\Delta t}$								

図16-15　故障率の計算①

　まず、基礎数字を確認します。$\Delta t = 100$時間として20個中18個が故障。区間番号と観測時間を記入し、そこに区間での稼働中の個数、故障数、累積故障数を記入。$f(t)$ 区間での故障確率密度は20個に対して何個故障したかを割り算します。例えば区間1の0.6は $(12/20) \times (1/100) \times 100\%$を意味します。区間2の0.15は $(3/20) \times (1/100) \times 100\%$、以下同様で分母はスタート時点の20個を固定しています。不信頼度 $F(t)$ は％表示で $f(t)$ の累積となります。信頼度は $R(t) = 1-F(t)$ で求めます。最後に、区間での瞬間故障率は t 時点まで残存していたものが次の瞬間どれだけ故障するかということでしたので、前区間での稼働数に対する区間の故障数の割合を計算します。例えば、区間1では $(12/20) \times (1/100) \times 100\%$で0.6ですが、区間2では前区間の稼働数が8ですので $(3/8) \times (1/100) \times 100\%$となり0.38となります。前区間の稼働数と区間の故障数という比率になります。

故障率の計算 ① 解

❶ ある部品 n＝20個のエージングテストを行った。このうち18個の故障があり、時間データは次の通り。瞬間故障率を求めよ

△t=100

時間データ： 16、18、19、20、25、30、40、50、65、80、90、
100、120、150、190、350、430、650、の18個

故障率計算シート									
観測番号（区間）	i	0	1	2	3	4	5	6	7
観測時間	t_i	0	100	200	300	400	500	600	700
稼動中の個数	n_i	20	8	5	5	4	3	3	2
区間での故障数	$r_i = n_{i-1} - n_i$	0	12	3	0	1	1	0	1
累積故障数	$\sum r_j = n - n_i$	0	12	15	15	16	17	17	18
区間での（%/時間）故障確率密度	$f(t) = \dfrac{r_i}{n\Delta t}$	0	0.6	0.15	0	0.05	0.05	0	0.05
（%）累積故障確率	$F(i) = \sum f_i \Delta t$	0	60	75	75	80	85	85	90
（%）信頼度	$R(i) = 1 - F(i)$	100	40	25	25	20	15	15	10
（%/時間）故障率	$\lambda(i) = \dfrac{r_i}{n_{i-1}\Delta t}$	0	0.6	0.38	0	0.2	0.25	0	0.33

図16-16　故障率の計算①　解

➤ 故障率の計算②

❷ ある部品 n＝20個のエージングテストを行った。このうち18個の故障があり、時間データは次の通り。瞬間故障率を求めよ

時間データ： 18、20、30、50、90、95、120、130、140、150、220、250
300、320、380、430、540、670の18個

故障率計算シート									
観測番号（区間）	i	0	1	2	3	4	5	6	7
観測時間	t_i								
稼動中の個数	n_i								
区間での故障数	$r_i = n_{i-1} - n_i$								
累積故障数	$\sum r_j = n - n_i$								
区間での（%/時間）故障確率密度	$f(t) = \dfrac{r_i}{n\Delta t}$								
（%）累積故障確率	$F(i) = \sum f_i \Delta t$								
（%）信頼度	$R(i) = 1 - F(i)$								
（%/時間）故障率	$\lambda(i) = \dfrac{r_i}{n_{i-1}\Delta t}$								

図16-17　故障率の計算②

➤ 故障率の計算③

❸ ある部品 n＝20個のエージングテストを行った。このうち20個の故障があり、時間データは次の通り。瞬間故障率を求めよ

時間データ：90、130、150、170、190、210、240、260、270、290、310
320、330、340、360、380、390、420、430、610の20個

故障率計算シート									
観測番号（区間）	i	0	1	2	3	4	5	6	7
観測時間	t_i								
稼動中の個数	n_i								
区間での故障数	$r_i = n_{i-1} - n_i$								
累積故障数	$\sum r_j = n - n_i$								
区間での（％/時間）故障確率密度	$f(t) = \dfrac{r_i}{n} \dfrac{1}{\Delta t}$								
（％）累積故障確率	$F(i) = \sum f_i \Delta t$								
（％）信頼度	$R(i) = 1 - F(i)$								
（％/時間）故障率	$\lambda(i) = \dfrac{r_i}{n_{i-1}} \dfrac{1}{\Delta t}$								

図16-18　故障率の計算③

9．計算結果のグラフ化と考察

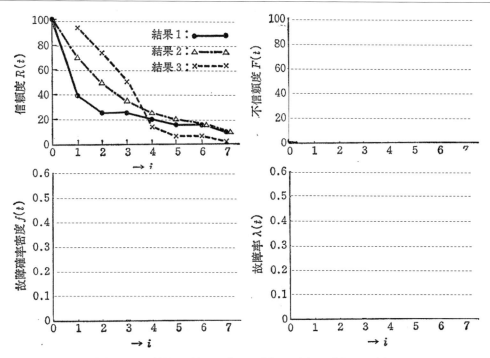

図16-19　結果のグラフ化　R(t)、F(t)、f(t)、λ(t)
（信頼度 $R(t)$ を参考にして記入してください）

計算結果をグラフ化し、グラフに語らせます。この生データは故障確率密度 $f(t)$ という視点から見たら、どのような分布に当てはめることが適切でしょうか。また、故障率 $\lambda(t)$ という視点から見たら、故障率曲線（Bath Tub Curve）においてどのような期間に当てはまるのでしょうか。

10. 故障率の計算とグラフ化　解答

❷ ある部品 n＝20個のエージングテストを行った。このうち18個の故障があり、時間データは次の通り。瞬間故障率を求めよ

時間データ：18、20、30、50、90、95、120、130、140、150、220、250、300、320、380、430、540、670の18個

故障率計算シート									
観測番号（区間）	i	0	1	2	3	4	5	6	7
観測時間	t_i	0	100	200	300	400	500	600	700
稼動中の個数	n_i	20	14	10	7	5	4	3	2
区間での故障数	$r_i = n_{i-1} - n_i$	0	6	4	3	2	1	1	1
累積故障数	$\sum r_j = n - n_i$	0	6	10	13	15	16	17	18
区間での（％/時間）故障確率密度	$f(t) = \dfrac{r_i}{n} \dfrac{1}{\Delta t}$	0	0.3	0.2	0.15	0.1	0.05	0.05	0.05
（％）累積故障確率	$F(i) = \sum f_i \Delta t$	0	30	50	65	75	80	85	90
（％）信頼度	$R(i) = 1 - F(i)$	100	70	50	35	25	20	15	10
（％／時間）故障率	$\lambda(i) = \dfrac{r_i}{n_{i-1}} \dfrac{1}{\Delta t}$	0	0.3	0.29	0.3	0.29	0.2	0.25	0.33

図16-20　故障率の計算②　解

❸ ある部品 n＝20個のエージングテストを行った。このうち20個の故障があり、時間データは次の通り。瞬間故障率を求めよ

時間データ：90、130、150、170、190、210、240、260、270、290、310、320、330、340、360、380、390、420、430、610の20個

故障率計算シート									
観測番号（区間）	i	0	1	2	3	4	5	6	7
観測時間	t_i	0	100	200	300	400	500	600	700
稼動中の個数	n_i	20	19	15	10	3	1	1	0
区間での故障数	$r_i = n_{i-1} - n_i$	0	1	4	5	7	2	0	1
累積故障数	$\sum r_j = n - n_i$	0	1	5	10	17	19	19	20
区間での（％/時間）故障確率密度	$f(t) = \dfrac{r_i}{n} \dfrac{1}{\Delta t}$	0	0.05	0.2	0.25	0.35	0.1	0	0.05
（％）累積故障確率	$F(i) = \sum f_i \Delta t$	0	5	25	50	85	95	95	100
（％）信頼度	$R(i) = 1 - F(i)$	100	95	75	50	15	5	5	0
（％／時間）故障率	$\lambda(i) = \dfrac{r_i}{n_{i-1}} \dfrac{1}{\Delta t}$	0	0.05	0.21	0.33	0.70	0.67	0	1.0

図16-21　故障率の計算③　解

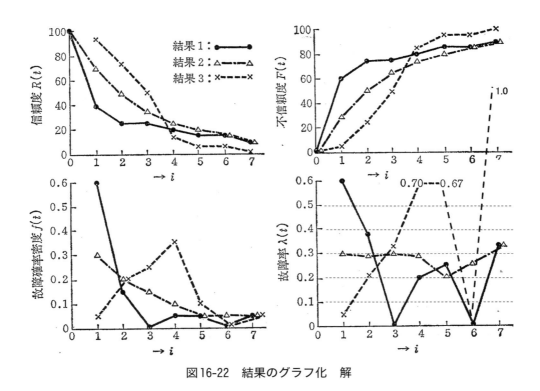

図16-22 結果のグラフ化 解

Say it with graph、文字通りグラフに語らせます。その結果は次の通りです。

①のデータは故障の発生が早い時間帯に集中していること、故障率が減少傾向にあることから、$f(t)$ 故障確率密度関数はガンマ分布に当てはめられるのが適切ではないかと考えられます。これは、Bath Tub Curve でいう初期故障期のデータであると言えます。

②のデータは故障の発生が漸近的に減少傾向であること、故障率がほぼ横ばいで $\lambda(t) = \lambda$ 一定とみなせるので、$f(t)$ 故障確率密度関数は指数分布に当てはめられるのが適切ではないかと考えられます。これは、Bath Tub Curve でいう偶発故障期のデータであると言えます。

③のデータは故障の発生がある時期に集中して山を形成していること、故障率が増加傾向であることから $f(t)$ 故障確率密度関数は正規分布に当てはめられるのが適切ではないかと考えられます。これは、Bath Tub Curve でいう摩耗故障期のデータであると言えます。

● ある部品 n=50個について500時間のエージングテストを行った。
時間データは次の通り。観測区間毎の故障確率密度、累積故障確率、信頼度、瞬間故障率を求めよ。（観測区間を50時間とする）

時間データ： 228、229、249、255、262、295、327、330、335、348、349、350、365、366、376、424、432、433、435、442、443、446、447、448、449、451、457、461、467、469、474、480、486、493、494、497 の36個

故障率計算シート		0	1	2	3	4	5	6	7
観測番号（区間）	i	0	1	2	3	4	5	6	7
観測時間	t_i								
稼動中の個数	n_i								
区間での故障数	$r_i = n_{i-1} - n_i$								
累積故障数	$\sum r_j = n - n_i$								
区間での（％／時間）故障確率密度	$f(t) = \dfrac{r_i}{n}\dfrac{1}{\Delta t}$								
（％）累積故障確率	$F(i) = \sum f_i \Delta t$								
（％）信頼度	$R(i) = 1 - F(i)$								
（％／時間）故障率	$\lambda(i) = \dfrac{r_i}{n_{i-1}}\dfrac{1}{\Delta t}$								

図16-23　故障陸の計算　演習問題

● ある部品 n=50個について500時間のエージングテストを行った。
時間データは次の通り。観測区間毎の故障確率密度、累積故障確率、信頼度、瞬間故障率を求めよ。（観測区間を50時間とする）　Δt=50

時間データ： 228、229、249、255、262、295、327、330、335、348、349、350、365、366、376、424、432、433、435、442、443、446、447、448、449、451、457、461、467、469、474、480、486、493、494、497 の36個

故障率計算シート		0	1	2	3	4	5	6	7
観測番号（区間）	i	0	1	2	3	4	5	6	7
観測時間	t_i	200	250	300	350	400	450	500	
稼動中の個数	n_i	50	47	44	38	35	25	14	
区間での故障数	$r_i = n_{i-1} - n_i$	0	3	3	6	3	10	11	
累積故障数	$\sum r_j = n - n_i$	0	3	6	12	15	25	36	
区間での（％／時間）故障確率密度	$f(t) = \dfrac{r_i}{n}\dfrac{1}{\Delta t}$	0	0.12	0.12	0.24	0.12	0.4	0.44	
（％）累積故障確率	$F(i) = \sum f_i \Delta t$	0	6	12	24	30	50	72	
（％）信頼度	$R(i) = 1 - F(i)$	100	94	88	76	70	50	28	
（％／時間）故障率	$\lambda(i) = \dfrac{r_i}{n_{i-1}}\dfrac{1}{\Delta t}$	0	0.12	0.13	0.27	0.16	0.57	0.88	

図16-24　故障陸の計算　演習問題　解答

第17章　故障0の場合、MTTFは推定できるのか

1. 故障率、信頼度の予測

設計部門でのコンサルティングの中で出てきたあるメカ系設計技術者のつぶやきです。
「エレキ系の場合は部品メーカー、半導体メーカーから故障率データをもらって、自分の設計範囲の故障率を予測することができるけど、メカ系はそれができない……。メカ系の設計者はどのようにして故障率（MTTF）を予測したらよいのか……」
このような疑問は多くの設計現場で起こっているようです。

ここでは、故障率を予測する①部品点数法と②信頼性試験による方法について説明します。

2. 信頼性ブロック図

簡単な例で、システムの信頼性ブロック図を示します。そこでは各部品の接続が直列システムになっているのか、並列システムになっているのかが分かります。従って各部品の故障率がわかれば、直列システムとして各部品の故障率の和をシステムの故障率に置き換え、システムの信頼度を予測することができます。

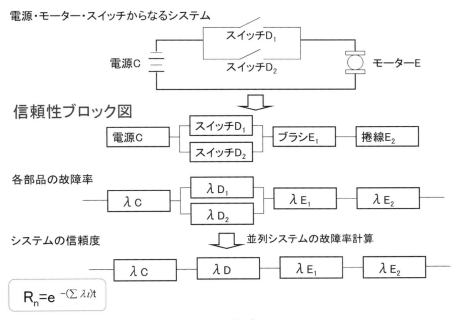

図17-1　信頼性ブロック図

既に第16章で学んだように、機器、システムの稼働は故障率曲線（Bath Tub Curve）でいう偶発故障期（耐用寿命期）を前提としており、そこでの時間軸に対して故障の発生状況を示す故障確率密度関数 $f(t)$ はランダムな発生を意味する指数分布が当てはめられます。

よって、故障率も $\lambda(t) = \lambda$ と一定で信頼度関数と故障率の関係はシンプルな式で表されます。直列システム、並列システムの信頼度の計算は図17-2のようになります。

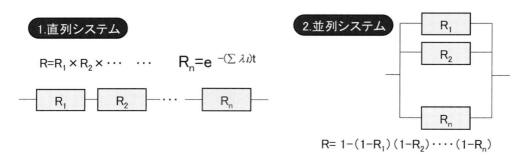

図17-2　信頼性ブロック図と信頼度の計算

この考え方を基に信頼度を予測するステップが明らかになります。

1. 部品故障率データベースを準備する
2. 製品の信頼性ブロック図を作成する
3. 構成している部品情報を把握する
4. 部品の故障率を予測する
5. 製品全体の故障率を予測する
6. 製品の信頼度を予測する

図17-3　信頼度予測の手順

例えば半導体、電子デバイスの例では、多くの場合、各メーカーは自社内で信頼性試験を行い自社商品の信頼性データをカタログ等に示しています。

3．システム全体の故障率、信頼度を予測する

以下の例は部品名が半世紀前の呼び方ですが、その頃からこのような考え方で故障率を積算していたということです。

信頼度予測
簡単な回路の例

回路構成部品	使用個数 n	故障率 λ (1000h当り%)	全部品故障率 n・λ (1000h当り%)
トランジスタ	93	0.30	27.90
ダイオード	87	0.15	13.05
金属被膜抵抗器	112	0.04	4.48
捲線抵抗器	29	0.20	5.80
フィルムコンデンサ	63	0.04	2.52
タンタルコンデンサ	17	0.50	8.50
変圧器	13	0.20	2.60
誘導子	11	0.14	1.54
半田付け及びリード線	512	0.01	5.12
合計 Σλi			71.51

$$MTBF = \frac{1}{\lambda} = \frac{1}{71.51 \times 10^{-5}} = 1398h$$

図17-4 部品点数法の基本的な考え方

4．MIL-HDBK-217Fの故障率予測の概略

これは、ごく基本的な考え方であり、現実は詳細が米国国防省の軍事規格 MIL-HDBK-217F に記されています。MIL-HDBK-217F に簡単な例が載せてあり、そこでは品質ファクターが乗じられています。

表3.18 ユニットの故障率計算シート

(単位：故障数／10⁶時間)

部品タイプ	使用個数	λ_g	π_Q	部品故障率小計
・バイポーラ リニアIC	1	0.024	1.0	0.024
・電力用NPNトランジスタ	4	0.042	1.0	0.168
・アナログダイオード	5	0.028	1.0	0.140
・電力形皮膜抵抗器	10	0.041	0.3	0.123
・固体タンタルコンデンサ	4	0.017	0.3	0.0204
・電力用トランス	1	0.36	1.0	0.36
合計				0.8389

MIL-HDBK-217F
訳本
電子機器の信頼度予測技法
（成功のための最新ノウハウ）
P60,61 掲載

(社)関西電子工業振興センター
　　信頼性分科会

部品故障率を合計すると、このユニットの故障率は 0.8389（故障数／10⁶時間）となるので、ユニットのMTBFは

$$MTBF = \frac{10^6}{0.8389} = 1.1920 \times 10^6 \text{（時間）}$$

図17-5 部品点数法の例（MIL-HDBK-217F）

その考え方として、MIL-HDBK-217F（部品ストレス解析法）では部品の故障率を求める

のに部品の基礎故障率に温度ファクター、電力ファクター、電力ストレスファクター、品質ファクター、環境ファクターを乗じて求めているということです。

部品故障率予測の係数　例　　MIL-HDBK-217F
部品ストレス解析予測法

表6.7　基礎故障率[1]　λ_b

タイプ	λ_b
NPN と PNP	0.00074

表6.9　適用ファクタ[1]　π_A

用途	π_A
比例増幅器	1.5
スイッチング	0.70

表6.10　電力定格ファクタ[1]　π_R

定格電力(Pr,Watt)	π_R
Pr < 0.1	0.43
= 0.5	0.77
= 1.0	1.0
= 5.0	1.8
= 10.0	2.3
= 50.0	4.3
= 100.0	5.5
= 500.0	10

$\pi_R = 0.43$　定格電力 ≤ 0.1W
$\pi_R = (Pr)^{0.37}$　定格電力 > 0.1W

表6.8　温度ファクタ[1]　π_T

$T_J(℃)$	π_T	$T_J(℃)$	π_T
25	1.0	105	4.5
30	1.1	110	4.8
35	1.3	115	5.2
40	1.4	120	5.6
45	1.6	125	5.9
50	1.7	130	6.3
55	1.9	135	6.8
60	2.1	140	7.2
65	2.3	145	7.7
70	2.5	150	8.1
75	2.8	155	8.6
80	3.0	160	9.1
85	3.3	165	9.7
90	3.6	170	10
95	3.9	175	11
100	4.2		

$$\pi_T = \exp\left[-2114\left(\frac{1}{T_J+273}-\frac{1}{298}\right)\right]$$

T_J ＝ ジャンクション温度(℃)

表6.11　電圧ストレスファクタ[1]　π_S

$V_S = \dfrac{\text{印加 } V_{CE}}{\text{定格 } V_{CEO}}$

	π_S
0 < V_S ≤ 0.3	0.11
0.3 < V_S ≤ 0.4	0.16
0.4 < V_S ≤ 0.5	0.21
0.5 < V_S ≤ 0.6	0.29
0.6 < V_S ≤ 0.7	0.39
0.7 < V_S ≤ 0.8	0.54
0.8 < V_S ≤ 0.9	0.73
0.9 < V_S ≤ 1.0	1.0

$\pi_S = 0.045 \exp[3.1(V_S)]$
　(0 < V_S ≤ 1.0)

$V_S = \dfrac{\text{印加 } V_{CE}}{\text{定格 } V_{CEO}}$

V_{CE} ＝ コレクタ・エミッタ電圧
V_{CEO} ＝ コレクタ・エミッタ電圧
　　　　　（ベースオープン）

表6.12　環境ファクタ[1]　π_E

環境	π_E
G_B(地上，温和)	1.0
G_F(地上，固定)	6.0
G_M(地上，移動用)	9.0
N_S(海，有蓋)	9.0
N_U(海，無蓋)	19
A_{IC}(空，有人輸送機)	13
A_{IF}(空，有人戦闘機)	29
以下省略	

表6.13　品質ファクタ[1]　π_Q

品質	π_Q
J A N T X V	0.70
J A N T X	1.0
J A N	2.4
下級品質	5.5
プラスチック	8.0

図17-6　各種ファクター（MIL-HDBK-217F）
（中村泰三・榊原哲『やさしく学べる信頼性手法』日科技連　2004年　74頁）

　本書の主旨は信頼性への統計的アプローチということで、統計的データ解析をメインに考えています。この内容は固有技術の分野に深く入り込んでいるため、部品点数法MIL-HDBK-217Fの詳細を語るのは本旨ではないのでここまでとします。部品点数法による故障率予測を深く学ぶためには、訳本も出ているので是非ともMIL-HDBK-217Fとご自身の業務との接点を見出してほしいものです。

5．信頼性試験による故障率、信頼度予測

冒頭に述べたように、エレキ系の設計者は比較的容易に基礎故障率を入手しやすく予測へと進めるのですが、メカ系設計者は信頼性試験を行って基礎データを集めるということです。信頼性試験というと大変なことになりそうだと思われがちですが、実際に稼働させた上での機能の耐久評価と考えればよいのです。自信を持って設計したものですので、そうそう故障するものではありません。多くの場合、故障0というケースに直面しますが、そうした場合でも故障率は予測できるのかという疑問に答えるのが本章の目的です。

まず、基本的な信頼性試験のパターンを示します。

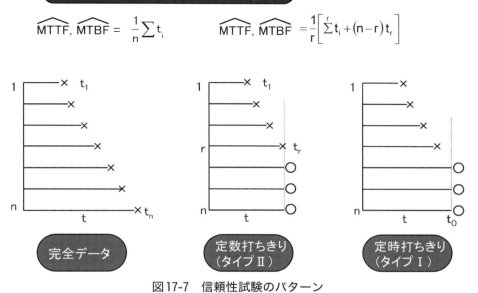

図17-7　信頼性試験のパターン

既に第1部第5章で区間推定ということを学習しました。信頼性においても時間データはあくまでサンプルであり、それを固定的に点推定してしまうのはもう過去の話です。指標は信頼率90％でこの信頼区間の中にあるといったレポートが書けるような、区間推定を信頼性でも導入します。

図17-7で試験をしてMTTFが得られますが、サンプルから得られたデータであるが故に図17-8の上部に書かれている関係があります。式の説明は、総稼働時間（コンポーネントアワー）Tの2倍とMTTFの比はχ^2分布に従うということで、変形してMTTFを出して分母にχ^2分布を置きます。信頼率90％で区間推定を行うには、総稼働時間Tの2倍を分母のχ^2分布の両側に5％ずつ左側、右側にとって5％、95％のχ^2値で割ってやれば両側で90％の信頼区間が得られます。

一般に、時間データの信頼率は90％が用いられます。また、時間データは長い方が良いに決まっていますので、時間の長い方の上限は規制しません。最悪の場合という意味で下限

● MTTF、MTBFの信頼限界は χ^2 分布を用いて求める。

$$2m = 2\lambda T = \frac{2T}{MTTF} = \frac{2r \cdot \widehat{MTTF}}{MTTF} = \chi^2(2r, P)$$ の関係から

定数打ちきりの場合

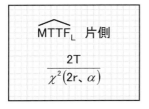
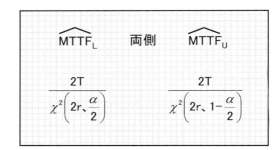

完全データ(n=r)の場合

上の式のrがnに変わるだけで同じ

図17-8　MTTFの信頼限界

を $\alpha = 10\%$ として信頼率90%の下限を推定するのが一般的です。

6．故障が0の場合のMTTFの区間推定

定数打ち切りの場合は故障がいくつか存在するという前提ですが、今、私達は故障が0という場合を考えていますので、定時打ち切りとなります。私達にとって非常に便利です。

● MTTF、MTBFの信頼限界は χ^2 分布を用いて求める。

$$2m = 2\lambda T = \frac{2T}{MTTF} = \frac{2r \cdot \widehat{MTTF}}{MTTF} = \chi^2(2r, P)$$ の関係から

定時打ちきりの場合

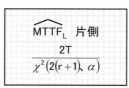
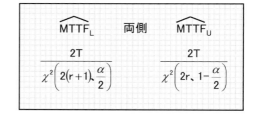

故障0の場合: r=0の場合、信頼率90%($\alpha = 0.1$)、$\chi^2(2, 0.1) = 4.61$
よってコンポーネントアワーTを2.3で割った値が$\widehat{MTTF}$の下限値となる。

図17-9　故障が0の場合の信頼下限推定

定時打ち切りの場合、分母のχ^2分布の自由度が$(r+1)$となっているのは、定時までにr個の故障が発生したけれどもr個目の時間から定時までの間に最悪の場合もう1個故障が発生する可能性があるためです。Excel関数$f(x)$からCHISQ.INVで自由度が2、右側に10%取るために左側に90%の面積を指定しています。この分母の値は4.60なので分子にある2と相殺して、結局故障が0の場合に、信頼率90%で信頼下限を求めるには総稼働時間を2.3で割ってやればよいということになります。

図17-10にカムコーダーAメカの事例を紹介します。

Aメカ24台を100時間エージングした結果、故障はありませんでした。この通りの文言でレポートを書いていた技術者は、多分これが統計的に何を意味するのか知らなかったのでしょう。コンポーネントアワーはT＝2400時間ですので、結論は「信頼率90％でMTTFは1043時間以上である」とするレポートが書けたはずです。

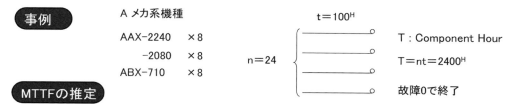

図17-10　エージングデータによるMTTFの信頼下限の推定

7．信頼性指標の区間推定　例題

故障がゼロの場合の信頼下限の学習をしましたが、更に、例題を通して今まで学習した知識のおさらいをしましょう。

右記の信頼性試験の時間データから
① 故障発生状況の分布
② MTTF
③ 故障率
④ 1000時間時点での信頼度
⑤ MTTFの下限
⑥ 故障率の上限
⑦ 1000時間時点での信頼度下限
を求めてください

時間：H

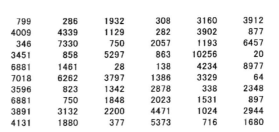

① 指数分布⇒故障率一定

② MTTF＝Σt/n＝2742　　s＝2412

③ $\lambda = 1/2742 = 0.000365$

④ $R_{(1000)} = e^{-0.000365*1000} = 0.69$

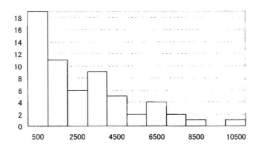

図17-11　信頼性指標の区間推定　例題と解答(1)

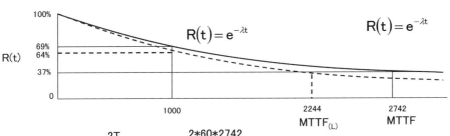

⑤ $MTTF_{(L)} = \dfrac{2T}{\chi^2(2r, p)} = \dfrac{2*60*2742}{146.6} = 2244$

⑥ $\lambda_{(U)} = \dfrac{1}{MTTF_{(L)}} = \dfrac{1}{2244} = 0.445*10^{-3}$

⑦ $R_{(L)(1000)} = e^{-0.445;10^{-3}*10^3} = 0.64$

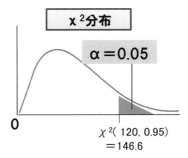

図17-12　信頼性指標の区間推定　例題と解答(2)

第18章 信頼性解析のための確率紙

　ここでは、信頼性解析のために簡便でかつ有効なワイブル確率紙とワイブル型累積ハザード確率紙を学びます。本書の狙いである信頼性への統計的アプローチで管理技術のパワーを体感することができます。いきなりワイブル確率紙に入る前に、確率紙のしくみを理解するために、まず序論として簡単な正規確率紙でウオーミングアップをしてから先に進みます。

第1節　正規確率紙

1．正規確率紙の目的

　既に第1部第3章で正規分布とその性質について学習しました。この分布はあまりにも有名で一般的ですので、私達が手にするすべてのデータが正規分布であると思い込み正規分布として統計解析に入ってしまう人も少なくありません。設計の最前線において規格の公差を決める場合に、データを取るまでは良いのですがデータを棒グラフにして形を見るわけでもなく、いきなり正規分布との前提でプラスマイナス3σを求めて公差を決めている現実を見てきました。取られたデータが正規分布しているものという先入観がそうさせているのでしょうが、せめて棒グラフぐらいは作って姿、形を見てほしいものです。

　多くの場合、目標値、狙いを持っているものに対してその実現結果としてのバラツキは正規分布の形に近づきますが、目標値、狙いを持たない場合のデータは正規分布の形にはならない現実があります。手元のデータを正規分布として扱ってよいか否かを判断する方法としては、度数の検定の中の適合度の検定という分野で、帰無仮説：正規分布とみなせる、対立仮説：正規分布とみなせない、という検定を行う統計的方法があります。ただし、この方法は既に第1部第9章で学んだ連続した数値を扱う計量値の検定とは異なり、ノンパラメトリック検定と呼ばれる分野の手法であってやや難解、上級向けなので本書では割愛しています。その代わりに、現場で実用的に正規分布とみなして先に進んで良いかどうかを判断する方法が正規確率紙です。

2．正規確率紙のしくみ

　正規確率紙とは第1部第3章「6．Natural Tolerance」で学んだように、正規分布の累積確率分布 $F(t)$ が通常目盛りではS字カーブを描くところですが、これが直線になるように、10進法の目盛りを上へ、下へと引き伸ばしたものです。右側軸にはσ単位の目盛りが入れられ左側の累積確率と連携しています。本書で取り上げるのは左側軸の累積確率の目盛りの変化に慣れてほしいからです。

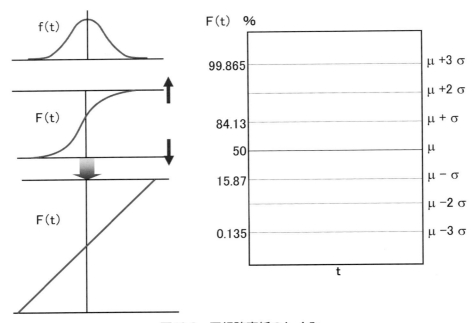

図18-1　正規確率紙のしくみ

3．正規確率紙の使い方

　まず、図18-2にあるように、ワークシートの作成から始めます。測定データは当然のことながら時間の短い方から順番に長い方にとなり、その累積数を記入します。そしてそれぞれの累積確率 $F(t)$ を平均ランク法で計算します。これでワークシートは完成です。
　正規確率紙作成の手順は、

　①まず、横軸に測定データのスケール取りをします。
　②次に、測定データと累積確率を対にしてプロットします。
　③目の子で当てはめ線を引きます。
　④直線とみなせれば正規分布とみなします。

　厳密に調べたい人は当てはめの検定を行うとか、相関係数を計算するとかありますが、一般には直線とみなせれば正規分布とみなします。

① 測定したデータを小さい方から昇順に並べ替える
② プロット点を平均ランク法で求める
③ 正規確率紙上にプロットし20%～80%の
　 データが直線と見做せれば、正規分布として扱う

$$F(t) = \frac{\gamma}{n+1} \times 100\% \quad 平均ランク法$$

$F(t)$：累積確率　n：サンプル数　γ：累積数

このデータは正規分布していると見做して
よいか、正規確率紙を使って検討する

測定データ	累積数 γ	累積確率 F(t) 平均ランク法
5	1	1/(15+1)×100 ＝ 6.2
11	2	12.5
17	3	18.75
23	4	25.0
25	5	31.25
28	6	37.5
32	7	43.7
35	8	50.0
38	9	56.2
39	10	62.5
43	11	68.7
49	12	75.0
51	13	81.25
56	14	87.5
65	15	93.75

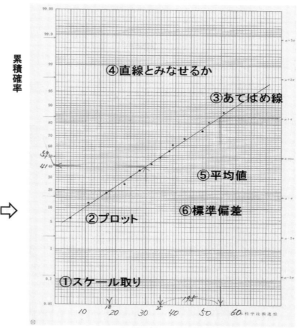

図18-2　正規確率紙の使い方

4．正規確率紙の使い方　演習

　この例題は第1部第3章図3-13の右側のデータそのものです【付属CD Ch-18】。ここでは測定データをZ変換し、Z値を求めて規格から外れる確率を計算していました。でも、この計算にはデータが正規分布しているという大前提が必要なのです。ですから、正規確率紙を用いて正規分布とみなせるかどうかを検証しているのです（もちろん、正規分布であることを確認してからZ変換へと進むということはご理解いただけるものと思います）。

　念のため、散布図の相関係数を求めておきます。この例では0.97と高い値を示しておりますので、正規分布とみなしています。

　本節はいきなり第2節のワイブル確率紙に入る前のウオーミングアップという位置付けで変換された目盛りに慣れることが目的でした。
　本命は次のワイブル確率紙です。

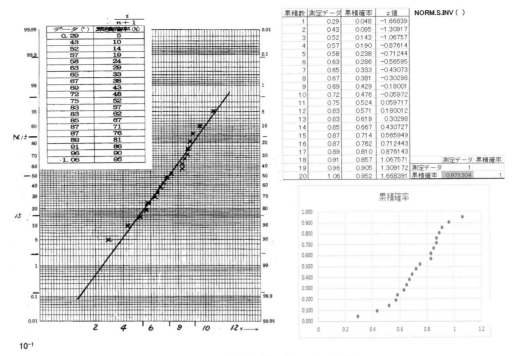

図18-3　正規確率紙の使い方　演習

第2節　ワイブル解析

1．ワイブル分布

　既に第16章で故障率曲線には故障率の減少期、一定の安定期、増加期と大別して3つの期間があり、それぞれに当てはめが適当と考えられるガンマ分布、指数分布、正規分布、を学びました。ここでは、重複を厭わず改めて故障率曲線の図（図18-4）を示し、これらの3つの期間を包括して1つの分布で表すことができるワイブル分布について学びます。

　ワイブル（Weibull）分布は図18-5に示すように、3つのパラメーターが組み合わさった分布です。

　　形のパラメーター　：m
　　尺度のパラメーター：α　（θ、あるいは$1/\lambda$で表す場合もある）
　　位置のパラメーター：γ

　最大の特徴は、形のパラメーター：mの大きさにより分布の形が大きく変化し、故障率曲線の中の3つのパターンを表すことができるということです。尺度のパラメーター：αはθで表される場合もあり、平均を意味します。位置のパラメーター：γは○○時間という時間データの中の作動していない時間を意味し、通常は0です。特殊な場合の例を後ほど紹介します。形のパラメーター：mは大別して$1>m$、$m=1$、$m>1$の3つのパターンに分けられ、$m=1$の場合は指数分布に帰着します。

　従って、私達の最大の関心事は時間データから故障確率密度関数$f(t)$がどのような形を

しているのか、更にどのような故障率の推移をするのかを m の値を使って予測することです。そのために、このワイブル分布を利用したワイブル確率紙が開発されました。

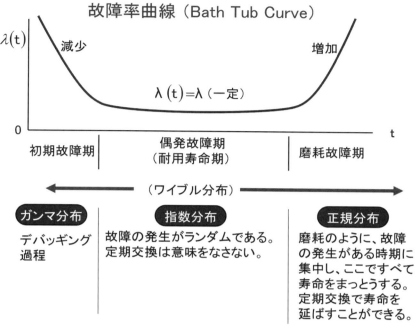

図18-4　故障率曲線

Weibull分布

● 密度関数　　$f(t) = \dfrac{m}{\alpha}(t-\gamma)^{m-1} e^{-\dfrac{(t-\gamma)^m}{\alpha}}$

　　　　$m =$ 形のパラメーター
　　　　$\alpha =$ 尺度のパラメーター
　　　　$\gamma =$ 位置のパラメーター

● 分布関数　　$F(t) = \displaystyle\int_0^t f(t)dt = 1 - e^{-\dfrac{(t-\gamma)^m}{\alpha}}$

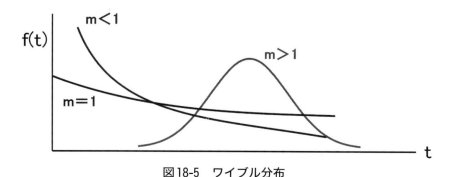

図18-5　ワイブル分布

2．ワイブル確率紙の理論的構成

　ワイブル確率紙は、図18-6に示したように、ワイブル分布の累積故障確率密度関数（分布関数ともいわれる）を移項、$\gamma=0$として変形し両辺の対数を取り、更に両辺の対数を取ると1次関数の式が出来上がります。この関数の勾配を表すのが m なので、横軸で1行っていくつ上がるかという縦軸の値を読めば m の値が分かります。これが分かればこの時間データはどの故障期間に属しているのか分かります。

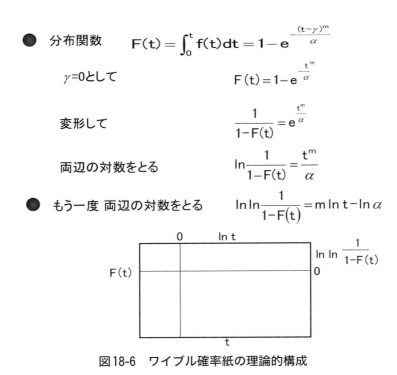

● 分布関数　　　　$F(t) = \int_0^t f(t)dt = 1 - e^{-\frac{(t-\gamma)^m}{\alpha}}$

　$\gamma=0$として　　　　　　　$F(t) = 1 - e^{-\frac{t^m}{\alpha}}$

　変形して　　　　　　　　$\dfrac{1}{1-F(t)} = e^{\frac{t^m}{\alpha}}$

　両辺の対数をとる　　　　$\ln \dfrac{1}{1-F(t)} = \dfrac{t^m}{\alpha}$

● もう一度 両辺の対数をとる　$\ln\ln \dfrac{1}{1-F(t)} = m\ln t - \ln \alpha$

図18-6　ワイブル確率紙の理論的構成

　ここで注意することは式からも分かるように、理論上の横軸は上側の $\ln t$ 軸であること、理論上の縦軸は右側の $\ln\ln 1/(1-F(t))$ であるということです。しかし、この両軸は使用する上でいささか面倒なので、私達が日常的に使いやすいようにそれぞれ下側、左側に t、$F(t)$ 軸を設け、簡便な確率紙となっています。

3．日科技連ワイブル確率紙

　日本規格協会のワイブル確率紙や企業独自に作成しているワイブル確率紙がありますが、代表的な日科技連のワイブル確率紙で話を進めます（図18-7）。

　右側縦軸 $\ln\ln 1/(1-F(t))$ の0点は左側縦軸 $F(t)$ では0.632（63.2％）に相当し、ここに破線が引かれています。これはこの先、$F(t) = 63.2\%$ になる特性寿命を求めるときに使用します。また、上側横軸 $\ln t = 1.0$ との交点に○印がありますが、これは t と $F(t)$ とのプロットでできる散布図の当てはめ直線の勾配を見るときに使用する基準点となります。

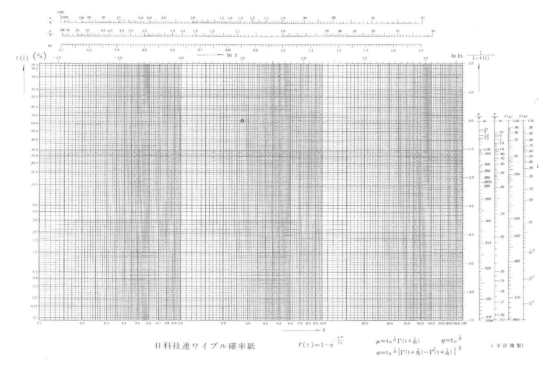

図18-7　日科技連ワイブル確率紙

4. ワイブル確率紙の使い方　例題

> ─ 例　題 ─
> ある部品の集団から１０個のサンプルをランダムに抜取、寿命試験を行った。１０個の故障データは次の通りです。
> 　１５，２２，２９，３５，４２，４８，５６，６４，７２，９０（単位：１０² 時間）
> ワイブル確率紙にプロットし、
> (1) m値
> (2) η（特性寿命）
> (3) μ（平均寿命）
> (4) ３０００時間に於ける信頼度を求めよ。

故障時間 t_i(×10² 時間)	故障数 r	累積故障数 Σr_i	累積故障確率 $F(t_i)$ %
15	1	1	9.1
22	1	2	18.2
29	1	3	27.3
35	1	4	36.4
42	1	5	45.5
48	1	6	54.5
56	1	7	63.6
64	1	8	72.7
72	1	9	81.8
90	1	10	90.9

〔手順　1〕
　データを時間順に整理して累積故障確率〔%〕を求める

　累積故障確率　$F(t_i) = \dfrac{\Sigma r_i}{n+1}$　（平均ランク法）

　（$\Sigma r_i / n$ で計算する推定値としては偏りが入っており、
　　平均ランクもしくはメジアンランクで求めるのが望ましい）

〔手順　2〕
　t_i に対する $F(t_i)$ を確率紙上にプロットする。

〔手順　3〕
　1本の直線に回帰させる。（20～80%の範囲に対して）

〔手順　4〕
　プロットが上手く直線に回帰出来たならば位置パラメータ $\gamma = 0$ です。直線に回帰出来ない時はある数値を加えるか、差し引くかして直線化を試みる。この時の数量が γ である。
　（今回は $\gamma = 0$ として話を進める。）

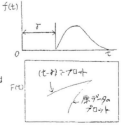

図18-8　ワイブル確率紙の使い方　例題

5. ワイブル確率紙の読み方

(1) m値

mの推定点を通る平行線を引き、Y軸（ln t＝0）を切る点を右側の lnln 1/(1-F(t))の数値で読む

$$\boxed{m=1.8}$$

$\begin{cases} m<1 の時 & 初期故障型 \\ m=1 の時 & 偶発故障型 \\ m>1 の時 & 磨耗故障型 \end{cases}$ 故障原因追究に対して1つの方向を与えてくれる

(2) η（特性寿命＝全体の約63％が故障してしまう時間）

回帰直線がX軸（点線）を切る点のtの値を読む。

$$\boxed{\eta=5500 時間}$$

(3) μ（平均寿命）

① m値から右に線を延ばしF(μ)の値を読み(0.551)、その値を左側のF(t)目盛上に移し、この時の回帰直線のtの値を読む。

$$\boxed{\mu=4900 時間}$$

② m値から右に線を延ばしμ／ηの値を読み(0.889)、この値にηを掛けてμを求める。

$\mu=0.889 \times 5500 ≒ 4890 時間$

(4) R（3000）＝3000時間に於ける信頼度

t＝3000に対応する回帰直線のF(t)の値（29％）を100％から引く

100－29＝71％

$$\boxed{R(3000)=71\%}$$

図18-9　ワイブル確率紙の読み方

まず、使い方の手順を示します（図18-10）。

① 下側横軸 t 軸の1.0（上側横軸 ln t の0）を使うように単位取りを行う。この場合は 1.0×10^3 時間とする。
② 時間データ t と平均ランクで計算した累積故障確率 $F(t)$ をプロットする。
③ プロットに対する当てはめ直線を引く。
④ 上側横軸 ln t の1.0と右側縦軸 ln ln 1/(1−F(t)) の0点との交点にある○から上側横軸 ln t の0.0に向けて平行線を引く。

ここまでが使い方、つくり方です。次に読み方です。

⑤ 上側横軸 ln t の0.0から右方向へ直線を伸ばし右側縦軸 ln ln 1/(1−F(t)) の目盛りを読む。
⑥ マイナスの記号がついているが、0.0からの距離を求めているので絶対値を読む。この場合は−1.8となる。このことは、理論軸上で横に1行って1.8上がるということなので勾配 $m=1.8$ ということである。
⑦ 特性寿命ηとは F(t) が63.2％になる時間であるので③で引いた直線と F(t)＝63.2％との交点の時間を下側の t 軸で読む。この場合は5600時間と読んだ。

⑧分布の形は m の値によって異なるので平均時間も異なってくる。右側の副尺 μ/η 尺の値0.89を読む。

⑨特性寿命 η と掛け合わせ平均寿命時間を求める。

⑩ R(3000) を求めるには、1 = F(3000)+R(3000) の関係からまず F(3000) を求め、1−F(3000) = R(3000) の関係から R(3000) = 72％を読み取る。

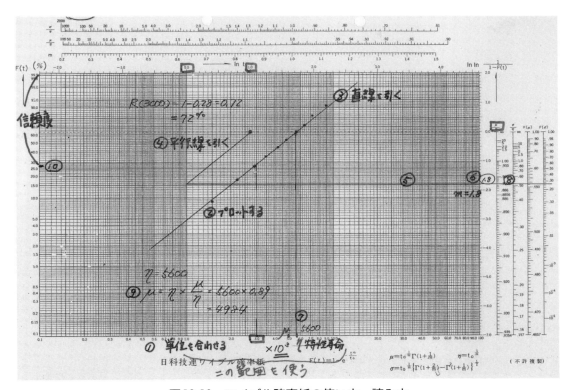

図18-10　ワイブル確率紙の使い方、読み方

　この手順は必ずご自身で記入されて、まずは紙面上で試してみることが重要です。昨今はワイブル確率紙を組み込んだソフトウエアーも販売されていますが、いきなりソフトウエアーに走らずに、手書きでの実践というプロセスを踏んでからソフトウエアーを使うことをお勧めします（一説によると50枚くらいの手書きを経てからと言われています）。

6．演習問題

ある部品の集団から25個のサンプルを抜き取り寿命試験を行った。

15個の故障が発生し、そのデータは以下のとおり。

12, 17, 18, 22, 24, 26, 28, 30, 33, 33, 35, 37, 38, 40, 42
（×10^2 時間）

ワイブル確率紙にプロットし

M値、η、μ、3000時間における信頼度を求めよ。

メジアンランク法

$$F(t) = \frac{i - 0.3}{n + 0.4}$$

i	Failure hour t_i (×10^2 H)	No. of failures r	No. of accumlative failures Σr_i	Accumlative failure probability $F(t_i)$ %
1	12			
2	17			
3	18			
4	22			
5	24			
6	26			
7	28			
8	30			
9	33			
10	33			
11	35			
12	37			
13	38			
14	40			
15	42			
16	—			
17	—			
18	—			
19	—			
20	—			
21	—			
22	—			
23	—			
24	—			
25	—			

n=25 のメジアンランク

図18-11　ワイブル確率紙　演習問題

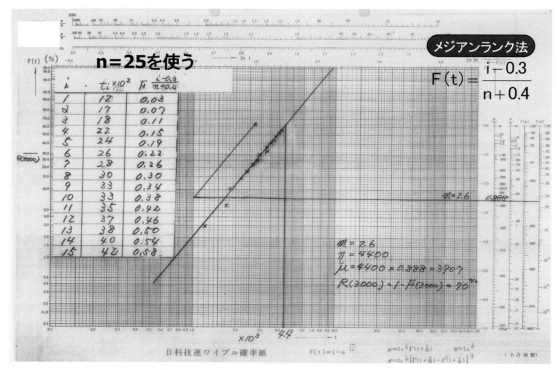

図18-12　ワイブル確率紙　演習問題　解答

この問題で重要なことが2つあります。

1つ目は、25個試験したうち15個が故障しているということです。$F(t)$ を求めるのに分母の n をいくつにするかということです。平均ランクで計算するにせよ、これから学ぶメジアンランクで計算するにせよ、$n=25$ を使うということです。仮に $n=15$ を使うと結果は悪い方向へ出ます。42×100 時間以上のある時点で定時打ち切りにしたのか、$r=15$ の個数打ち切りにしたのかは定かではありませんが、いずれにしても故障しなかった10個の時間データが無視されることのないようにしなければなりません。

これは、ある海外の半導体工場で実際にあった話なのです。

2つ目はメジアンランク $F(t)=(i-0.3)/(n+0.4)$ で $F(t)$ を計算しているということです。これは信頼性では平均ランクを卒業し、更に上級へと進む人達によく使われる方法で一般的です。

$F(t)$ を推定するのにどのような方法が当てはまりが良いのか、このような世界もあり多くの研究室で沢山の研究者達が議論し合っていると思います。ここでは平均ランク、メジアンランクの他にも色々な尺度があることを紹介するにとどめ、この中には深く入りません。

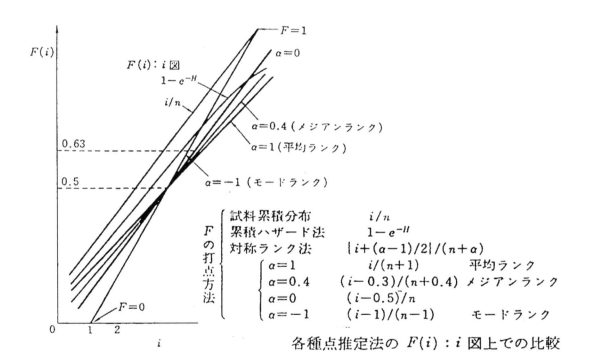

図18-13 F(t) の各種点推定法
(「確率紙使い方のノウハウ【II】セミナー資料」日科技連信頼性確率紙委員会 1983年)

7. 位置のパラメーター γ の取り扱い方

一般に私達が信頼性試験から得られるデータは管理された状態下で用意ドンでスタートする場合が多いので γ を気にする場面は少ないかと思いますが、現実の生データを扱う市場品質データ解析の場合などにはこの γ に気を使います。

順序 i	実測データ t	F(t)=i/(n+1) (%)
1	1208	6.3
2	1430	12.5
3	1689	18.8
4	1901	25.0
5	2046	31.3
6	2302	37.5
7	2600	43.8
8	2673	50.0
9	2945	56.3
10	3238	62.5
11	3521	68.8
12	3928	75.0
13	4204	81.3
14	4625	87.5
15	5787	93.8

図18-14　生データ

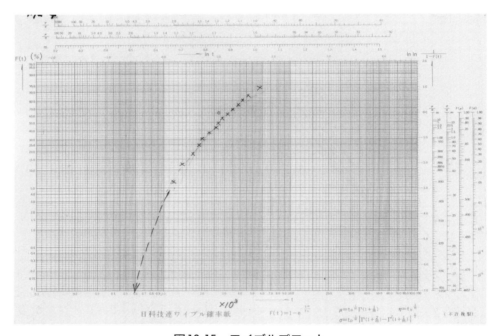

図18-15　ワイブルプロット

　これをワイブル確率紙にプロットすると図18-15のようになり直線とみなして当てはめ線を引くにはちょっと心苦しい。
　このような場合には、もう一度時間データを吟味してみる必要があります。時間データの中に本来の機能に対する時間データではなく、別の理由の時間データが含まれていないかということを吟味するということです。
　この場合、γ＝600時間としてその分を差し引いた時間データで再度プロットをすると図18-16のような直線になります。そこで考えるのがγ＝600時間の物理的意味です。仮に直線になったとしても、γ＝600時間に物理的な意味が見出せなければそれはただ数字的にそうなったということに過ぎず解析には使えません。繰り返しますが、機能動作と無関係な時間が含まれていないか検証しておく必要があります。

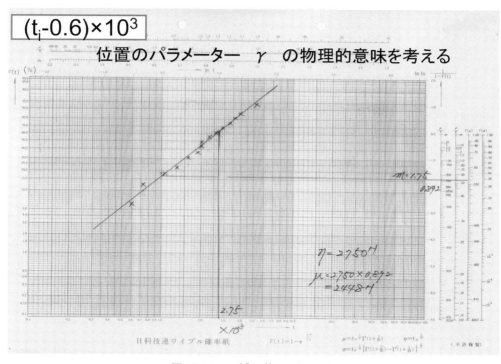

図18-16　γ補正後のプロット

図18-17では⊙印の生データだと曲線を描いてしまいますが、データから10を一律に引い

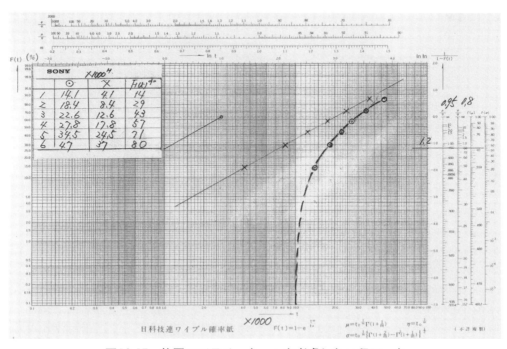

図18-17　位置のパラメーターγを考慮した×印データ

た×印のプロットは直線とみなせるので、$\gamma = 10$の物理的意味が説明できればmもη可能です。

図18-18は実例です。
市場でクレームになる時間データはそれぞれのエリアから報告されてくるので、そこから工場出荷時点を差し引いて故障に至る稼働時間を解析しようとしたが曲線になりうまくいかなかった例です。そこで、工場出荷から販売までの物流期間を調べまわって当時の物流形態で10日ということを突き止めました。先ほどのデータから物流時間を除いてプロットしてみるとそこそこ直線とみなせるのでこれで$m = 1.2$を予測した例です。

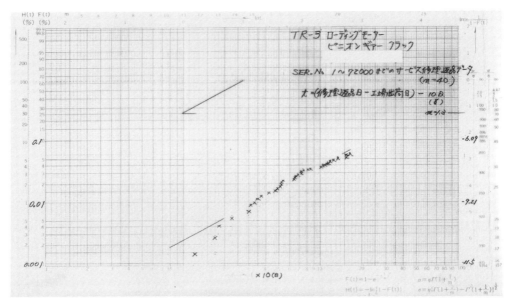

図18-18　γを考慮した実例

8．加速試験、加速係数の概念

ワイブル確率紙上で加速試験、加速係数の概念を学習します。図18-19に示すように、定格運転とストレスを2倍にした状態での運転の故障発生状況データです。これをワイブル確率紙に表すと図18-20のようになります。

ここで重要なことが2つあります。

1つ目は定格運転もストレス2倍の加速運転もワイブル確率紙上の傾きは同じであるということです。それは故障モードが同じであるということを意味し、故障モードに対する加速が有効であるということです。

2つ目は両者の各故障時間もさることながら、特性寿命もおおよそ4倍の関係になっているということです。

このことから、ストレスを2倍にすると、寿命は4分の1になるという経験則が得られました。これは信頼性の中では加速試験による信頼性予測モデルとして取り上げられ、一般にべき乗則と言われています。

信頼性試験では、定格よりもストレスをかけて短い時間（回数）で定格運転状態をシミュレートする加速試験がある。以下の実験データから加速係数がどのくらいなのか、Weibull確率紙による解析で求めてみよう。

10個の供試品が全て故障に至った。

定格の2倍で試験（n=10）

i	観測値 t×100H	メジアンランク F(t) %
1	0.2	07
2	0.35	16
3	0.5	26
4	0.7	36
5	0.9	45
6	1.3	55
7	1.5	64
8	1.8	74
9	2.5	84
10	3	93

400Hで試験打ちきり 10個の供試品のうち 5個が故障に至った。

定格で試験（n=10）

i	観測値 t×100H	メジアンランク F(t) %
1	0.7	07
2	1.5	16
3	1.9	26
4	2.7	36
5	3.7	45
6	4	
7	4	
8	4	
9	4	
10	4	

図18-19　加速試験データ

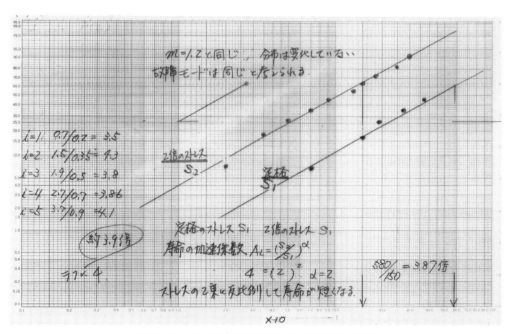

図18-20　ワイブル確率紙上での加速の概念

べき乗則

べき乗則は、寿命 L がストレスレベル S の n 乗に反比例するという経験則

図18-20　ワイブル解析　　ストレスを2倍にすると寿命は 4分の1 になる

$$L = L_0 \left(\frac{S_0}{S}\right)^n$$

S：ストレスレベル
L：ストレスレベル S での寿命
S_0：基準ストレスレベル
L_0：基準ストレスレベル S_0 での寿命

図18-21　加速試験による信頼性予測モデル

9．事例紹介

　古き良き時代の話ですが、"データは語り掛けている" ということを実感したデータです。間違いなく全部死滅するということを叫んでいるのでした。

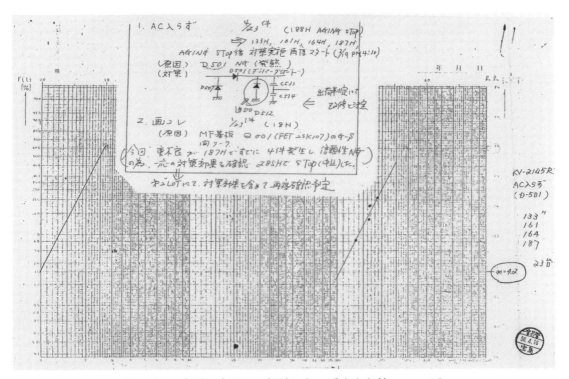

図18-22　事例　今までに経験した一番大きな値　m = 4.2

10. 平均ランク表、メジアンランク表

i\n	1	2	3	4	5	6	7	8	9	10	11	12	13	14	15	16	17	18	19	20	21	22	23	24	25
1	0.5	0.33	0.25	0.20	0.17	0.14	0.13	0.11	0.10	0.09	0.08	0.08	0.07	0.07	0.06	0.06	0.06	0.05	0.05	0.05	0.05	0.04	0.04	0.04	0.04
2		0.67	0.50	0.40	0.33	0.29	0.25	0.22	0.20	0.18	0.17	0.15	0.14	0.13	0.13	0.12	0.11	0.11	0.10	0.10	0.09	0.09	0.08	0.08	0.08
3			0.75	0.60	0.50	0.43	0.38	0.33	0.30	0.27	0.25	0.23	0.21	0.20	0.19	0.18	0.17	0.16	0.15	0.14	0.14	0.13	0.13	0.12	0.12
4				0.80	0.67	0.57	0.50	0.44	0.40	0.36	0.33	0.31	0.29	0.27	0.25	0.24	0.22	0.21	0.20	0.19	0.18	0.17	0.17	0.16	0.15
5					0.83	0.71	0.63	0.56	0.50	0.45	0.42	0.38	0.36	0.33	0.31	0.29	0.28	0.26	0.25	0.24	0.23	0.22	0.21	0.20	0.19
6						0.86	0.75	0.67	0.60	0.55	0.50	0.46	0.43	0.40	0.38	0.35	0.33	0.32	0.30	0.29	0.27	0.26	0.25	0.24	0.23
7							0.88	0.78	0.70	0.64	0.58	0.54	0.50	0.47	0.44	0.41	0.39	0.37	0.35	0.33	0.32	0.30	0.29	0.28	0.27
8								0.89	0.80	0.73	0.67	0.62	0.57	0.53	0.50	0.47	0.44	0.42	0.40	0.38	0.36	0.35	0.33	0.32	0.31
9									0.90	0.82	0.75	0.69	0.64	0.60	0.56	0.53	0.50	0.47	0.45	0.43	0.41	0.39	0.38	0.36	0.35
10										0.91	0.83	0.77	0.71	0.67	0.63	0.59	0.56	0.53	0.50	0.48	0.45	0.43	0.42	0.40	0.38
11											0.92	0.85	0.79	0.73	0.69	0.65	0.61	0.58	0.55	0.52	0.50	0.48	0.46	0.44	0.42
12												0.92	0.86	0.80	0.75	0.71	0.67	0.63	0.60	0.57	0.55	0.52	0.50	0.48	0.46
13													0.93	0.87	0.81	0.76	0.72	0.68	0.65	0.62	0.59	0.57	0.54	0.52	0.50
14														0.93	0.88	0.82	0.78	0.74	0.70	0.67	0.64	0.61	0.58	0.56	0.54
15															0.94	0.88	0.83	0.79	0.75	0.71	0.68	0.65	0.63	0.60	0.58
16																0.94	0.89	0.84	0.80	0.76	0.73	0.70	0.67	0.64	0.62
17																	0.94	0.89	0.85	0.81	0.77	0.74	0.71	0.68	0.65
18																		0.95	0.90	0.86	0.82	0.78	0.75	0.72	0.69
19																			0.95	0.90	0.86	0.83	0.79	0.76	0.73
20																				0.95	0.91	0.87	0.83	0.80	0.77
21																					0.95	0.91	0.88	0.84	0.81
22																						0.96	0.92	0.88	0.85
23																							0.96	0.92	0.88
24																								0.96	0.92
25																									0.96

平均ランク

$$F(i) = \frac{i}{n+1}$$

図18-23

i\n	1	2	3	4	5	6	7	8	9	10	11	12	13	14	15	16	17	18	19	20	21	22	23	24	25
1	0.50	0.29	0.21	0.16	0.13	0.11	0.09	0.08	0.07	0.07	0.06	0.06	0.05	0.05	0.05	0.04	0.04	0.04	0.04	0.03	0.03	0.03	0.03	0.03	0.03
2		0.71	0.50	0.39	0.31	0.27	0.23	0.20	0.18	0.16	0.15	0.14	0.13	0.12	0.11	0.10	0.10	0.09	0.09	0.08	0.08	0.07	0.07	0.07	0.07
3			0.79	0.61	0.50	0.42	0.36	0.32	0.29	0.26	0.24	0.22	0.20	0.19	0.18	0.16	0.16	0.15	0.14	0.13	0.13	0.12	0.12	0.11	0.11
4				0.84	0.69	0.58	0.50	0.44	0.39	0.36	0.32	0.30	0.28	0.26	0.24	0.23	0.21	0.20	0.19	0.18	0.17	0.17	0.16	0.15	0.15
5					0.87	0.73	0.64	0.56	0.50	0.45	0.41	0.38	0.35	0.33	0.31	0.29	0.27	0.26	0.24	0.23	0.22	0.21	0.20	0.19	0.19
6						0.89	0.77	0.68	0.61	0.55	0.50	0.46	0.43	0.40	0.37	0.35	0.33	0.31	0.29	0.28	0.27	0.25	0.24	0.23	0.22
7							0.91	0.80	0.71	0.64	0.59	0.54	0.50	0.47	0.44	0.41	0.39	0.36	0.35	0.33	0.31	0.30	0.29	0.27	0.26
8								0.92	0.82	0.74	0.68	0.62	0.57	0.53	0.50	0.47	0.44	0.42	0.40	0.38	0.36	0.34	0.33	0.32	0.30
9									0.93	0.84	0.76	0.70	0.65	0.60	0.56	0.53	0.50	0.47	0.45	0.43	0.41	0.39	0.37	0.36	0.34
10										0.93	0.85	0.78	0.72	0.67	0.63	0.59	0.56	0.53	0.50	0.48	0.45	0.43	0.41	0.40	0.38
11											0.94	0.86	0.80	0.74	0.69	0.65	0.61	0.58	0.55	0.52	0.50	0.48	0.46	0.44	0.42
12												0.94	0.87	0.81	0.76	0.71	0.67	0.64	0.60	0.57	0.55	0.52	0.50	0.48	0.46
13													0.95	0.88	0.82	0.77	0.73	0.69	0.65	0.62	0.59	0.57	0.54	0.52	0.50
14														0.95	0.89	0.84	0.79	0.74	0.71	0.67	0.64	0.61	0.59	0.56	0.54
15															0.95	0.90	0.84	0.80	0.76	0.72	0.69	0.66	0.63	0.60	0.58
16																0.96	0.90	0.85	0.81	0.77	0.73	0.70	0.67	0.64	0.62
17																	0.96	0.91	0.86	0.82	0.78	0.75	0.71	0.68	0.66
18																		0.96	0.91	0.87	0.83	0.79	0.76	0.73	0.70
19																			0.96	0.92	0.87	0.83	0.80	0.77	0.74
20																				0.97	0.92	0.88	0.84	0.81	0.78
21																					0.97	0.92	0.88	0.85	0.81
22																						0.97	0.93	0.89	0.85
23																							0.97	0.93	0.89
24																								0.97	0.93
25																									0.97

メジアンランク

$$F(i) = \frac{i - 0.3}{n + 0.4}$$

図18-24

第3節　ワイブル型累積ハザード確率紙

1．不完全データの扱い

「第2節　ワイブル解析」で扱ってきたデータは実験室のような管理された状態下でのデー

タであるため通常「完全データ」と呼ばれます。一方、市場クレーム情報とか生産現場のデータとかは初めから意図して管理して時間データを取っているわけではないので図18-25のように歯抜けがあったり、打ち切りがあったりするということになり、通常「やくざなデータ」として多くの場合日の目を見ずに捨てられている現実があります。あなたの場合はいかがですか。このようなデータはワイブル解析で扱った完全データに対して、不完全データと呼ばれています。私達の周りにはこのような不完全データがたくさんあり、データ自身はその叫びを聞いてほしい、叫びを読み取ってほしいと語り掛けているのです。

図18-25の例で話を進めましょう。

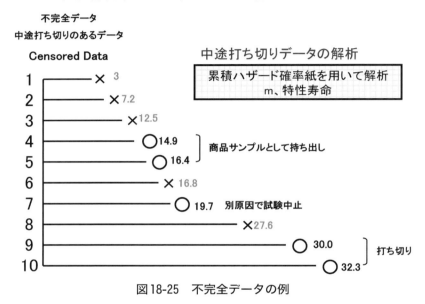

図18-25　不完全データの例

このような場合は次に示すワイブル型累積ハザード確率紙が有効な手段となります。

ワイブル型としたのはハザード関数にワイブル分布を使っているということで、正規分布を使ったものは正規型がありますがここでは割愛します。

2．ワイブル型累積ハザード確率紙のしくみ

信頼度関数において、故障率 $\lambda(t)$ はハザード関数 $h(t)$ とも呼ばれ、時間 $(0, t)$ で積分したものを累積ハザード関数と呼びます。これは図18-26の右下の図の面積を表しています。次に、ここで $\gamma = 0$ の場合のワイブル分布が適用されワイブル型となっています。よって、$H(t) = tm/\alpha$ の関係が成立します。この両辺に対数を取ると $\ln H(t) = m \ln(t) - \ln \alpha$ の関係が生じ、ここに1次式が誕生しました。よって、勾配 m の大きさを求めることができます。確率紙の使い方としてはすでに学んだワイブル確率紙と同様で一点違うところは左側縦軸の尺度が $H(t)$ で引かれ更に $F(t)$ との関係を示す尺度も引かれています。プロットは $H(t)$ で行いますが、評価は $F(t)$ で行うということです。

● 信頼度関数は　$R(t) = e^{-\int_0^t \lambda(t)dt}$

故障率 $\lambda(t)$ はハザード関数 $h(t)$ とも呼ばれ、
時間 $(0,t)$ で積分したものを累積ハザード関数と呼ぶ。

$$H(t) = \int_0^t \lambda(t)dt$$

$F(t) = 1 - e^{-H(t)}$　　累積ハザード関数 $H(t)$ と分布関数 $F(t)$ とは1対1の関係がある。

$\gamma = 0$ として

$F(t) = 1 - e^{-\frac{t^m}{\alpha}}$　より　　$H(t) = \frac{t^m}{\alpha}$

両辺の対数をとると　　$\ln H(t) = m \ln t - \ln \alpha$

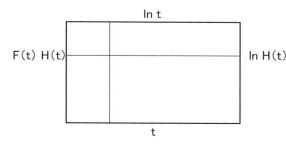
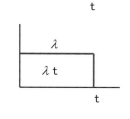

図18-26　ワイブル型累積ハザード確率紙のしくみ

3. 累積ハザード値の求め方

Theoretical	realistic
$\lambda(t) = \dfrac{f(t)}{R(t)} = \dfrac{-\dfrac{dR(t)}{dt}}{R(t)}$	average $\overline{\lambda(t, t+\Delta t)} = \dfrac{r_{\Delta t}}{n(t) * \Delta t}$
Differentiation →	a difference
$H(t) = \int_0^t \lambda(t)dt$	$H(t) = \sum_i \lambda(t_i, t+\Delta t_i) * \Delta t_i$
Integration →	Summation

ti	n(ti)	Δt (h)	r_Δt	λi(ti-1, ti)	H(ti)=∑λi * Δti	
0	100					
t1	99	Δt1=t1 - 0	1	$\dfrac{1}{100\Delta t_1}$	$\dfrac{1}{100\Delta t_1} * \Delta t_1$	$= \dfrac{1}{100}$
t2	98	Δt2=t2 - t1	1	$\dfrac{1}{99\Delta t_2}$	$\dfrac{1}{100} + \dfrac{1}{99\Delta t_2} * \Delta t_2$	$= \dfrac{1}{100} + \dfrac{1}{99}$

累積ハザードプロット解析法のルーツ
Nelson Wayne (1969) : "Hazard Plotting for Incomplete Failure Data" Journal of Quality Technology, Vol,1 No.1
阿部俊一 (1967) : "中途打ち切りデータによる寿命推定の新しい方法" 鉄道技術研究報告 No.581
1969年日科技連信頼性・保全性シンポジュームを皮切りに多くの研究者の論文が発表された(大津、山崎、堀井、藤本、斎藤、塩見)
1976年 時代の要請もあり、日科技連信頼性データ研究会発足　累積ハザード法研究分科会報告(1979)
これらの要約として、斎藤元雄 "累積ハザードプロット解析法" 品質管理 Vol.30 No.10 日科技連 1979

図18-27　累積ハザード確率紙の理論的背景

ではどのようにしてH(t) 累積ハザード値を求めていくのでしょうか。文字通り $h(t)$ を累積していくのですが、その背景で理論式で使われている積分とか微分は実際の私達の世界では和とか差分に置き換えられています。

しかし、現実には簡便なワークシートを使い簡単にH(t) を求めることができます。

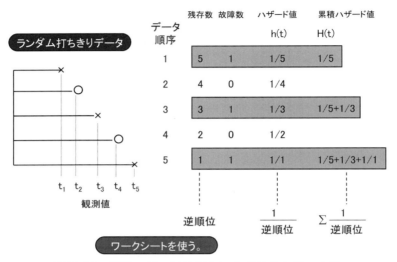

図18-28　累積ハザード値H(t) を求めるための方法

まず、観測時間の短い方から順位を付け時間データを記入します。次に、逆順位を求めます。故障モードは故障のところはC（Censored）、打ち切りは−、ハザード値 $h(i)$ は（1/逆順位）の値を記入、累積ハザード値 $H(i)$ は $h(i)$ をCのデータの分だけ累積していきます（数値は1を超える場合もあり得ますが確率紙の左横軸H(t) は500近くまで吸収可能なので心配無用です）。

サンプル番号	順位	逆順位	観測値 tᵢ	故障モード	ハザード値 h(i)	累積ハザード値 H(i)
1	10	**3**	C	0.1	0.1
2	9	**7.2**	C	0.11	0.21
3	8	**12.5**	C	0.125	0.335
4	7	14.9	−	0.142	
5	6	16.4	−	0.167	
6	5	**16.8**	C	0.2	0.535
7	4	19.7	−	0.25	
8	3	**27.6**	C	0.33	0.865
9	2	30.0	−	0.5	
10	1	32.3	−	1.0	

図18-29　累積ハザード確率紙のためのワークシート

4．ワイブル型累積ハザード確率紙の使い方

日科技連発行のワイブル型累積ハザード確率紙に、Cの対象となる時間データとワークシー

トで求めた $H(t)$ をプロットします。この時尺度が似通っていることから $F(t)$ と間違えるケースがよくあります。プロットは $H(t)$ を使います。これから先は既に第2節で学んだワイブル確率紙の扱いと同じです。やくざなデータからでも m 値、特性寿命 η が求まるのです。

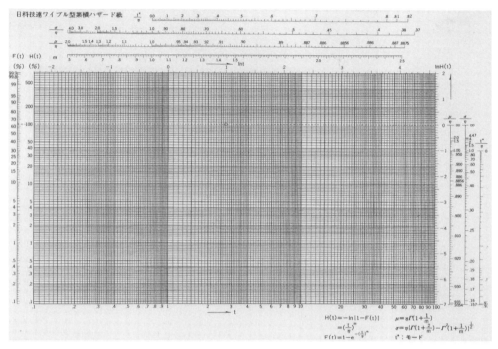

図18-30 日科技連ワイブル型連累積ハザード確率紙

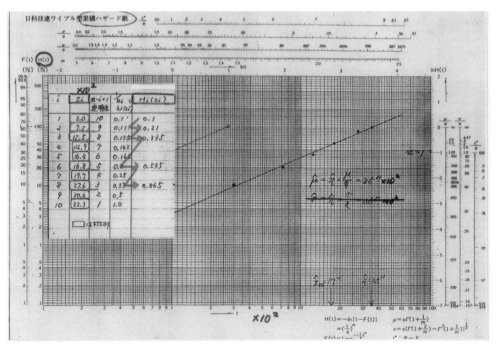

図18-31 事例 累積ハザード解析

5. 演習問題

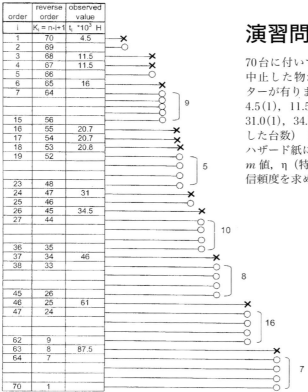

演習問題

70台に付いて寿命試験を行ったが故障に至る前に試験を中止した物が58台有り、残りの12台は下記の様なデーターが有ります。
4.5(1), 11.5, 11.5(1), 16.0(9), 20.7, 20.7, 20.8(5), 31.0(1), 34.5(10), 46.0(8), 61.0(16), 87.5(7) (途中中止した台数) 〔×10³時間〕
ハザード紙にプロットし、
m 値, η (特性寿命), μ (平均寿命), 10000時間に於ける信頼度を求めよ。

図18-32 演習問題とワークシート

ワークシート記入例です。

×10³H

サンプル番号	順位 i	逆順位 $K_i=n-i+1$	観測値（寿命） t_i または x_i	位置パラメータ修正	故障モード M_j	ハザード値 $h(t_i$ または $x_i)$%	累積ハザード値 H_j M_1（ ）	M_2（ ）	M_3（ ）
	1	70	4.5		Ⓐ	1.43	1.43		
	2	69			C				
	3	68	11.5		Ⓐ	1.47	2.90		
	4	67	11.5		Ⓐ	1.49	4.39		
	5	66			C				
	6	65	16.0		Ⓐ	1.54	5.93		
	7	64			C				
	∫	∫			∫				
	15	56			C				
	16	55	20.7		Ⓐ	1.82	7.75		
	17	54	20.7		Ⓐ	1.85	9.6		
	18	53	20.8		Ⓐ	1.89	11.49		
	19	52			C				
	∫	∫			∫				
	23	48			C				
	24	47	31.0		Ⓐ	2.13	13.62		
	25	46			C				
	26	45	34.5		Ⓐ	2.22	15.84		
	27	44			C				
		∫			∫				
	36	35			C				
	37	34	46.0		Ⓐ	2.94	18.78		
	38	33			C				
	∫	∫			∫				
	45	26			C				
	46	25	61.0		Ⓐ	4.0	22.78		
	47	24			C				
	∫	∫			∫				
	62	9			C				
	63	8	87.5		Ⓐ	12.5	35.28		
	64	7			C				
		∫			∫				
	70	1			C				

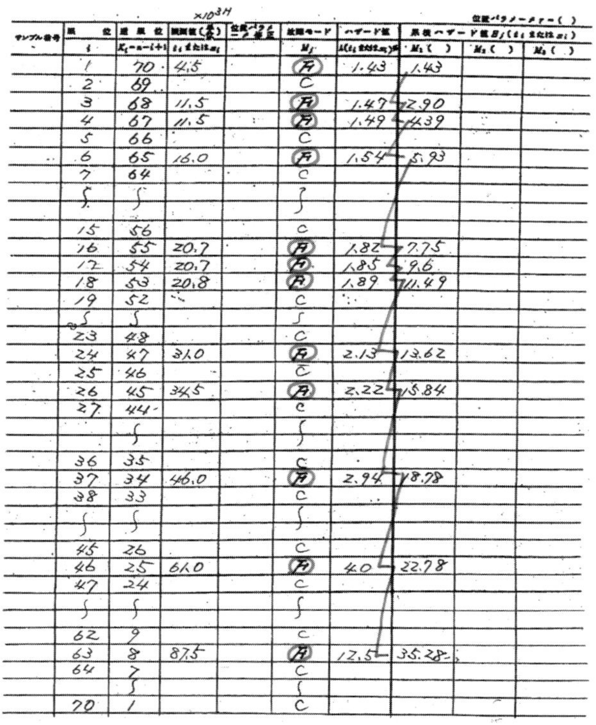

図18-33　演習問題のワークシート記入例

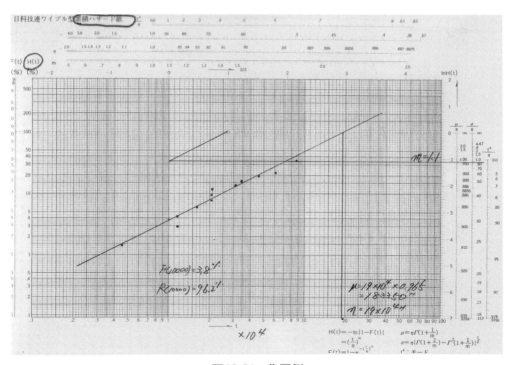

図18-34　作図例

6．活用事例

　以下の事例は生産現場での不完全データを活用してワイブル分布の m 値を求めその後の判断に供した事例です。1つ目は生産中の工程内不良に1件半導体不良が検出されたため、念のため一昼夜24時間80台を工程の脇でエージングしたデータからワイブル型累積ハザード確率紙で $m = 2.5$ を推定した例です。早速半導体メーカーのサービスエンジニアが飛んで来ましたので、この確率紙を見せたところ、それだけで何も言わずに納得していました。

　もう1つの事例は後の第19章で出てくるアレニュースモデルによる信頼性予測と検証に使われるもので、フライパンテストで高温加速条件での試験情報から得られた m 値に対し、実際のエージングテスト（600台、24時間）から得られたデータを累積ハザード確率紙で検証した結果、予測値は実際のテスト値と変わりなく予測の信憑性を確認した事例です。この図は第19章でも出てきます。

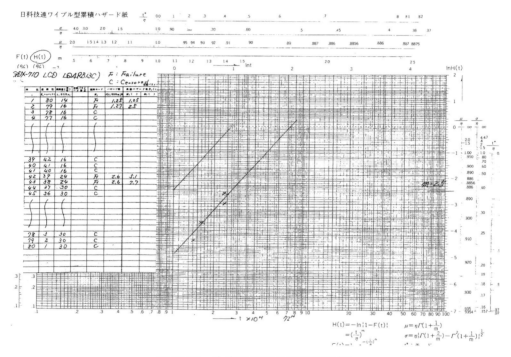

図18-35　生産現場での活用事例(1)

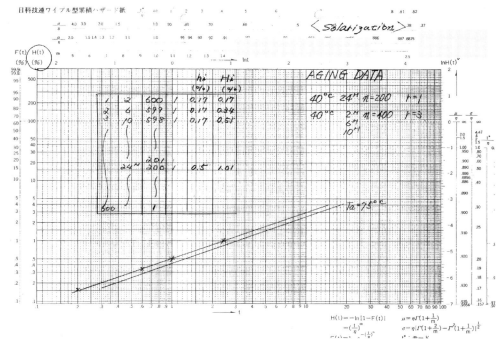

図18-36　生産現場での活用事例(2)

第19章 アレニュースモデルによる半導体不良の信頼性予測と検証

第1節 ダイジェスト版

1. 課題解決のための知的統合、総合的アプローチ

　信頼性工学の中には大別して信頼性管理、故障物理、統計的解析の3つの分野があることは既に学習しました。これからやろうとしていることは、信頼性工学の中で故障物理に属するテーマと、統計的解析とを有機的に結合させて信頼性予測という課題に取り組むものです。それぞれ単独での取り組みではいかんともし難いことがあり、固有技術と管理技術が結合する典型的な事例であると思っています。

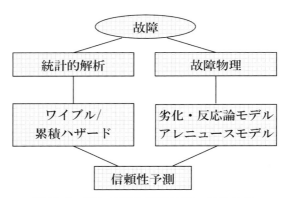

図19-1　固有技術と管理技術の知的統合

2．ダイジェスト版

理論と実際

アレニュースモデルを用いた半導体不良の信頼性予測と検証

ダイジェスト版

品質コンサルタント　宝島　一雄

信頼性の基礎知識（信頼度、MTTF・・・）、ワイブル解析、累積ハザード解析を使いながら、アレニュースモデルによる半導体不良の信頼性予測と検証を行った事例です。

これらを理論的に説明すると同時に、実際に演習を行いアレニュースモデルを知識としてではなく設計の現場で使えるようになることを目的とした「理論と実際」のコーナーです。

ワイブルやハザード解析のセミナーは行われていますが、それらは単独では知っているというレベルか解析レベルに終わっていて、ましてや、設計技術者向けのアレニュースモデルと組み合わせたセミナーは少ないように思います。　設計現場で必要とするものは信頼度予測と検証といった一連の業務の流れとしてOUTPUTに繋がるツールのTPOとそのそれらを駆使する能力です。

本コーナーは演習することにより、教科書の中のアレニュースモデルから設計技術者個人のツールとなるコーナーです。　この中では、一工夫したグラフ解法の用紙を使いますが、問題解決のために新しい知見を開発していくという仕事の進め方としても参考になるものと思います。

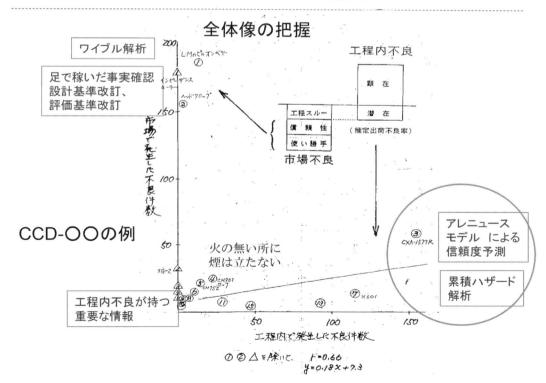

図19-2　ダイジェスト版(1)

アレニュースモデルを用いた半導体不良の信頼性予測と検証

SQC技術講座 part.6
宝島一雄
kazuo Takarajima.

多くのセット製造事業所では、多かれ少なかれ、部品不良とりわけ半導体不良に直面しているものと思います。そして、半導体不良の解析を進めるに当たっては、故障物理的な側面からのアプローチと、統計的な解析が必要とされる側面からのアプローチとの両面からのアプローチが必要となる場合が多いようです。

ここに紹介いたします事例は、〇〇年、あるカムコーダーの半導体トラブルに対して、次の3つの解析手法を応用して信頼性予測と検証を行ったものです。

(1) 温度加速試験による信頼性予測
　　　　　　　（アレニュースモデルの応用）
　　　　　　　（ワイブル解析の応用）

(2) 生産現場の不完全データによる予測の検証
　　　　　　　（累積ハザード法の応用）

(3) 対策品の信頼性の検証
　　　　　　　（MTTFの推定法の応用）

1. 事例

カムコーダーSGX-〇〇〇〇生産開始直後、品質管理部門のサンプリングチェックで半導体不良によるトラブルが発生しました。早速半導体供給会社の品質保証部門の協力を得て原因究明を進めたところ、半導体の回路網をエッチングする工程の雰囲気がAl粒子に汚染されており、回路網のパターン間にAl粒子が付着していることが判明しました。真因は、エッチング工程の装置のメンテナンス上の不具合で、人為的管理上のトラブルでした。未然防止のため装置の始業点検、定期点検が見直されたことは言うまでもありません。

2. 加速試験による信頼性予測

市場における半導体デバイスの信頼性予測には、デバイスの信頼性条件を厳しくして、短時間で使用環境をシミュレートする加速評価技術が用いられ、温度ストレスによる故障を考察する場合にはアレニュースモデルが広く用いられています。その意味するところは、寿命の対数は活性化エネルギーの大きさに比例し、絶対温度に反比例するというもので、活性化エネルギーは反応の加速性の大きさを示す尺度と考えられています。

$$\ln L = A\frac{E}{T} + CONST$$

L：寿命
E：活性化エネルギー
T：絶対温度
A：定数

寿命の対数は絶対温度に反比例する

ここで $A = \dfrac{q}{k} = \dfrac{1.602 \times 10^{-19} J}{1.38 \times 10^{-23} J/°K} = 1.16 \times 10^{4} °K$

q：電子・ボルト（1.602×10^{-19} J）
k：ボルツマン定数（1.38×10^{-23} J/°K）

図19-3　ダイジェスト版(2)

アレニュースモデルを用いた半導体不良の信頼性予測と検証

SQC技術講座 part.6

宝島一雄
kazuo Takarajima.

125℃、150℃の2つのテストデータから、ワイブル分布の形のパラメーターm=0.77、活性化エネルギーeV=055を得ました。これを用いて、デバイスが実際に使用される周囲温度55℃、75℃についての不良率予測を行った結果、55℃では6ヵ月で0.3%の不良率予測値を得ました。この計算手順は公式でそのまま計算することもできますが、現場での簡便法としてのグラフ解法がありますので、その概念図を以下に示します。

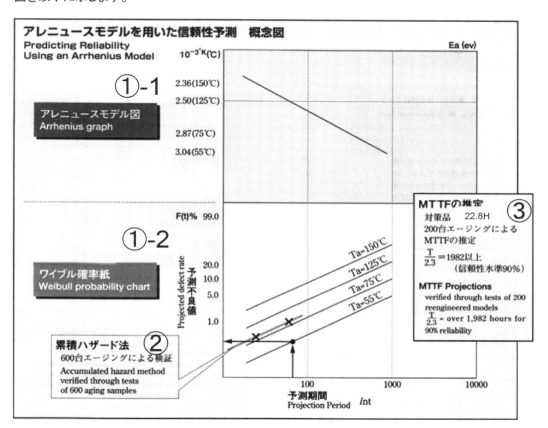

3. 現場のデータによる予測値の検証

理論上の予測値に対して、生産現場のエージングデータを用い予測値の検証を行いました。生産現場のデータは実験室と異なり中途打切りのデータなので、不完全データを取扱う累積ハザード法を用いて不良率を求めました。600台のエージング結果から、理論上の予測値とほぼ一致した値が得られ、理論解析の妥当性を検証しました。

図19-4　ダイジェスト版(3)

アレニュースモデルを用いた半導体不良の信頼性予測と検証

SQC技術講座 part.6
宝島一雄
kazuo Takarajima.

4. 対策品の効果確認

すぐ対策品が導入されたので、再びエージングテストによりその信頼性を検証しました。当然のことですが不良は発生しません。しかし、MTTFを推定しておく必要があります。結果として、コンポーネントアワーから信頼水準90%でMTTFは1982時間以上であることを推定しました。

原因系

平面SEM　　　　　　　　断面FIB

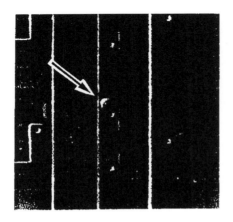
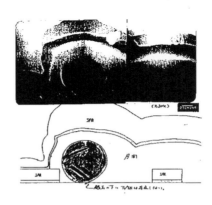

発生原因

装置構造(Treatment Chamber)　　　SEM EDX分析結果

想定原因：
"銀玉"の発生はEtching後のTreatment Chamberにあり材質は装置の部材と同じAlであった。
Maker Demo機による再現実験の結果Connectionの接触不良とShower Headに問題がある事が分かった。

図19-5　ダイジェスト版(4)

アレニュースモデルの現場での活用

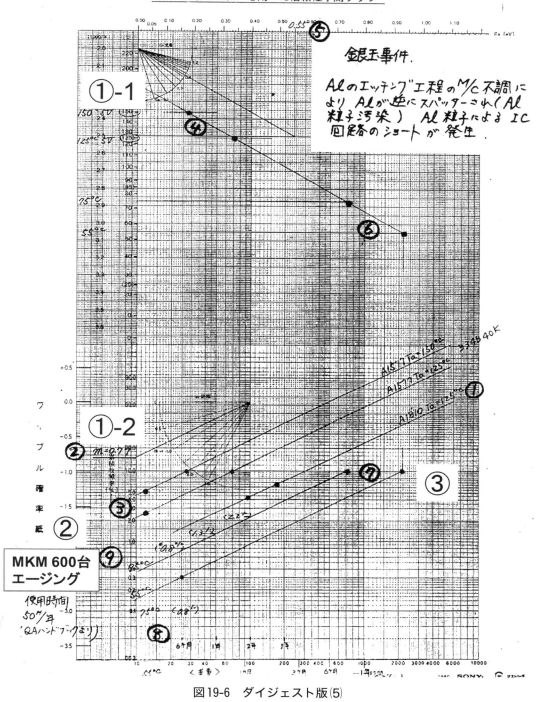

図19-6 ダイジェスト版(5)

アレニュースモデルの現場での活用

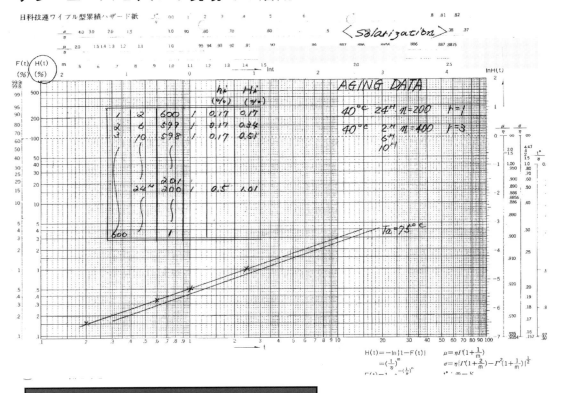

90%の確からしさで、MTTFは1982^H以上である。

統計理論的背景

（一般に信頼水準90%でMTTFの下限値を推定するには $\widehat{MTTF}_L = \dfrac{T}{2.3}$ が用いられる）

故障の発生はランダムで指数分布が適用される場合、T時間中に故障数がr個である確率は···

$$p(r) = \sum_{i=0}^{r} e^{-\frac{T}{MTTF}} \cdot \frac{\left(\frac{T}{MTTF}\right)^i}{i!}$$

ここで $r=0$、$\alpha = e^{-\frac{T}{MTTF}}$ より $MTTF_L$ を求める。

$1-\alpha = 90\%$ の場合、 $\alpha = 0.1$ より $\dfrac{T}{MTTF} = 2.3$ から

$\mathrm{Ln}(0.1) = -2.3$ $\exp(-2.3) = 0.1$

$\widehat{MTTF}_L = \dfrac{T}{2.3}\left(60\%の場合、\dfrac{T}{0.917}\right)$

図19-7　ダイジェスト版(6)

第2節　アレニュースモデル

1．加速試験による信頼性予測

「故障モードが、物理的、化学的な反応に支配され、印加ストレスの大きさが反応速度を決定する」という考えのもとに、加速試験の有効性が裏付けられている。半導体デバイスの加速モデルとして、最も一般的に利用されているアレニュースモデル（Arrhenius Model）について説明します。

この意味するところは、「寿命の対数は絶対温度に反比例する」ということです。この考え方に基づけば、高温加速実験結果から常温の寿命を予測できることになります。その概念図を図19-9に示します。

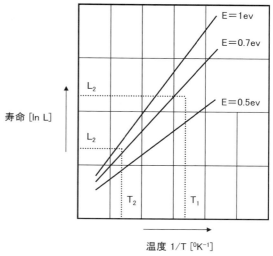

図19-8　アレニュースモデル概念図

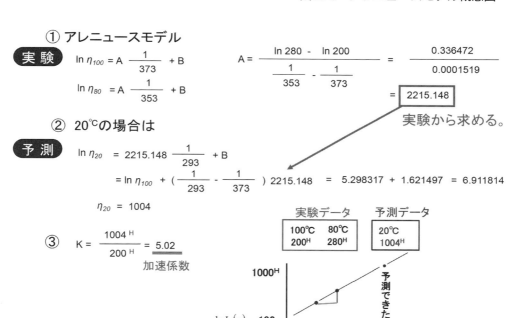

図19-9　高温加速実験結果から常温の寿命を予測できる

2. アレニュースモデルの前提となる反応速度論モデル

　物の破壊や劣化は微視的に見れば、原子や分子レベルでの変化に起因しています。例えば、電気的ストレス、熱、機械的ストレスなどにより物質内部で平衡状態の変化、化学変化、組成の変化、結晶構造の変化、結合力の変化……が起こり、故障の原因となります。

　この際、酸化、析出、電解、拡散、蒸発、摩耗、疲労、等のいわゆる故障メカニズムがこれを支配しています。物が腐敗して変質するのも一種の化学反応による原子の組み換えです。酸化や腐食で金属が錆びる場合も、酸素や金属イオンあるいは電子の拡散がそのスピードを支配し、従って金属の寿命を支配しています。一般に、材料や部品にとって有害な反応が進み、ある限界に達すると故障が発生するというモデルが反応速度論モデルです（塩見弘『故障物理入門』日科技連　1973年　77-78頁）。

　アレニュースモデルに入る前に、アレニュースの式を見てみましょう。

　正常状態から劣化状態へ進む過程はその途中にエネルギーの壁があり、それを乗り越えるのに必要なエネルギーが環境（ストレス）によって供給されなければなりません。しかもこのエネルギーの壁（活性化エネルギー）を乗り越えて反応が進む頻度は確率的です。この反応速度 K の温度ストレスへの依存性は、経験的に19世紀に Arrhenius により見出されたのでアレニュースの式と呼ばれています。

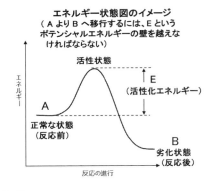

図19-10　アレニュースの式

　活性化エネルギーはそれぞれの材料固有の値なので、アレニュースの式は化学反応の速度は温度に依存することを表しています。反応がある一定のレベルまで進む時間（例：材料強度が閾値以下となる／寿命）を L とすればこの反応により律速される寿命は K に反比例します。

3. アレニュースモデルから活性化エネルギーを求める

　このモデルは絶対温度に対する加速を行う場合に用いられ、化学反応の速度を表すアレニュースの式に立脚するものです。アレニュースの式から単位変換を経てアレニュースモデル式が出来上がります。

$$\ln L = \frac{qE}{kT} + \text{const}$$

L：寿命
q：電子・ボルト（1.6021×10^{-19}J）
k：ボルツマン定数（1.38054×10^{-23} J/°K）
T：絶対温度（°K）
E：活性化エネルギー（eV）

前出 故障物理入門 P251
第9章 物理定数
分子エネルギーの単位換算表
1.6021 erg/分子 = 1 eV/分子

この式から活性化エネルギーを求め、反応の加速性の目安とします。活性化エネルギーが大きいほど、温度による加速性も大きくなります。このように、このモデルは温度ストレスによる故障を考察する場合に適用されます。

活性化エネルギーの計算

アレニウスモデルの理論式は

これからEを求めたい

$Y = aX + b$

$$\ln L = \frac{q}{k} E \cdot \frac{1}{T} + \text{const}$$

$$\ln L = \frac{q}{k} E \cdot \frac{1}{T} + \text{const}$$

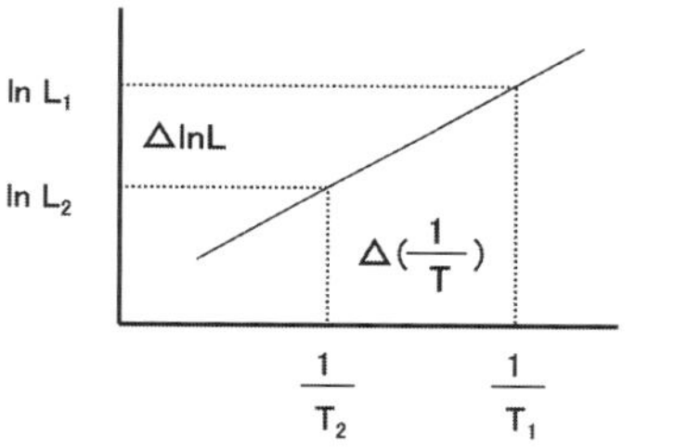

ここで $\dfrac{q}{k} = \dfrac{1.6021 \times 10^{-19} \text{J}}{1.38054 \times 10^{-23} \text{J/°K}} = 1.1605 \times 10^{4} \text{°K}$

E：活性化エネルギー（eV）を求めるには、左図直線上の2点から勾配（$\Delta \ln L / \Delta(\frac{1}{T})$）を求め、その値を 1.1605×10^{4} で割れば求まる。

図19-11　アレニウスモデルから活性化エネルギーを求める

4．アレニウスモデルの使用事例

実際の使用事例で説明します（図19-12）。ここでは散布図の中の③CXA-○○○ が対象となります。

計算手順に従って、活性化エネルギーを求めます（図19-13）。

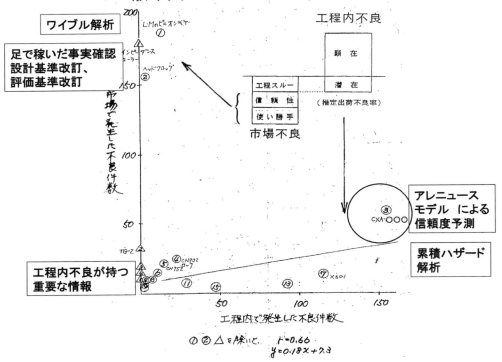

図19-12　市場不良と工程内不良の散布図

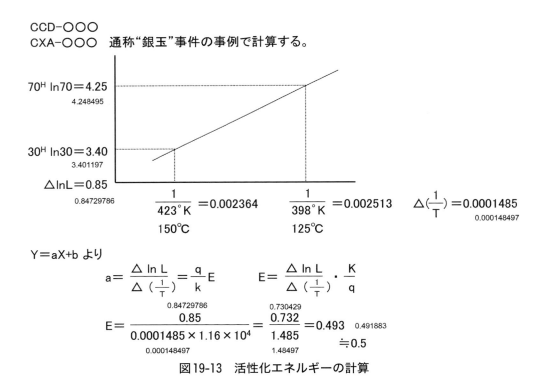

図19-13　活性化エネルギーの計算

5. アレニュースモデルを用いた信頼性予測のステップ

アレニュースモデルであるから、高温加速試験での故障情報を得てから実際の使用条件温度での故障情報を予測することになります。そのために、アレニュースモデルのグラフ（片対数グラフ）とワイブル確率紙が必要となります。一般にはそれぞれのグラフを使って予測するステップが取られているようですが、ここではこの両者のグラフを一体化させた「アレニュースモデルによる信頼性予測グラフ」として使い、その詳細、理論的背景については第3節で詳しく述べることにします。

この場合、高温加速試験が重要な情報を発信することになりますが、少なくとも半導体メーカーと言われるところには PCT はじめこの種の試験を行う設備は持っているので、これらの情報は程なくして得られるものです。問題はその情報をどのように活用して使用環境温度での信頼性情報に置き換えるかなのです。

1. 同種品CXA △△△の試験結果 ……対象種品のm値がわかっていないのでm値を求めるための同種品のテストを行った。 もし、わかっているのなら1,2はスキップして 3 から始める

試験条件	n	96^H	168^H
125℃ 5σ	45	2	1
		4.3%	6.5%
		=2/(45+1)	=3/(45+1)

2. m＝0.77

3. 故障予測データ

信頼性試験結果　CXA ○○○

ロットNo.	試験条件 125℃ 5.0^V			試験条件 150℃ 5.0^V		
	n	r12^H	r16^H	n	r12^H	r16^H
334B40K	38	1　2.56%	0	37	2　5.3%	0
336B66K	38	1	−	36	0	−
338B96K	44	0	−	43	0	−
TOTAL	120	2	−	116	2	−

=1/(38+1)　　　=2/(37+1)

4. ワイブル確率紙の10%ラインから、アレニュースモデルグラフの150℃,125℃のプロットを記入。
5. E_V＝0.55
6. 75℃、55℃へ延長し、再びワイブル確率紙の10%ラインへ戻る。
7. m＝0.77の傾きで 75℃、55℃のラインを引く。
8. 社内のエージングテストデータによる検証。
9. 推定使用時間で累積不良率を予測する。

図19-14　アレニュースモデルを用いた信頼性予測のステップ

6. 作図と予測

グラフによるプロット、直線、平行線……作図における誤差が生じることは十分承知の上です。極端なことを言えば、鉛筆の芯の太さ、プロットの大きさ……確率紙に付きまとう誤差はあるので、多分活性化エネルギーも計算では0.5であったのに対し、グラフ解法では0.55と出ています。完全に平行線が、垂線が引けたかと自問しながら進める作業です。

結果、機器内使用環境温度75℃で半年後の累積故障は0.8％と予測できました（55℃で0.3％）。初めに m 値を予測しましたが、本当にこれで進めてよいのか実機にてエージン

グを行い傾きが同じであるということを確認しました。図19-16の②です。このことは図18-36に示した600台エージングから得られた不完全データを累積ハザード確率紙で解析し、予測の m 値に対して実機でも傾きが同じであるということを検証した例です。

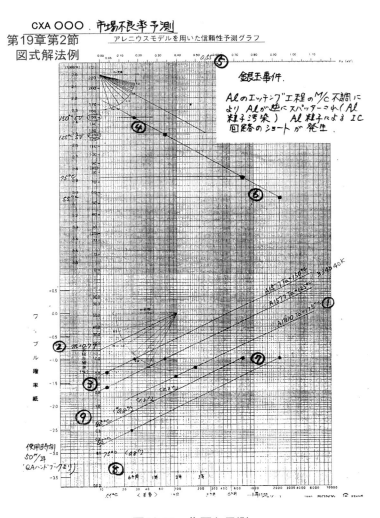

図19-15　作図と予測

7．予測値の検証と対策品の実力の区間推定

　当然発生原因の調査が行われ、対策品が導入されますが、対策品は不良が出なくて当たり前です。それでもどのくらいの実力があるのかを調べておく必要があります。そのために実機エージングを行いますが不良は0です。この場合、どのようなレポートを書きますか。悲しいかな、不良は0でしたというレポートを書いて出してきた人もいました。これは小学校低学年の算数の話です。

　でも既に統計的品質データ解析手法を勉強された皆さんにはこれからどのような内容のレ

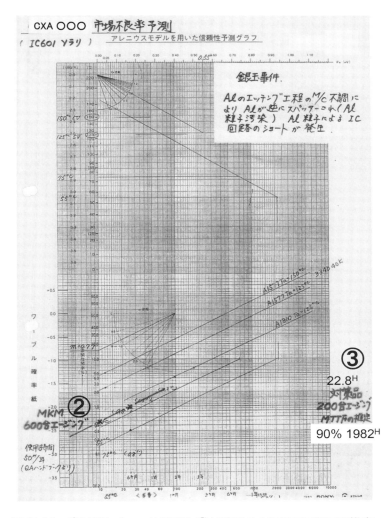

図19-16　②予測した m の検証と③対策品の MTTF 下限区間推定

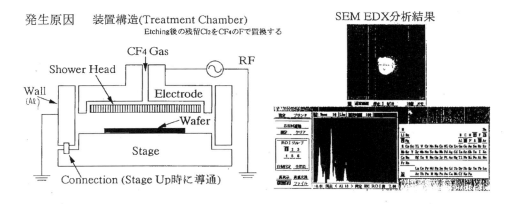

想定原因:
"銀玉"の発生はEtching後のTreatment Chamberにあり材質は装置の部材と同じAlであった。
Maker Demo機による再現実験の結果Connectionの接触不良とShower Headに問題がある事が分かった。

図19-17　発生原因

ポートにするかお分かりでしょう。そうです。信頼率90％でMTTFは1982時間以上であると結論付けることができます。図19-16の③はこのことを意味しています。

第3節　アレニュースモデルを用いた信頼性予測における図式解法の理論的背景

1. アレニュースモデルから活性化エネルギーを求める

このモデルは絶対温度に対する加速を行う場合に用いられ、化学反応の速度を表すアレニュースの式に立脚するものです。

アレニュースモデル

$$\ln L = \frac{qE}{kT} + \text{const}$$

L：寿命
q：電子・ボルト（1.6021×10^{-19}J）
k：ボルツマン定数（1.38054×10^{-23} J/°K）
T：絶対温度（°K）
E：活性化エネルギー（eV）

そして、この式から活性化エネルギーを求め、反応の加速性の目安とする。活性化エネルギーが大きいほど、温度による加速性も大きくなります。このように、このモデルは温度ストレスによる故障を考察する場合に適用されることも既に学びました。
ここで私達は活性化エネルギー E を求めたいのです。

活性化エネルギーの計算

アレニュースモデルの理論式は

$$\ln L = \frac{q}{k} E \cdot \frac{1}{T} + \text{const}$$

これからEを求めたい

$$Y = aX + b$$

$$\ln L = \frac{q}{k} E \cdot \frac{1}{T} + \text{const}$$

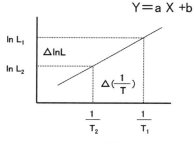

ここで $\dfrac{q}{k} = \dfrac{1.6021 \times 10^{-19} \text{J}}{1.38054 \times 10^{-23} \text{J/°K}} = 1.1605 \times 10^{4} \text{°K}$

E：活性化エネルギー（eV）を求めるには、左図直線上の2点から勾配（$\Delta \ln L / \Delta(\frac{1}{T})$）を求め、その値を $1.1605*10^4$ で割れば求まる。

図19-18　アレニュースモデルから活性化エネルギーを求める

2. 活性化エネルギーの求め方

活性化エネルギーを求める手順は図19-18に示した通りなので、愚直に展開します。

活性化エネルギーの求め方 -1

$$\ln L = A \times E \frac{1}{T} + \text{const}$$

$$傾き = \frac{\Delta \ln L}{\Delta \frac{1}{T\,°K}} = A \times E$$

$$\Rightarrow E = \frac{\Delta \ln L}{\Delta \frac{1}{T\,°K}} \times \frac{1}{A}$$

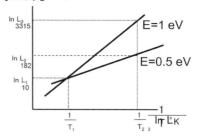

例えば

$\Delta \ln L = \ln 182 - \ln 10 = 2.90$

$\Delta \frac{1}{T\,°K} = 0.5 \times 10^{-3}\,°K$

$A = 1.1605 \times 10^{4}\,°K$

E=0.5 eV

$\Delta \ln L = \ln 3315 - \ln 10 = 5.80$

$\Delta \frac{1}{T\,°K} = 0.5 \times 10^{-3}\,°K$

$A = 1.1605 \times 10^{4}\,°K$

E=1.0 eV

Ln182	Ln10	△Ln L	1/(0.5*10^-3)	1/(1.1605*10^4)
5.204007	2.302585	2.901422	5802.843188	0.500029572

Ln3315	Ln10	△Ln L	1/(0.5*10^-3)	1/(1.1605*10^4)
8.106213	2.302585	5.803628	11607.25562	1.000194366

図19-19　活性化エネルギーの求め方

3. 活性化エネルギー E 尺の作成

活性化エネルギーの求め方 -2

$Y = aX + b$

$$傾き = \frac{\Delta \ln L}{\Delta \frac{1}{T\,°K}} = A * E$$

右へ90度回転させ 活性化エネルギー E 尺をつくる

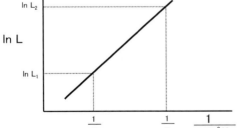

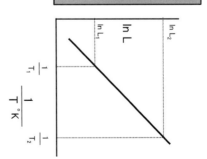

L	10	20	30	40	50	60	70	80	90	100	182	200	300	400	500
Ln L	2.3026	2.9957	3.4012	3.6889	3.912	4.0943	4.2485	4.382	4.4998	4.6052	5.204	5.2983	5.7038	5.9915	6.2146
△Ln L	0	0.6931	1.0986	1.3863	1.6094	1.7918	1.9459	2.0794	2.1972	2.3026	2.9014	2.9957	3.4012	3.6889	3.912
1/0.5*10^-3	0	1386.3	2197.2	2772.6	3218.9	3583.5	3891.8	4158.9	4394.4	4605.2	5802.8	5991.5	6802.4	7377.8	7824
1/1.1605*10^4	0	0.1195	0.1893	0.2389	0.2774	0.3088	0.3354	0.3584	0.3787	0.3968	0.5	0.5163	0.5862	0.6357	0.6742

図19-20　グラフを90°右へ回転させる

アレニュースモデル図を右90度回転させた図

前ページより続く														
L	600	700	800	900	1000	2000	3000	3315	4000	5000	6000	7000	8000	9000	10000
Ln L	6.3969	6.5511	6.6846	6.8024	6.9078	7.6009	8.0064	8.1062	8.294	8.5172	8.6995	8.8537	8.9872	9.105	9.2103
△Ln L	4.0943	4.2485	4.382	4.4998	4.6052	5.2983	5.7038	5.8036	5.9915	6.2146	6.3969	6.5511	6.6846	6.8024	6.9078
1/0.5*10^-3	8188.7	8497	8764.1	8999.6	9210.3	10597	11408	11607	11983	12429	12794	13102	13369	13605	13816
1/1.1605*10^-4	0.7056	0.7322	0.7552	0.7755	0.7937	0.9131	0.983	1.0002	1.0326	1.071	1.1024	1.129	1.152	1.1723	1.1905

図19-21　活性化エネルギーE尺の作成

　左側に温度軸、上側に活性化エネルギー尺ができました。ここで注意すべきことは、もともとこの軸は時間軸、しかも ln t 軸だったことです。従って、横軸が ln t 時間軸のワイブル確率紙をこの下側に付けても時間軸は揃っているので問題はありません。

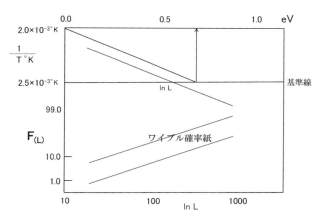

図19-22　アレニュースモデルを用いた信頼性予測図

　これをどのようにして使うのかは先の第2節でも述べましたが、改めて使い方を述べます。

　既に第2節でも示しましたが、改めて理論的背景の説明の延長線上として示します。

1. 同種品CXA △△△の試験結果 ……対象種品のm値がわかっていないので
m値を求めるための同種品のテストを
行った。もし、わかっているのなら1,2
はスキップして 3 から始める

試験条件	n	96H	168H
125℃ 5σ	45	2	1
		4.3%	6.5%
		=2/(45+1)	=3/(45+1)

2. m＝0.77

3. 故障予測データ

信頼性試験結果　CXA ○○○

=1/(38+1) ← 　　　　　　　　　　　　　　　→ =2/(37+1)

ロットNo	試験条件					
	125℃ 5.0V			150℃ 5.0V		
	n	r12H	r16H	n	r12H	r16H
334B40K	38	1 2.56%	0	37	2 5.3%	0
336B66K	38	1	—	36	0	—
338B96K	44	0	—	43	0	—
TOTAL	120	2	—	116	2	—

4. ワイブル確率紙の10%ラインから、アレニュースモデルグラフの150℃,125℃のプロットを記入。

5. E_V＝0.55

6. 75℃、55℃へ延長し、再びワイブル確率紙の10%ラインへ戻る。

7. m＝0.77の傾きで 75℃、55℃のラインを引く。

8. 社内のエージングテストデータによる検証。

9. 推定使用時間で累積不良率を予測する。

図19-23　アレニュースモデルを用いた信頼度予測のステップ（再掲）

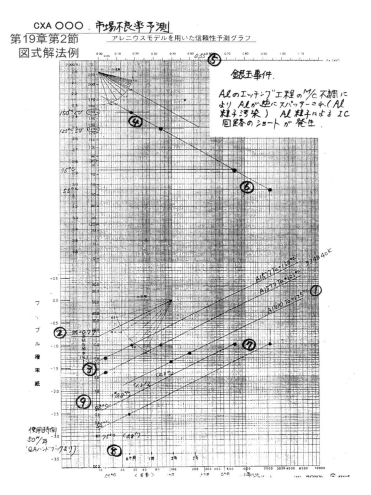

図19-24　作図と予測（再掲）

第20章　ストレス・ストレングスモデル

第1節　バラツキの組み合わせ

1. 分散の加法性

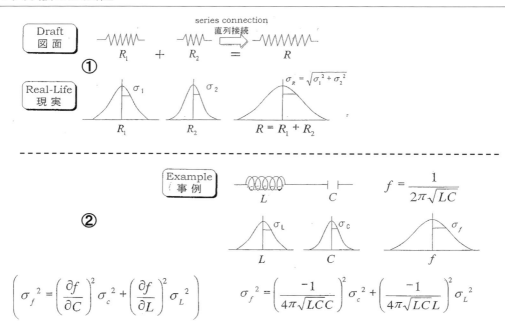

図20-1　バラツキの組み合わせ

　２個の抵抗の直列接続から成る合成抵抗の値が、R = R₁+R₂であることは周知の通りです。しかし、生産現場での現実として、R₁もR₂もそれぞれにバラツキを持っており、バラツキのある物同士をランダムに組み合わせてできる合成抵抗もまたバラツキを持ちます。しかも、ワーストケース同士の組み合わせが更にバラツキを大きくし、それぞれの分散がσ₁²、σ₂²の抵抗を用いた時の合成抵抗の分散は、σ² = σ₁²+σ₂²となります。この事例①は「和の分布」としてとらえていますが、「差の分布」の場合も同様に分散は大きくなり、σ² = σ₁²+σ₂²となります。数理統計では、この性質を「分散の加法性」と呼んでいます（後ほど「統計的設計法」で出てきます）。

　②の例は物理で習う共振周波数の式です。でも、現実にここで使われるコイルのインダクタンスやコンデンサーのキャパシタンスは必ずしも定格値のモノではなく、それぞれバラツキ、公差を持っていますので、結果共振周波数のバラツキはどのくらいになるのかが関心事になります。

　抵抗の直列接続（①）のように簡単に足し算で表せるような場合は良いとしても、②のように複雑な関数で表せるような場合はどのようにして最終的なバラツキの大きさを予測したらよいのでしょうか。このような場合には、勿論、関数の形が分かっていなくてはなりませんが、多変数関数の分散を求める式を用います。

一般にある一つの特性値 y が、他のいくつかの互いに独立な特性値 $x_1, x_2, \cdots\cdots, x_n$ の関数 $y = f(x_1, x_2, \cdots\cdots, x_n)$ とする時、x_i の分散を σx_i^2 で表すと、y の分散 σy^2 は、近似的に、

$$\sigma_y^2 = \left[\frac{\partial y}{\partial x_1}\right]_0^2 \sigma_{x_1}^2 + \left[\frac{\partial y}{\partial x_2}\right]_0^2 \sigma_{x_2}^2 + \cdots + \left[\frac{\partial y}{\partial xn}\right]_0^2 \sigma_{x_n}^2$$

で与えられます。

この考え方は、信頼性設計の中で「統計的にバラツキを考慮した余裕をどのくらいとるか」という場合に有効です。

ここでは正規分布の例を示しましたが、この性質は互いに独立な確率変数であれば、特に分布を特定する必要はありません。一般的な性質です。正規分布を例に出す理由は、正規分布が一般的な分布であり、かつ取扱いが容易だからです。

確率変数 X_1 の分散を σ_1^2 とし、X_1 の分散を σ_2^2 とすると、総合的な分散は……、

和の分布：$X_1 + X_2$　　　$\sigma_1^2 + \sigma_2^2$

差の分布：$X_1 - X_2$　　　$\sigma_1^2 + \sigma_2^2$

積の分布：$X_1 \cdot X_2$　　　$a_1 \sigma_2^2 + a_2 \sigma_1^2$

商の分布：$\dfrac{X_1}{X_2}$　　　$\dfrac{1}{a_2^4}(a_1^2 \sigma_2^2 + a_2^2 \sigma_1^2)$

図20-2　関数が加減乗除の場合の総合的な分散

となることが知られています。ここで a_1、a_2 は、X_1、X_2 の平均値（公称値）を示します。

2．現実的な事例

(1) 電流の分布

$I = E/R$ において、E と R の製造公差 $E = 10\,\text{V} \pm 0.2\,\text{V}$（3s）、$R = 100\,\text{W} \pm 10\,\text{W}$（3s）の時の電流 I の分布は、

$$\sigma_I^2 = \left[\frac{\partial I}{\partial R}\right]_0^2 \sigma_R^2 + \left[\frac{\partial I}{\partial E}\right]_0^2 \sigma_E^2 = \frac{1}{R^4}\left(\overline{E}^2 \sigma_R^2 + \overline{R}^2 \sigma_E^2\right)$$

ここで $R = 100\,\text{W}$、$\sigma_R = 10\,\text{W}$、$E = 10\,\text{V}$、$\sigma_E = 0.2\,\text{V}$ を代入すれば、$I = 0.1\,\text{A}$。

$$\sigma_I^2 = \frac{1}{10^4} \times 1.04 \qquad \therefore \sigma_I = 1.02 \times 10^{-2}$$

従って、電流の分布は、$0.1\,\text{A} \pm 0.0102\,\text{A}$（3s）となります。

(2) 並列抵抗値の分布

抵抗R_1, R_2を並列接続した時の合成抵抗Rは、$R = \dfrac{R_1 \cdot R_2}{R_1 + R_2}$ で示されます。

$$\dfrac{\partial R}{\partial R_1} = \dfrac{R_2^2}{(R_1 + R_2)^2} , \quad \dfrac{\partial R}{\partial R_2} = \dfrac{R_1^2}{(R_1 + R_2)^2}$$

よって $\sigma_{R^2} = \left[\dfrac{R_2^2}{(R_1+R_2)^2}\right]_0^2 \sigma_1^2 + \left[\dfrac{R_1^2}{(R_1+R_2)^2}\right]_0^2 \sigma_2^2$

この式にR_1, R_2の平均値(公称値)a_1, a_2を代入して、$\sigma_R = \dfrac{1}{(a_1+a_2)^2}\sqrt{a_2^4\sigma_1^2 + a_1^4\sigma_2^2}$ が得られます。

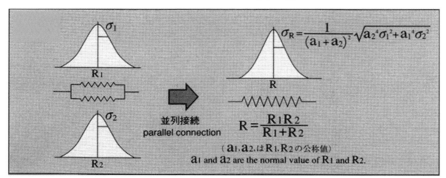

ここで同一抵抗2個の並列接続 $R_1 = R_2 (a_1 = a_2, \sigma_1 = \sigma_2 = \sigma)$ の時の合成抵抗Rのバラツキを調べてみると、$\sigma_R = \dfrac{\sigma}{2\sqrt{2}}$ となります。
ちなみに、同一抵抗2個の直列接続の場合は、$\sigma_R = \sqrt{2}\sigma$ となります。

図20-3　抵抗の並列接続の場合の総合的分散

(3) LC回路

LC回路の場合、(2)の例と同様に、$\sigma_f = \dfrac{1}{2}\sqrt{\dfrac{a_C}{a_L}\sigma_L^2 + \dfrac{a_L}{a_C}\sigma_C^2}$ となります。
a_{C1}, a_LはそれぞれC、Lの公称値です。

3. 許容差設計における最悪値設計法と統計的設計法

　いくつかの部品を積み重ねていくと組み立て品の寸法はどうバラツクか、いろいろな部品で構成された回路の特性値は部品の特性値とどのような関係になるのでしょうか。
　このように構成部品のバラツキと、全体のバラツキの評価に確率分布を導入して設計するのが統計的設計法で別名モーメント法とも呼ばれます。許容差設計における最悪値設計法と統計的設計法を対比し、状況に合致した必要な方法を選択していくことになります。

　最悪値設計法とは文字どおり最悪のケースを想定して許容差、公差を決定することです。簡単な例ではA、Bの公差をそのまま加算するケースがあります。

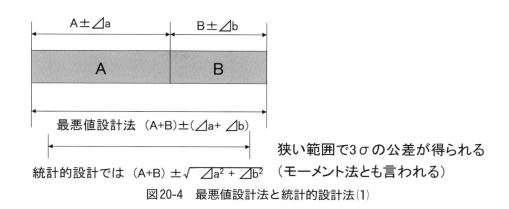

図20-4　最悪値設計法と統計的設計法(1)

もう一つの事例で見てみましょう。

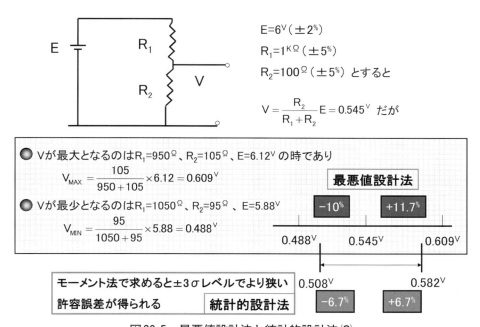

図20-5　最悪値設計法と統計的設計法(2)

　最悪値設計法は安全面を重視していますが、反面効率が悪いです。多くの部品で構成される機器の場合、一部で公差を大きく取ってしまうと最終的な機器の公差は顧客要求で決まっているのでどこかほかの部分で受け止めねばならなくなります。合理的な公差設計を進めるためにも統計的設計法は技術者の力となります。
　なぜ統計的設計法が良いかというと最悪値設計法の場合は一様分布を仮定しており、公差内ではどの範囲にでも均等一様に発生確率があるのに対し、統計的設計法では正規分布を仮定しているので公差内での発生確率も公称値近くに多くばらつくからです。そのため、素子のバラツキが正規分布でなく一様分布している場合、図20-6のように和の分布の分散は正規分布の場合の3倍も大きいものになります。

	x の分布	和の分布 $(x+x)$	
		平均値	分　散
正規分布	(グラフ: $-3\sigma, \mu, +3\sigma$, σ)	2μ	$\sigma^2+\sigma^2=2\sigma^2$
一様分布	(グラフ: $-3\sigma, \mu, +3\sigma$, 高さ $\frac{1}{6\sigma}$)	2μ	$\frac{1}{12}\times 36\sigma^2\times 2=6\sigma^2$

図20-6　正規分布と一様分布の場合の和の分布　　図20-7　規格に対する国民性の違い

　これは規格上限、下限に近くても、規格内なら問題ないとする欧米の国民性とあくまでも公称値を狙うという日本の国民性の違いが出ています（1979年4月17日『朝日新聞』）。このような現実からモトローラ社からシックスシグマという考え方が出てきたのもうなずける話です。

4．現実的な事例　差の分布の場合

　自動車が普及し出した頃のピストンとシリンダーの組み立て、組み合わせの事例です。
　ピストンの工場とシリンダーの工場は別々でそれぞれ公差を設けて切削加工をしていました。問題は、「ピストンがシリンダーに入らなくなる不良はどのくらいになるか」「隙間が0.08を超えるスカスカの状態になる割合はどのくらいか」です。

部品組み立て工程の例 – 差の分布

A社製ピストンの直径　　平均=20.00mm　　標準偏差=0.010mm
B社製シリンダーの内径　平均=20.04mm　　標準偏差=0.015mm

① ピストンがシリンダーに入らない不良品の割合はどのくらいあるか。
　確率変数　$Z_1=B-A\leq 0$ の時に入らなくなる。それぞれ別の会社で作られ、独立と考えられるので、寸法Zの平均、標準偏差は

　Zの平均 $= 20.04 - 20.00 = 0.04$mm
　Zの標準偏差 $= \sqrt{0.015^2 + 0.010^2} = 0.018$mm
　$Z_1 = \dfrac{0.04-0}{0.018} = 2.22$　　正規分布表から $K_{P_1}=2.22$　　$P_1=0.0132$

② すきまが0.08を超える不良品の割合はどのくらいあるか。
　確率変数　$Z_2=B-A\geq 0.08$
　$Z_2 = \dfrac{0.08-0.04}{0.018} = 2.22$　　正規分布表から $K_{P_2}=2.22$　　$P_2=0.0132$

③ 不良発生率は $P_1+P_2=0.0264$ と推定される。

④ はめこみができない確率、すきまが大きい確率をそれぞれ0.005とするには $K_P=2.58$
　A、B間の隙間の標準偏差を σ_Z とすると $\sigma_Z = \dfrac{0.04}{2.58} = 0.0155$　$\sigma_Z^2 = \sigma_A^2 + \sigma_B^2$
　$0.0155^2 = \sigma_A^2 + 0.015^2$　よって $\sigma_A = 0.004$ とすればよい。

図20-8　ピストンとシリンダーの組み合わせの例

この問題は先に学んだ正規分布の知識で解けます。

5．現実的な事例　積分布の場合

あるコンサルティングの事例です【付属CD Ch-20-1】。

この事例は直列に部品を接続しているので、それぞれの部品のバラツキが重畳されるわけです。それぞれがバラツキを持った減衰率なので最終的な機器のバラツキはどのくらいの大きさになるのか、従来の方法で計算していたようです。その計算結果から最終機器の規格を決めて量産に入ったのですが、いざ、量産に入ると規格外れが出てくるという問題でした。光学部品らしい物が直列にその性能を発揮しているので、これは積の分布に相当すると考え最終バラツキを計算しました。

バラツキは大きめに出ました。

従来の方法で見積もった最終機器のバラツキは過小評価されており、それを基に規格を決めていたのです。積の分布で計算したバラツキの実力に対して最初の規格はそのバラツキをカバーしていませんので不良が出るのは当然のことです。

部品組み立て工程の例 – 積の分布

従来からの方法で SPEC を決めてきた ○○設計部

計算しているのに、でも規格外不良が発生する　何故だ？

	η	3σ	3σ/η
GRT	0.950	0.009	0.009
PBS_Tp	0.960	0.009	0.009
PBS透過P波比	0.933	0.089	0.095
DichroBS_Tp	0.960	0.015	0.016
DoubletCL	0.970	0.012	0.012
FMgo(Rp)	0.980	0.006	0.006
QWP	**0.960**	0.006	0.006
Expander	0.970	0.006	0.006
TA10CS	0.962	0.030	0.031
部品合計	0.696		
TA10CSを除く部品透過率	0.723		
RMS			0.104
Min	0.624		
Max	0.768		

理論的に予測するとバラツキは大きかった

悩みの原因はバラツキを過小評価していた

これは積の分布／積の分布の分散を求める

	η	分散	公式の計算
GRT	0.950	0.000009	6.58996E-06
PBS_Tp	0.960	0.000009	6.52131E-06
PBS透過P波比	0.933	0.000876	0.000652935
DichroBS_Tp	0.960	0.000025	1.81147E-05
DoubletCL	0.970	0.000016	1.14739E-05
FMgo(Rp)	0.980	0.000004	2.83921E-06
QWP	**0.960**	0.000004	2.89836E-06
Expander	0.970	0.000004	2.86848E-06
TA10CS	0.962	0.0001	7.23084E-05
部品合計	0.696		
TA10CSを除く部品透過率	0.723	Total分散	0.000776549
		Total標準偏差	0.027866628
		3σ	0.083599884
MIN	0.612		
MAX	0.779		

図20-9　積の分布の事例

6．多変量関数の分散

最後に、統計的設計法、モーメント法の根底にある統合された分散の理論式を導く考え方を追加しておきます（『信頼性管理便覧』日本規格協会　1985年）。

$X_1, X_2, \ldots, X_n$ なる n 個の確率変数で構成される多変数関数 $f(x_1, x_2, \ldots, x_n)$ を考える．各変数の平均値はそれぞれ $a_1, a_2, \ldots a_n$ とし $f(x_1, x_2, x_3, \ldots x_n)$ を各平均値の付近でテイラー展開すると

$$f(x_1, x_2, \ldots, x_n) = f(a_1, a_2, \ldots, a_n)$$
$$+ \frac{1}{1!}\left\{(x_1-a_1)\frac{\partial}{\partial x_1} + (x_2-a_2)\frac{\partial}{\partial x_2} + \cdots\right.$$
$$\left. + (x_n-a_n)\frac{\partial}{\partial x_n}\right\}f(a_1, a_2, \ldots, a_n) + \frac{1}{2!}\left\{(x_1-a_1)\frac{\partial}{\partial x_1}\right.$$
$$\left. + (x_2-a_2)\frac{\partial}{\partial x_2} + \cdots + (x_n-a_n)\frac{\partial}{\partial x_n}\right\}^2 f(a_1, a_2, \ldots, a_n) + \cdots$$

二次以上の項を省略すれば

$$f(x_1, x_2, \ldots, x_n) - f(a_1, a_2, \ldots, a_n) = \sum_{i=1}^{n}(x_i - a_i)\frac{\partial}{\partial x_i}f(a_1, a_2, \ldots, a_n)$$

ここに $\frac{\partial}{\partial x_i}f(a_1, a_2, \ldots a_n)$ は $f(x_1, x_2, \ldots, x_n)$ を x_i で偏微分して得られる式に x_i の平均値を代入して得られる定数である．

すなわち $\left(\frac{\partial f}{\partial x_i}\right)_{x_i = a_i}$ であり $\left(\frac{\partial f}{\partial x_i}\right)_0$ と表わすことにする．

ここで f の平均値は $f(a_1, a_2, \ldots, a_n)$ であるが，f の分散 σ_f^2 を考えると

$$\sigma_f^2 = E\{f(x_1, x_2, \ldots, x_n) - f(a_1, a_2, \ldots a_n)\}^2$$
$$= E\left\{\sum_{i=1}^{n}(x_i - a_i)\frac{\partial}{\partial x_i}f(a_1, a_2, \ldots, a_n)\right\}^2$$
$$= E\left\{\sum_{i=1}^{n}(x_i-a_i)^2\left(\frac{\partial f}{\partial x_i}\right)_0^2 + \sum_{i \neq j}(x_i-a_i)(x_j-a_j)\left(\frac{\partial f}{\partial x_i}\right)_0\left(\frac{\partial f}{\partial x_j}\right)_0\right\}$$
$$= \sum_{i=1}^{n}\left(\frac{\partial f}{\partial x_i}\right)_0^2 \sigma_{x_i}^2 + \sum_{i \neq j}\left(\frac{\partial f}{\partial x_i}\right)_0\left(\frac{\partial f}{\partial x_j}\right)_0 \sigma_{x_i x_j}$$
$$= \sum_{i=1}^{n}\left(\frac{\partial f}{\partial x_i}\right)_0^2 \sigma_{x_i}^2 + \sum_{i \neq j}\left(\frac{\partial f}{\partial x_i}\right)_0\left(\frac{\partial f}{\partial x_j}\right)_0 \rho_{ij}\sigma_{x_i}\sigma_{x_j}$$

ここに ρ_{ij} は相関係数である．

$x_1, x_2, \ldots, x_n$ が互いに独立ならば

$$\rho_{ij} = 0, \quad \therefore \quad \sigma_f^2 = \sum_{i=1}^{n}\left(\frac{\partial f}{\partial x_i}\right)_0^2 \sigma_{x_i}^2$$

図20-10　多変数関数の分散

7．なぜ6σは1.5σシフトなのか

「3．許容差設計における最悪値設計法と統計的設計法」で規格に対する国民性の違いがバラツキに出ているとのことを書き、シックスシグマが生まれる背景であると説明しました。1990年代後半モトローラ社に端を発したシックスシグマの潮流はアメリカのみならず全世界に広がりを見せました。当時、S社では全社運動としてPPM-Activityが展開されており、その中で全世界のS社圏で、PPM-Activityの強力なツールとしてシックスシグマが展開され

ている中、「6σは何故3.4ppmなの？」、「6σは何故1.5σシフトなの？」という素朴な疑問をよく聞きました。その答えは「経験的に得られた数値」ということで、素朴な疑問を持ったまま先に進んでいるのが現実の姿ではないでしょうか？　ここでは、私の仮説として、「6σは何故1.5σシフトなのか？」について、中心極限定理を応用した$\overline{X}$管理図の理論を用いて、統計理論からの説明をします。

1．「6σは何故3.4ppmなの？」

統計理論的に6σという言葉から連想するものは、正規分布N（μ、σ²）において、平均値μから標準偏差σの6倍の距離（6σ）を越える部分の密度関数の面積（確率）がどのくらいかということです。その答えは10億分の1です（片側）。1ppbです。では何故3.4ppmなのでしょうか。それは正規分布N（μ、σ²）において、平均値μが標準偏差の1.5倍（1.5σ）だけシフトした状態で、元の平均の位置μから6σだけ離れた位置を越える部分の面積（確率）を表しており、それが3.4ppmなのです。すなわち、これは正規分布N（μ、σ²）において、4.5σを越えた部分の面積（確率）を意味しています（図20-11）。

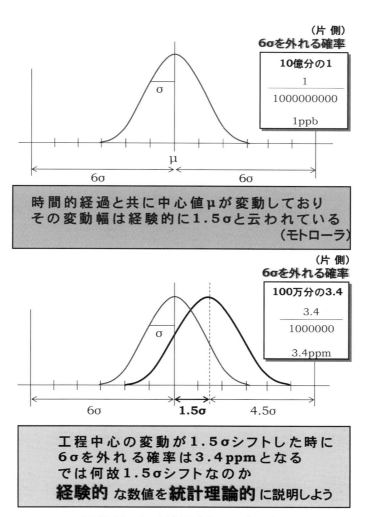

図20-11　6σは何故3.4ppmなのか

2．経験的数値を統計理論で説明

では何故1.5σシフトした状態を考えるのでしょうか？ それは工程は生き物であり、私達の知らないうちに常に変動しているからです。母集団の工程平均は、平均値μを中心に左右に変動しており、「最悪の場合」の変動幅が1.5σに相当するというものです。この「最悪の場合」の1.5σという変動幅は、モトローラによると、過去の経験から得られた数値であるといわれています。でも、経験は主観的でありその受け止め方は個人差があるので現象を統計理論というフィルターを通して観察することにより、経験をサイエンスの世界に変換することを試みます。

3．6σは何故1.5σシフトなのか？

母集団の工程平均μの変動は神様にしか分かりませんので、私達はサンプルを通して推測します。この場合、一般に私達は$\overline{X}$管理図を用いて工程の変動をウォッチします。ここでの説明のポイントは「最悪の場合」の1.5σシフトをどうやって感知するかにあります。すなわち、母集団の工程平均μが変動していることを、$\overline{X}$管理図上で、私達が「異常」として検出できる限界の値として、1.5σを説明することができます。前述の「最悪の場合」とは、私達が「異常」として検出できる限界の値に相当します。これには検出できる確率が重要な要素となります。

よく知られていますが、$\overline{X}$管理図上の標準偏差は、中心極限定理により、母集団の標準偏差σの$1/\sqrt{n}$で表されます（nはサンプル数）。

図20-12に示しますように、私達は$\overline{X}$管理図上で、工程平均のズレ（Δμ）がどのくらいになったら、どのくらいの確率で「異常」と検出できるかを、サンプルの平均値の標準偏差$\sigma/\sqrt{n}$の何倍かを尺度にシミュレーションしてみました。工程平均のズレΔμが$\sigma/\sqrt{n}$の1倍のときは、「異常」の検出確率は43.75％で検出できない確率と同じくらいですので、検出はあてにできません。一方、2倍の時は98.67％でほとんど間違いなく検出できます。注目の1.5倍の時は、82.25％の確率で検出できます。これが1.5σシフトの理論的根拠です。

すなわち、母集団の工程平均μが母集団の標準偏差σの1.5倍変動した時に、私達は$\overline{X}$管理図上で、サンプルの平均値の標準偏差の1.5倍のズレを82.25％の確率で検出でき、母集団の「異常」をほぼ感知できるということを意味しています。これが「限界値」の意味です。逆に言うと、1.5σまでの範囲内の変動は、私達は感知できないということです。

ご参考までに、管理図で25点を使用しているのは、工程が安定状態にあるか否かを判断する数値として、$\overline{X}$のプロットが25点中1点も管理限界の外に出ない確率が96.68％であることを、私達は通常用いているからです。

4．1.5はキリの良い数字

これでお分かりのように、25点を前提とした場合でも、「異常」が検出できる確率として82.25％より高い数値を望む人は1.6σか1.7σシフトを考えるでしょうし、逆に、検出確率をもう少し低く設定する人には1.4σでもよかったのかもしれません。

世の中、概して複雑なものよりシンプルなスッキリしたものが受け入れられやすいという視点から、1.5というキリの良い数値に設定したものと考えます。

5．1.5σシフトに関する動的観察

ここまで述べた1.5σシフトの話は静的観察であるのに対し、次の動的観察では分布の平均値が1.5σの中で確率的に正規分布の姿で変動する場合の上限規格を超える確率を「たたみこみ」（Convolution）という方法で求めます（図20-13）【付属CD Ch-20-1】。

工程平均のズレ $\triangle\mu$	1点が管理限界を超える確率 ε	25点中1点も管理限界を超えない確率 $(1-\varepsilon)^{25}$	異常を検出できる確率 $1-(1-\varepsilon)^{25}$
$\triangle\mu=0\times\frac{\sigma}{\sqrt{n}}$	0.00135	0.9668	0.0332
$\triangle\mu=0.5\times\frac{\sigma}{\sqrt{n}}$	0.0062	0.8558	0.1442 わからない
$\triangle\mu=1\times\frac{\sigma}{\sqrt{n}}$	0.0227	0.5625	0.4375 わからない
$\triangle\mu=1.5\times\frac{\sigma}{\sqrt{n}}$	0.0668	0.1775	0.8225 ほぼ検出できる
$\triangle\mu=2\times\frac{\sigma}{\sqrt{n}}$	0.1586	0.0133	0.9867 ほとんどわかる

私の仮説　　管理図の理論から説明

図20-12　何故1.5σシフトなのか

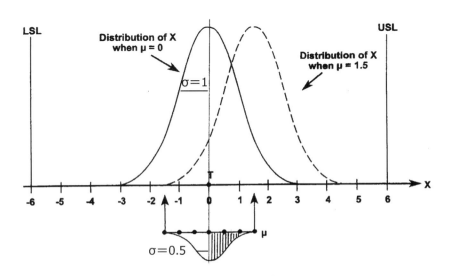

図20-13　たたみこみ（Convolution）の例題

まず、左右対称なので右側半分を計算します。分布の1.5σの範囲の中で平均値の分布（σ＝0.5）が確率的に動くので、刻みの幅を0.1σ刻みにしてその確率と、その時元の分布が0.1σシフトした時上限規格6を超える確率を計算し、それらを掛け合わせることで平均値μが0.1σシフトした時の同時確率を求めます。同様に、平均値μが0.1σから0.2σへシフトする時の確率と平均値μが0.2σシフトした時上限規格6を超える確率を計算しこの両者を掛け合わせ同時確率を求めます。この計算を平均値μの変動範囲0.1σ～1.5σまで繰り返し、それぞれの同時確率を合計します（図20-13）。

第2節　ストレス・ストレングスモデル

バラツキとの付き合い方を学習した上で、これから差の分布に入っていきます。

1．頭の体操

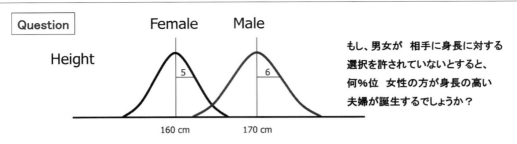

図20-14　頭の体操

　男女のカップルについて、統計的にランダムにカップルが生まれるとしたらといういたって乱暴な質問ですが、ランダムにカップルができるとなると図20-14の分布の重なり合う部分が男性の身長は女性より低いカップルになります。果たしてどのくらいの割合になるのでしょうか。これを計算するには、第1節で学んだ差の分布の性質を利用します。

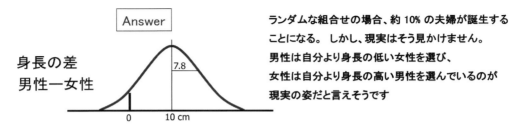

図20-15　頭の体操　解答

身長差は男性の確率変数 X_m から女性の確率変数 X_f を引いてできる分布となります。$Y = X_m - X_f$ の分布の平均は10cm、分散は $\sigma^2 = 5^2 + 6^2$ で $\sigma = 7.8$ となります。求めたいのは、0より小さいマイナスの部分の面積ですからZ変換してZ値を求めると $Z = 10/7.8 = 1.28$ で正規分布表から約10%となります。でも、男女の関係はランダムではないということでして、そこには互いに惹かれるものがあるからカップルになるということでした。

２．不良発生確率を予測した例

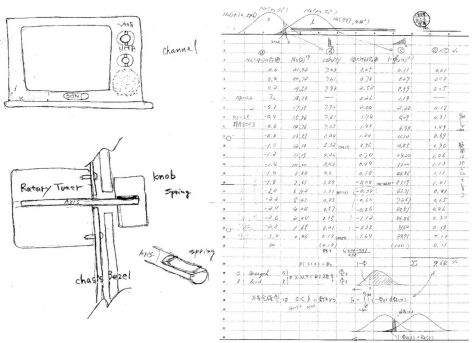

図20-16　不良発生確率を予測した例

もう半世紀近くも前の話です。当時のテレビのチャンネルつまみはチューナーの軸に挟み付ける板バネの力と、チャンネルつまみを回そうとする人間の力とのせめぎあいで、双方の力の強いもの同士であれば、または弱い者同士であれば問題は起こりませんが、人間の力が強くてバネの力が弱い場合はつまみが取れてしまうという事故がありました。

当時はパソコンはなく、ひたすら電卓をたたいて計算しつまみの外れるケースがどのくらいあるのかを予測した事例です。

3．相手方もばらつく　相性の悪い組み合わせ

SPECは一定だが、その実態はバラツク

- 多くの場合、品質管理における不良は製品の特性値のバラツキと規格値との関係で論じられる。

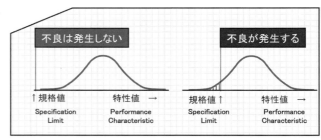

- しかし、実際に発生する現象は、右上図の規格値に相当する負荷、ストレスは必ずしも一定の値ではなく、バラツキを持っている。
即ち、製品の特性値である強度の分布と使用条件下の負荷の分布を同時に考えるモデルを取り扱う必要がある。

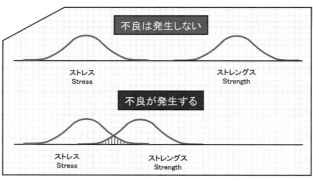

図20-17　相手方もばらつく　相性の悪い組み合わせ

　今まで、品質管理で扱われてきた不良の概念は規格を外れているということで工程能力指数、工程性能指数が論じられてきました。多分、これからもその考え方は変わることはないでしょう。規格と言っているものは顧客要求であり図面上に明示される数字であるから絶対的なものですが、いざ、測定検査という段階になると第１部第８章で学んだように測定そのものにもバラツキがあるという現実を認識しなければなりません。ましてや、実使用環境においては負荷、ストレスは規格上の数字はあっても実際には変動しているのが現実です。
　この現実を踏まえて、自分達の製品特性もバラツキを持っているが、一方で相手方の負荷、ストレスもバラツキを持っているという考え方に立つのです。従って、個々の組み合わせの中で不良が発生するのは強度が負荷に負けるケースなのです。よって、相性の悪いケースを考えたモデルをストレス・ストレングスモデルと呼びます。

4．ストレス・ストレングスモデル

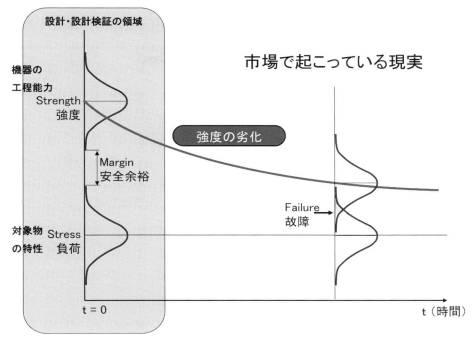

図20-18　ストレス・ストレングスモデル

　ストレス・ストレングスモデルの考慮すべき点は2つあります。
　1つは設計時点での負荷、ストレスの捉え方です。要求仕様上は1つの数字かもしれませんが絶対的に固定された数字ではなく、変動しており分布を持っているということです。よって、設計に当たっては使用環境条件を踏まえた負荷、ストレスのデータ取りを怠ってはいけないのであります。安全余裕の考え方も図20-18の如くです。
　2つ目はt時間経過後、強度、ストレングスの劣化は避けられず図20-18のようなパターンになることが容易に理解できることです。
　ここで重要なことは、この2つの分布が重なり合う部分は負荷が強度を上回り故障という現象が起きているわけで、私達はそれがどのくらいの大きさなのかを計算しその後の判断に供する情報を出す役割があります。よって、ストレス・ストレングスモデルと言えばこの同時確率を計算することに帰着します。

5．同時確率の計算

　正規分布を前提としてそれぞれの分布の平均、標準偏差が分かれば俗に言われる"たたみこみ" Convolution をやることになりますが、これは手計算でも Excel でもできます。
　ここでは、①強度、ストレングス側の分布を0.2σ刻みにスライスして、次に②スライスされた部分の面積を求めます。③ではそのスライス面を超える負荷、ストレス側（図ではLoadのL）の面積を求め、最後に②×③の同時確率を対象範囲にわたって足し算（気持ちは積分の感覚）して同時確率を計算しています【付属 CD Ch-20-2】。

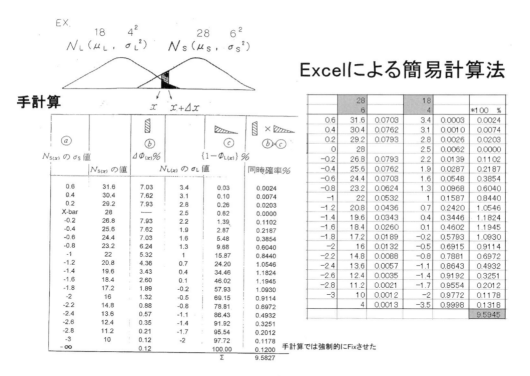

図20-19　同時確率の計算

手計算は正規分布表を使いながら行い、Excelでは関数のNORM.DISTを使います。

ここで、統計解析という視点から固有技術を支援する一例として、設計、製造の"現場で簡単に"同時確率を計算するソフトウエアーを作成し活用しました。

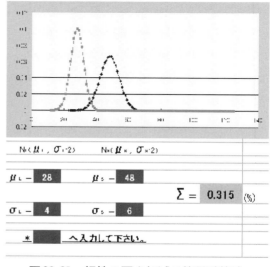

図20-20　同時確率蔚計算ソフトの作成

図20-21　相性の悪さ加減の簡易計算法

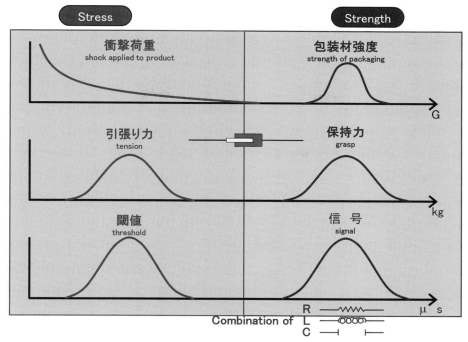

図20-22　どんな場面で使うのか

6．使用事例

解析事例

ある半導体製品に電流を印加した際に、通常8.5mW程度で製品が劣化することが分かっている。(そのバラツキσは0.5mW)半導体製品のバーンインテスト(スクリーニングテスト)を全数行い、製品劣化がないことを確認して出荷しているが、その際の印加電流は6.2mWであった。しかし6.2mWの印加電流がバラツキを持つことを認識していなかった為に、場合によっては過電流で半導体製品を劣化させていた可能性があることがわかり、実際の印加電流のバラツキをデータ取得してみた。その結果、6.2mWでσ＝0.2のバラツキを持つ事が分かった。これをストレス・ストレングスモデルを使って解析してみた。

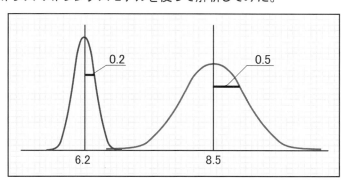

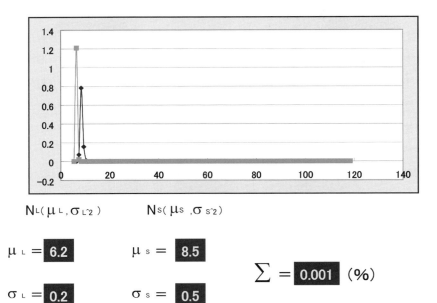

$N_L(\mu_L, \sigma_{L^2})$ $N_S(\mu_S, \sigma_{S^2})$

$\mu_L =$ 6.2 $\mu_S =$ 8.5 $\sum =$ 0.001 (%)

$\sigma_L =$ 0.2 $\sigma_S =$ 0.5

上記の結果から、0.001%の製品が劣化したまま出荷されていた可能性があることが分かった。よってバーンインの際の印加電流のバラツキを小さくする対策を至急とり、さらに恒久的に電流劣化に強い半導体製品の開発を行うことにした。

図20-23　解析事例

第21章 信頼性試験計画（DoD HDBK H-108）

　これはあるクライアント先（○○社）から顧客サイドの要求事項として例えば50,000回に1回の受け取り失敗率を保証してほしいということを出された場合、どのようにして50,000回に1回を保証していくのか、保証するための信頼性試験はどのようにあるべきなのかの話です。1台ごと、50,000回をクリアーさせる全数試験はリスクを伴いませんが、一方、時間、コストの面から全数試験は現実的ではありません。よって、管理技術としての統計を活用するのです。統計ではリスクを考慮しつつ、かつ、企業の置かれた制約条件の中で成功確率の高い方策・最適解を探索していきます。

　信頼性試験計画については、既に多くの研究結果が報告されていて、計数、計量、分布の型によりさまざまです。例えばDoD HDBK H-108、MIL-S-19500C、JIS-C-5003、MIL-STD-781B、「島田の方法」等。

　その中で代表的な試験計画であるDoD HDBK H-108（定時打ち切り方式、取り替えのない場合）についての概要を示します。この試験方法は故障の発生時間の分布が指数分布に従うことを前提にしています。DoD HDBK H-108信頼性試験計画はGlobal Standardであり、日本規格協会、富士通信機製造㈱、日本電気㈱が研究してきたものです。S社ではTV等コンシューマー製品の信頼性試験に活用・実践し現在も使用しています。

1. DoD HDBK H-108

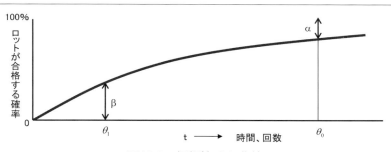

図21-1　信頼性 OC 曲線

　図21-1は俗に信頼性OC曲線と呼ばれるもので時間軸、サイクル数軸が右側へ取られているのでこのような形になります。一般の抜き取り検査のOC曲線では左側に不良率が低くなりますので、曲線の向きは左右逆になります。縦軸がロットが合格する確率です。θ_0の時間のほとんど合格させたい製品のロットは$(1-\alpha)$の確率で合格し、αの確率で不合格となります。一方、時間θ_1のロットはほとんど不合格にしたいが残念ながらβの確率で合格してしまいます。これが信頼性OC曲線（Reliability Operating Characteristic Curve）です。

　では、試験のしくみに入ります。
　平均寿命以上のロットは$(1-\alpha)$の確率で合格とし、平均寿命以下のロットはβの確率で合格とならないようにしたい。そのために、サンプル数nをT時間動作させ、その間に$(r-1)$個までの故障発生なら合格とする方法です。

2. DoD HDBK H-108の理論的背景

理論的には以下の式から計算されています。

平均寿命 θ_0 のものがT時間動作した時、その間に $(r-1)$ 個の故障が発生する確率（θ_0 のロットを合格とする確率）は $1-\alpha$ です。同様に平均寿命 θ_1 のものがT時間動作したとき、その間に $(r-1)$ 個の故障が発生する確率（θ_1 のロットを合格とする確率）は β です。従って、α、β、θ_0、θ_1、を決めておいて、T、n、r を定めた試験計画を作ることになります。

DoD HDBK H-108 2C-3表には α、β、$\dfrac{T}{\theta_0}$、$\dfrac{\theta_1}{\theta_0}$ を定めた時の n、r が示されています。

理論式は以下のとおりです。

$$1-\alpha = \sum_{i=0}^{r-1} \binom{n}{r}\left(1-e^{-\frac{T}{\theta_0}}\right)^r \left(e^{-\frac{T}{\theta_0}}\right)^{n-r}$$

$$\beta = \sum_{i=0}^{r-1} \binom{n}{r}\left(1-e^{-\frac{T}{\theta_1}}\right)^r \left(e^{-\frac{T}{\theta_1}}\right)^{n-r}$$

3. 理論式の説明

本書の冒頭、「はじめに」にも書きましたが、理論式はどのような考え方でどのような構造になっているのか解きほぐして初めて納得して実行に移せるのです。鵜呑みでは応用がききません。その意味で、"数式は言葉だ" と言っていた進研ゼミ講師の言葉が印象的です。

数式は言葉だ

式全体は、累積二項分布

$$1-\alpha = \underset{①}{\sum_{i=0}^{r-1}} \underset{②③}{\binom{n}{r}} \underset{④}{\left(1-e^{-\frac{T}{\theta_0}}\right)^r} \underset{⑤}{\left(e^{-\frac{T}{\theta_0}}\right)^{n-r}}$$

何故、二項分布なのか
n 個の供試品をT時間（回数）稼動させて、その間の個々の供試品の不信頼度と信頼度と組合せの数で r-1 個までの累積発生確率を求めるから

① 寿命 θ_0 が合格する確率 90%

② r = 3 の場合は
r = 0
r = 1
r = 2 の確率を合計する

③ 起こりうる組合せの数
nCr
$\dfrac{n\,階乗}{r\,階乗*(n-r)\,階乗}$

④ 寿命 θ_0 を n 台 T時間（回数）試験して、その間 r 個の故障による不信頼度

⑤ 寿命 θ_0 を n 台 T時間（回数）試験して、その間 (n-r) 個の稼動による信頼度

$R(t) = e^{-\lambda t}$

$$\beta = \sum_{i=0}^{r-1} \binom{n}{r}\left(1-e^{-\frac{T}{\theta_1}}\right)^r \left(e^{-\frac{T}{\theta_1}}\right)^{n-r}$$

寿命 θ_1 が合格する確率 10%

r = 3 の場合は
r = 0
r = 1
r = 2 の確率を合計する

起こりうる組合せの数
nCr
$\dfrac{n\,階乗}{r\,階乗*(n-r)\,階乗}$

寿命 θ_1 を n 台 T時間（回数）試験して、その間 r 個の故障による不信頼度

寿命 θ_1 を n 台 T時間（回数）試験して、その間 (n-r) 個の稼動による信頼度

4．実践事例

私の実践事例として、S社のカラーテレビ（現液晶テレビ）、ビデオデッキ、ビデオカメラ……で α = 0.1、β = 0.1、θ_0 = 12,000^H、θ_1 = 2,400^H、T = 600^H として、DoD HDBK H-108の2C-3表より $n = 23$、$r = 3$ として試験を実施してきました（図21-2太い枠線）。現在も海外含め実施中です。この試験計画の評価は、40年に亘るS社製品の市場品質の評価として受け止めています【付属CD Ch-21】。

定時打ちきり方式 - 取替のない場合
2C-3表 $\alpha, \beta, \theta_1/\theta_0$, 及び T/θ_0 を設定した寿命試験抜取方式

θ_1/θ_0	r	\multicolumn{4}{c}{T/θ_0}		r	\multicolumn{4}{c}{T/θ_0}		r	\multicolumn{4}{c}{T/θ_0}		r	\multicolumn{4}{c}{T/θ_0}
		1/3	1/5	1/10	1/20			1/3	1/5	1/10	1/20			1/3	1/5	1/10	1/20			1/3	1/5	1/10	1/20
		\multicolumn{4}{c}{$\alpha = 0.01, \beta = 0.01$}			\multicolumn{4}{c}{$\alpha = 0.05, \beta = 0.01$}			\multicolumn{4}{c}{$\alpha = 0.10, \beta = 0.01$}			\multicolumn{4}{c}{$\alpha = 0.25, \beta = 0.01$}
2/3	136	403	622	1172	2275	95	289	447	843	1358	77	238	369	699	1358	52	168	261	496	965
1/2	46	119	182	340	657	33	90	138	258	499	26	73	112	210	407	17	51	79	149	289
1/3	19	41	61	113	216	13	30	45	83	160	11	27	40	75	145	7	19	29	54	105
1/5	9	15	22	39	74	7	13	20	36	69	5	10	14	26	51	3	6	10	18	36
1/10	5	6	9	15	28	4	6	9	15	29	3	5	7	12	23	2	3	5	10	20
		\multicolumn{4}{c}{$\alpha = 0.01, \beta = 0.05$}			\multicolumn{4}{c}{$\alpha = 0.05, \beta = 0.05$}			\multicolumn{4}{c}{$\alpha = 0.10, \beta = 0.05$}			\multicolumn{4}{c}{$\alpha = 0.25, \beta = 0.05$}
2/3	101	291	448	842	1632	67	198	305	575	1116	52	156	242	456	886	32	101	156	296	576
1/2	35	87	132	245	472	23	59	90	168	326	18	48	73	137	265	11	31	48	91	177
1/3	15	30	45	82	157	10	21	32	59	113	8	18	27	50	97	5	12	19	36	69
1/5	8	13	18	33	62	5	8	12	22	41	4	7	10	19	36	3	5	10	20
1/10	4	4	6	10	18	3	4	5	9	17	3	4	6	11	2	3	5	10	20
		\multicolumn{4}{c}{$\alpha = 0.01, \beta = 0.10$}			\multicolumn{4}{c}{$\alpha = 0.05, \beta = 0.10$}			\multicolumn{4}{c}{$\alpha = 0.10, \beta = 0.10$}			\multicolumn{4}{c}{$\alpha = 0.25, \beta = 0.10$}
2/3	83	234	359	675	1307	55	159	245	462	895	41	121	186	351	681	23	71	110	207	403
1/2	30	72	109	202	390	19	47	72	134	258	15	39	59	110	213	8	22	33	63	123
1/3	13	25	37	67	128	8	16	24	43	83	6	12	18	34	66	4	9	14	27	52
1/5	7	11	15	26	50	4	6	9	15	29	3	5	7	12	23	2	3	5	10	20
1/10	4	4	6	10	18	3	4	5	9	17	2	2	3	6	11	1	1	3	6
		\multicolumn{4}{c}{$\alpha = 0.01, \beta = 0.25$}			\multicolumn{4}{c}{$\alpha = 0.05, \beta = 0.25$}			\multicolumn{4}{c}{$\alpha = 0.10, \beta = 0.25$}			\multicolumn{4}{c}{$\alpha = 0.25, \beta = 0.25$}
2/3	60	162	248	465	899	35	96	147	276	535	25	69	107	201	389	12	34	53	101	196
1/2	22	49	74	137	262	13	30	45	83	160	9	21	31	58	113	5	12	19	36	69
1/3	10	18	26	46	87	6	11	16	29	55	4	7	10	19	36	2	3	5	10	20
1/5	5	6	9	15	28	3	4	5	9	17	2	3	4	7	13	1	1	1	3	6
1/10	3	3	4	6	10	2	2	2	4	8	2	2	3	4	11	1	1	1	3	6

図21-2　H-108 2C-3表

5．○○社での導入検討

顧客要求を満足し、○○社の事情に合わせた信頼性試験計画の検討、シミュレーションを進めた。進めるにあたっては、理屈が分かっていれば応用は自在であるということです【付属CD Ch-21】。

$\frac{\theta_1}{\theta_0}$		θ_1	サンプル数 n	試験回数 T	$\frac{T}{\theta_0}$
(1/5)	①	10,000	23	2,500	(1/20)
	②	10,000	12	5,000	(1/10)
	③	10,000	7	10,000	(1/ 5)
(1/10)	④	5,000	11	2,500	
	⑤	5,000	6	5,000	
	⑥	5,000	3	10,000	

↑

○○社サイドでの実現可能性は？

$\alpha = 0.1$　　$\beta = 0.1$　　θ_0 = 50,000 回 θ_1 = 5,000 回　　と決定すれば

2C3表 より　n = 6　r = 2　各試験回数(枚数) = 5,000 回　　総試験回数 = 5,000 * 6 = 30,000 回

$\frac{T}{\theta_0}$ が 1/10 の場合は、50,000 回の約 1/2

総試験回数 = 2,500 * 11 = 27,500　約 1/2 ◀- - - - - - - - - - - - $\frac{T}{\theta_0}$ が 1/20 の場合は、50,000 回の約 1/1

図21-3　○○社製品評価に置き換えて、理論式の解説

n ＝ 9 台　r ＝ 3 個　　θ_0 ＝ 20000 h　θ_1 ＝ 2000 h　T ＝ 1600 h

α ＝ 3%　β ＝ 5%

1−α ＝ 97%

<意味>
n台のサンプルに、1台毎T時間(合計枚数:n×T)の通電を行うと、MTBF率θ_0を満たした製品は(1－α)の確率で合格となる。
しかし、同時にθ_1のMTBF率の製品がβの確率で合格してしまうリスクが生じる。
※ここでの合格とは、1台辺りの通電時間T(総通電時間:n×T)中、故障発生がr－1個以内。

MTBF確認時期
1600時間 ÷ 24時間 ＝ 66.66日 ＝ 約67日(約2ヶ月)
QA評価開始予定日(9月末)から判断すると、12月中旬にてMTBFの確認ができる数値であると判断できる。

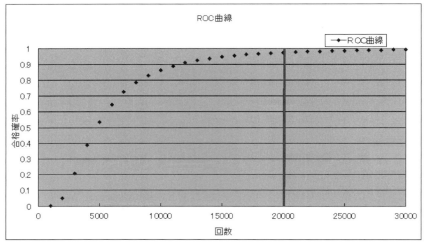

図21-4　○○社製品評価に置き換えて、シミュレーション

おわりに

　理系、文系を問わず、ビジネスの最前線で要求されるビジネスセンスは、それぞれの固有技術の分野の仕事の質を高める上で重要な役割を果たします。

　それらは管理技術と呼ばれ企業内での経験年数と共に自然と身に付いてくるのものであるという考え方の時代は過ぎ去り、今や入社後数年で中堅社員となった方々にとっては、その時期に積極的に身に付けるべき性質のものに変化してきています。

　なぜならば、固有技術についてはみんなそこそこ同一レベルであると考えられますが、こと管理技術となると極端な差が表れ、仕事の質の差となって表れてきます。将来を見据える中堅社員にとってある意味この時期は分岐点なのかもしれません。

　仕事の質の差となって表れるということは、具体的には論理的思考で仕事が進められているということで、更にはその論理的思考を支える事実による管理が進められているということになるからです。

　事実による管理が進められるには、客観的なデータが大前提ですからそのデータが語り掛けていることを読み取る技術を持ち合わせているということにほかなりません。データから声なき声、声なき叫びを読み解き判断ができるから、憶測で物事を進めるKKDH（経験、勘、度胸、ハッタリ）派とは上司、部下に対する説得、納得の度合いが異なりスムースに仕事が進むのです。

　まさに統計的品質データ解析手法は管理技術への第一歩なのです。

　「品質管理は実践と行動の学問である」との信念の下、生産現場での統計的品質管理、ISO 9000、経営品質、シックスシグマのパワーを体感しシックスシグマのTool部分の伝道師として世界中のソニー圏に普及させてきて、退職後独立して10年、品質コンサルタントとして今セミナーやコンサルティングをやっていられるのも、今までに影響を受けた数多くの「師と仰ぐ先輩方」のおかげであるとの感謝の気持ちでいっぱいです。

　この感謝の気持ちをどのようにして表現したらよいのか。私の答えは「伝承」という言葉であり「先輩から受けた恩は後輩に返す」という気持ちでセミナーやコンサルティングに取り組んでいます。

　本書の位置付けも、先輩方のお力添えのお陰で今まで培ってきた知識、技能、技術を「伝承」という形で後輩に託すことであり私の感謝の気持ちの表現としています。

以上

宝島　一雄（たからじま　かずお）

1944年生。防衛大学校理工学研究科課程OR Ⅲ（信頼性工学）修了。航空自衛隊飛行実験群で輸送機XC-1の物量投下試験を担当。退職後ソニーの生産部門でカラーテレビ・カムコーダーの生産・品質管理を担当。この間、生産現場の様々な品質問題の技術的解明を統計解析面から支援、それらを集大成し生産現場の実例を用いた"実践的品質管理のテキスト"を基に、ソニーの人事部門で実施するManufacturing Business School研修講師として「統計的品質管理手法の活用」、「信頼性工学の基礎」、「新入社員品質管理教育」、「QC7/N7」講座を担当してきた。その後、ソニー品質本部にてSony Six Sigmaのグローバル展開のため、SonyのCorporate's Trainerとして欧州地区（Berlin）、北米地区（San Diego, Mexico）、アジア地区（Singapore, Thai, Malaysia）、日本の4極でTrainerを養成し、Sony Six Sigmaの伝道師の役割を果たした。海外のTrainer達からは"SSS Godfather"、"our guru"、"professor"と呼ばれている。オールソニーCSアワードを2回受賞。『標準化と品質管理』に論文掲載、日本品質管理学会での研究発表と「品質管理の理論と実際」をライフワークとして取り組んでいる。退職後、独立し、ソニーを含む企業や研修機関での品質管理研修講師と中国広州やマレーシアの工場で品質コンサルティングを実施。現在、東京、大阪地区でセミナー、品質コンサルティングを実施中。著書に『第二世代の品質コスト』（東京図書出版）がある。

図解だから腑に落ちる
統計的品質データ解析手法テキスト
Excel演習CD付き

2018年5月28日　初版第1刷発行

著　者　宝島　一雄
発行者　中田　典昭
発行所　東京図書出版
発売元　株式会社 リフレ出版
　　　　〒113-0021　東京都文京区本駒込3-10-4
　　　　電話 (03)3823-9171　FAX 0120-41-8080
印　刷　株式会社 ブレイン

© Kazuo Takarajima
ISBN978-4-86641-116-3 C2034
Printed in Japan 2018
落丁・乱丁はお取替えいたします。

ご意見、ご感想をお寄せ下さい。

[宛先]　〒113-0021　東京都文京区本駒込3-10-4
　　　　東京図書出版

〈付属 CD-ROM の収録内容及び注意点〉

- 本CD-ROMには Excel 2013、Excel 2016（一部 Excel 2003）のデータが記録されています。

CD-ROM に関するご注意

1．使用条件
　本書に付属する CD-ROM（以下、本CD-ROM）は、1人もしくは1台のコンピュータで使用することができます。同時に複数のコンピュータで使用する場合は、使用するコンピュータ台数と同数の本書の購入が必要となります。
　本CD-ROMは、DVDプレーヤーおよびCDプレーヤーでは再生できません。

2．著作権
　本CD-ROMは、著作権法によって保護されており、商業利用することはできません。

3．返品・交換
　製造上あるいは流通上の原因によるトラブルによって使用不能の場合は、トラブルの具体的な状態を明記の上、購入日より1カ月以内に小社までご返送ください。新しい製品と交換いたします。上記以外の交換には一切応じかねますので予めご了承ください。

4．著作者・出版社の責任
　著作者および出版社は、本CD-ROMの使用によって発生した、お客様の直接的・間接的な損害に対して一切責任を負いません。